本书是河北省交通运输厅科研课题研究成果，项目编号 YC-201943

GAOSUGONGLU
JIANSHE DANWEI CAIWU GUANLI
YU SHENJI JIANDU

高速公路
建设单位财务管理与审计监督

李淑琴 周兴荣 郭继侠 著

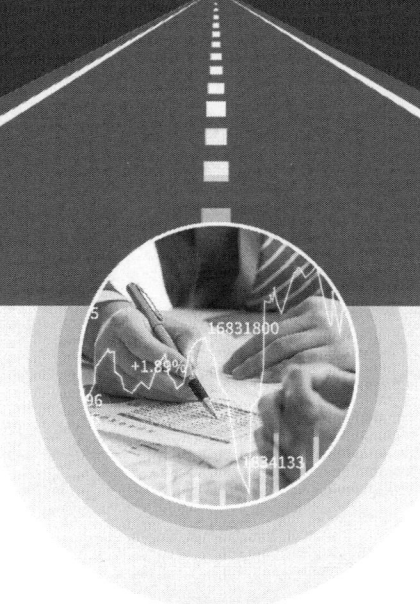

 中国财经出版传媒集团
中国财政经济出版社

图书在版编目（CIP）数据

高速公路建设单位财务管理与审计监督／李淑琴，周兴荣，郭继侠著. --北京：中国财政经济出版社，2022.5

ISBN 978 - 7 - 5223 - 1244 - 6

Ⅰ.①高… Ⅱ.①李…②周…③郭… Ⅲ.①高速公路－施工单位－财务管理②高速公路－施工单位－财务审计－审计监督 Ⅳ.①F540.58

中国版本图书馆 CIP 数据核字（2022）第 044705 号

责任编辑：陈志伟　　　　　　责任校对：徐艳丽
封面设计：卜建辰　　　　　　责任印制：史大鹏

高速公路建设单位财务管理与审计监督
GAOSU GONGLU JIANSHE DANWEI CAIWU GUANLI YU SHENJI JIANDU

中国财政经济出版社 出版

URL：http：//www.cfeph.cn
E - mail：cfeph@ cfeph.cn

（版权所有　翻印必究）

社址：北京市海淀区阜成路甲 28 号　邮政编码：100142
营销中心电话：010 - 88191522
天猫网店：中国财政经济出版社旗舰店
网址：https：//zgczjjcbs.tmall.com
北京财经印刷厂印刷　各地新华书店经销
成品尺寸：170mm×240mm　16 开　18 印张　285 000 字
2022 年 5 月第 1 版　2022 年 5 月北京第 1 次印刷
定价：78.00 元
ISBN 978 - 7 - 5223 - 1244 - 6
（图书出现印装问题，本社负责调换，电话：010 - 88190548）
本社质量投诉电话：010 - 88190744
打击盗版举报热线：010 - 88191661　QQ：2242791300

前言
PREFACE

2017年以来,中国公路建设以每年10万—15万千米的速度持续增长,截至2021年末,中国公路总里程超过510万千米,预计至2030年,中国公路总里程将达到600万千米,其中,高速公路的车道总里程约70万千米,我国将是世界上高速公路里程最多的国家。2021年,全国公路运输共计3913889万吨,同比增长14.2%。公路建设既拉动了我国GDP增长,也带动了地方经济的持续增长。

从2019年开始的新冠肺炎疫情,给世界各国复工复产和经济增长带来了极大的挑战。2020年4月10日,在中央财经委员会第七次会议上,习近平总书记强调要构建以国内大循环为主体、国内国际双循环相互促进的新发展格局。新一轮、升级版的基本建设投资将在未来一段时期的国民经济发展中扮演重要角色、发挥重要作用。

高速公路建设的特点是项目工期长、资金消耗量巨大、施工管理复杂,高速公路建设过程中普遍存在的问题有预算管理不到位导致投资超预算、成本管控环节薄弱运营效益差、债务负担重、往来款项管理漏洞多和风险较大,以及屡禁不止的贪污腐败问题等。

因此,构建和完善高速公路建设单位财务管理体系和审计监督体系具有重要的现实意义。为全面了解高速公路建设单位的实际情况,我们对H省多家高速公路建设单位的财务管理和审计监督情况进行深入调研,并尝试构建高速公路建设单位财务管理工作的组织体系、内容体系、制度体系和运行体系;按照经济业务的执行过程,设计审计风险防控制度与流程,探索外部审计和内部审计相结合的机制,构建高速公路建设单位审计监督体系。

时代在发展,社会分工也在不断变革中,大数据、物联网等信息技术在各行各业各单位的管理实践中得到广泛而深度的应用,促进了财务管理和审计监督的理念、方法以及工具的创新。高速公路建设和运营的数字化和智能化是大势所趋。因此，我们将高速公路建设单位财务管理和审计监督信息化的必要性、功能定位、实施路径等相关内容也纳入了本著的范围。

本著立足于高速公路建设单位的财务管理和审计监督，面向高速公路建设单位的经营管理人员、财务人员和审计工作者。希望能对他们开展财务管理和审计监督业务起到指导和示范作用。

本著共分十三章，第一、二、四、八章由李淑琴完成，第三、六、七、十、十三章由郭继侠完成，第五、九、十一、十二章由周兴荣完成。

由于能力和水平所限，我们对高速公路建设单位的财务管理和审计监督的认识和理解仅为一家之言，难免有不当之处，恳请业界专家和读者批评指正。

作者
2022 年 3 月 1 日

目录
CONTENTS

第1章 绪论 1

 第1节 我国高速公路建设概述 1

 第2节 国内高速公路运营和管理概述 11

 第3节 国外高速公路建设运营和管理概述 13

第2章 高速公路建设单位业务特点及其影响 16

 第1节 高速公路建设单位的业务特点 16

 第2节 高速公路建设单位业务特点对财务管理的影响 21

 第3节 高速公路建设单位业务特点对审计监督的影响 26

第3章 高速公路建设单位财务管理的目标和职能 29

 第1节 财务管理目标 29

 第2节 财务管理职能 36

第4章 高速公路建设单位的预算管理 45

 第1节 高速公路建设单位加强预算管理的意义 45

 第2节 高速公路建设单位预算管理的内容 47

 第3节 高速公路建设单位预算管理的编制与审批 53

 第4节 高速公路建设单位预算的执行与调整 76

 第5节 高速公路建设单位预算执行结果的分析与评价 79

 第6节 高速公路建设单位预算业务的流程与关键管控点 83

第 5 章　高速公路建设单位的资金筹措管理 … 90

第 1 节　财政拨款管理 … 90
第 2 节　企业自筹资金管理 … 102
第 3 节　资金筹措业务的流程与关键管控点 … 113

第 6 章　建设项目采购与资金拨付管理 … 118

第 1 节　建设项目的政府采购管理 … 118
第 2 节　建设项目的资金拨付管理 … 123
第 3 节　建设项目采购与资金拨付业务的流程与关键管控点 … 127

第 7 章　建设项目支出与成本管理 … 134

第 1 节　高速公路建设项目支出范围 … 134
第 2 节　建设项目成本管理 … 137
第 3 节　项目支出与成本管理业务的流程与关键管控点 … 147

第 8 章　建设项目竣工决算与资产交付管理 … 151

第 1 节　建设项目竣工财务决算管理 … 151
第 2 节　建设项目资产交付管理 … 165
第 3 节　建设项目竣工决算与资产交付业务的内控流程与关键管控点 … 171

第 9 章　高速公路建设单位审计目标和职能 … 175

第 1 节　审计目标 … 175
第 2 节　审计职能 … 180

第 10 章　高速公路建设单位审计组织 … 184

第 1 节　审计组织模式 … 184
第 2 节　审计机构管理 … 191

第 11 章 高速公路建设单位审计职责和权限 ······ 194

第 1 节 国家审计机关的审计职责与权限 ······ 194
第 2 节 内部审计的审计职责与权限 ······ 198

第 12 章 高速公路建设单位审计监督的主要内容 ······ 203

第 1 节 高速公路建设项目审计 ······ 203
第 2 节 高速公路建设项目内部控制审计 ······ 213
第 3 节 高速公路建设项目风险管理审计 ······ 227
第 4 节 高速公路建设项目绩效审计 ······ 234
第 5 节 高速公路建设单位主要负责人的经济责任审计 ······ 245

第 13 章 高速公路建设单位财务管理和审计监督信息化 ······ 254

第 1 节 高速公路建设单位财务管理信息化 ······ 254
第 2 节 高速公路建设单位审计监督信息化 ······ 270

第 1 章　绪论

第 1 节　我国高速公路建设概述

一、高速公路的概念

高速公路是为了实现人们从事各项经济活动而产生的交通手段，为了发挥便捷与快速的运输职能而建设起来的公共交通。高速公路行车快，通行能力强，其建设情况反映着一个国家和地区的交通发达程度乃至经济发展的整体水平。

目前世界各国对高速公路没有统一的定义标准，命名也不尽相同。美国、加拿大、澳大利亚把高速公路命名为 freeway、highway，德国命名为 autobahn，法国命名为 autoroute，英国命名为 motorway。尽管这些国家对高速公路的命名不同，但都是专指 4 车道以上、双向分隔行驶、完全控制出入口、全部采用立体交叉的公路。此外，有不少国家把部分控制出入口、非全部采用立体交叉的直达干线也称为高速公路。国际道路联合会在历年的统计年报中，把直达干线也列入高速公路的范畴。

我国交通部"公路工程技术标准"规定，高速公路是指"能适应年平均昼夜小客车交通量为 25000 辆以上，专供汽车分道高速行驶并全部控制出入的公路"。一般能适应 120 千米/小时或者更高的速度，要求路线顺畅，纵坡平缓，路面有 4 个以上车道的宽度。中间设置分隔带，采用沥青混凝土或水泥混凝土高级路面，为保证行车安全，设有齐全的标志、标线、信号及照明装置；禁止行人和非机动车在路上行走，与其他线路采用立体交叉、行人跨线桥或地道通过。从上述定义可以看出，一般来讲高速公路应符合下列 4 个条件：(1) 只供汽车行驶；(2) 设有中央分隔带，将往返交通完全隔开；(3) 设有平面交叉口；(4) 全线封闭，控制出入，只准汽车在规定的一些立体交叉口进出公路。

二、高速公路的分类

公路根据使用任务、功能和适应的交通量分为高速公路、一级公路、二级公路、三级公路、四级公路五个等级。高速公路根据其划分依据不同，分类方法也不尽相同。既可以根据道路的项目级别划分，也可以根据设计时速、道路规范划分，还可以根据公路所适应的交通量、具备的功能来划分。

高速公路按其功能可分为城市内部高速公路和城市间高速公路两大类；按其距离长短可分为近程高速公路（500千米以内）、中程高速公路（500—1000千米）和远程高速公路（1000千米以上）三类；按其布局形式分为：平面立体交叉高速公路、路堤式高速公路、路堑式高速公路、高架高速公路和隧道高速公路。其他公路为除高速公路以外的干线公路、集散公路、地方公路，分四个等级。

表1-1、表1-2展示几种分类方式。

表1-1　　　　　　　　道路划分表1

项目级别	设计时速（千米/小时）	双向机动车道（条）	机动车道宽度（米）	道路总宽度（米）	分隔带设置	远景设计年限（年）	年平均昼夜交通量（万辆）
高速公路	80—120	>=4	3.75	40—70	必须设	20	4车道2.5—5.5
一级	60—80	>=4	3.75	40—70	必须设	20	6车道4.5—8
二级	40—60	>=4	3.5	30—60	应设	15	8车道6—10
三级	30—40	>=2	3.5	20—40	可设	10	4车道1.5—3
四级	30	>=2	3.5	16—30	不设	10	6车道2.5—5.5
							0.75—1.5
							0.2—0.6
							0.04—0.2

表1-2　　　　　　　　道路划分表2

划分依据	按适应的交通量	按功能	按距离	按布局形式
分类结果	高速公路	城市内部高速公路	近程高速公路（500千米以内）	平面立体交叉高速公路
	干线公路	城市间高速公路	中程高速公路（500—1000千米）	路堤式高速公路

续表

划分依据	按适应的交通量	按功能	按距离	按布局形式
分类结果	集散公路	—	远程高速公路（1000千米以上）	路堑式高速公路
	地方公路	—	—	高架高速公路
	—	—	—	隧道高速公路

三、高速公路与普通公路比较的优势

1. 行车环境舒适、行车速度高

与其他等级公路不同的是，高速公路的设计更加严格、更加科学，采取平面、纵面、横截面的三维空间立体设计，其平面线采用圆形曲线和缓和曲线保证高速公路在设计之初就科学合理。高速公路对路面要求较高，必须有路面防滑及反镜面效果，所以采用的材料通常是改良沥青等磨光值高坚硬质地的材料。高速公路的路肩、路缘带等也有相应的施工要求，另设有爬坡车道、应急车道、临时停车带等。高标准的设计施工使驾驶员在驾驶过程中感觉更加舒适顺畅。高速公路线路笔直、无交叉口，行车速度最低80千米/小时，最高120千米/小时以上，比普通公路高出60%—70%，节约旅途时间。

2. 资金周转快，经济效益高

高速公路四通八达，快速高效，车流量大，能够带动沿线的经济发展，甚至带动环高速公路周边产业带产业布局的优化。如果有适当的、利好的投资环境，利用高速公路周转快，经济效益高的特性，高速公路沿线的区域经济发展速度将是很快的。在经济较发达地区，一般只需要5—7年就可以收回投资公路建设的资金，而其相应带动的周边经济效益更是巨大的。有研究表明，300千米之内的距离是高速公路最经济的运输距离，七轴以上大车在300千米区间内运输，其经济成本和时间成本都远远低于同区间的铁路和普通公路。

3. 通行效率高、运输成本降低

由于高速公路的设计一般选取最优路线，即直线距离相对普通公路有所缩短，再加上高速公路行车速度的优势，在相同时间内，高速公路必然效率更高，节约运输成本。双向四车道高速公路正常情况下的通行能力可达每日5万辆次，相当于5—16条普通公路的通行能力。从成本角度看，高速公路完善的道路设施、标准的线形设计、良好的路况、完善的安全设施、高质量的道路服务都可以减少汽车单位运输量的燃油与轮胎消耗，还可以降低车辆轮胎及其他部件的磨损率、运载货物的损失率、发生事故的赔偿率，在一定程度上降低了运输的成本。高速公路行车速度快且不间断，相比普通公路，车辆每千米油耗和运费可分别降低25%—42%、53%。

4. 减少交通事故

由于高速公路的行车速度限速高，因此对行车安全系数的要求也更高。为了保证行驶安全，高速公路设计为全封闭、单向行车、无横向干扰，路面质量要求采用高坚固材料，定时进行路况检修、罩面，配套全程监控系统、可变情报板、反光板等配备设施，保证车辆在高速公路上能够安全而又高效地运行。根据各国报道，高速公路比其他普通干线公路事故率下降56%—89%，每亿千米事故费用下降30%。

5. 节约土地资源

单条高速公路占地面积比普通公路大，但结合交通量分配比计算，每100千米就可节约400公顷土地。

四、建设高速公路的作用和意义

高速公路是现代化的标志，是一个国家综合国力的体现，高速公路对我国的意义及作用体现在其建设和运营不同阶段，涉及国家经济和社会生活的各个方面。

1. 高速公路建设的现实意义

（1）在高速公路工程建设期间，不但直接增加税收，还可带动工程建材、饮食服务、商贸、运输、劳务等一系列产业的兴旺，促进当地经济繁荣，增加沿线农民收入。

（2）在高速公路工程竣工后的短期内，随着大量车流、客流、物流、信息流的涌入，第三产业迅速繁荣，带来旅游业发展的"黄金机遇"，从而大大提升城市品位，增加城市知名度和对外开放程度。

（3）在高速公路建成的两三年后，城市化水平得到显著提高，吸引大量资金流入，第三产业及其他产业将进入高速发展期，其拉动经济增长的明显性凸现，潜在的拉动作用逐渐显露。

高速公路的快速发展，大大缩短了省份之间、重要城市之间的时空距离，加快了区域间人员、商品、技术、信息的交流速度，有效降低了生产运输成本，在更大空间上实现了资源有效配置，拓展了市场，对提高企业竞争力、促进国民经济发展和社会进步都起到了重要作用。随着高速公路里程的不断增加，规模效益逐步发挥，高速公路不仅走进了平常百姓的生活，且日益改变着人们的时空观念和生活方式。

2. 高速公路建设对国民经济发展的宏观意义

（1）高速公路大力促进了交通运输事业的全面发展。从前文所述的高速公路优势性能不难看出，高速公路具有促进我国交通运输事业全面发展的重要作用。主要体现在高速公路的建设有效改善了我国传统的交通运输结构，通过汽车运输产生的社会经济效益大幅度提高。高速公路的出现为体积小、价值高、对运输时间有较强要求的货物运输提供了安全、快速的保障。四通八达的高速公路为长距离的快速运输提供了衔接紧密、服务人性化的优势保障。同时，高速公路的完备建设为构建现代化交通事业的统一体系提供了现实依据，使完善构建的运输通道摆脱了高速公路以往在综合运输体系中的从属地位，形成了与其他运送方式相匹配、相适应的更加强大的运输系统。

（2）高速公路带动了国民经济的现代化发展。从发达国家的成功经验不难看出，在经济快速发展的区域无不拥有着高速公路快速发展甚至是超前发展的普遍规律，因此可以说高速公路基础建设的完备、超前发展为强化区域间的经济沟通提供了良好的交通渠道，对促进全社会的经济提升起到了不可替代的重要作用。同时，也使区域间的商业往来活动与人员交流更加频繁，有利于灵活、多样的经济活动，带动国民经济的良性发展。例如，高速公路的建设促进了区域经济结构的调整与产业结构的提升、产品结构的均衡发展与人口结构的合理化流动等。高效的高速公路建设带动了国民经济的健康发展，而国民经济的现代化进程又使生产力的布局更加合理化、社会现代化的基础设施建设更加完善，使整个社会的人口城市化建设进程与现代化的一体管理进程迅速提升。

（3）高速公路带动了区域经济协调发展与沿线产业带的高效发展。高速公路的大规模建设，使各个区域间有了沟通的桥梁与交流的纽带，布局在高速公路各个点位的区域在其高效运输、沟通职能影响下形成了广泛的区位优势，通过吸引高新技术、流通资金、流动人口劳动力等生产要素的高度集中及逐步扩散，形成了以点到面的区域经济辐射。同时，高速公路的纵向沟通能力又使这种辐射进一步沿线扩展，从而形成了基于高速公路的沿线产业带，使整个带状分布的地区经济效益均得到不同程度的提高。经济发展速度的进一步加快，依靠交通枢纽的强化交流与外资引进，企业生产规模的逐步扩大，产值总量的大幅提升，产业结构的优势调整、深化第二产业、第三产业转移步伐的加快，沿线中小城市、乡村的经济崛起，农村城镇化、城乡一体化进程的逐步深化，城市发展进程的持续加快，各类经济空间的整合统一与协调发展，这些可喜的现象无不说明高速公路带动了区域经济的全面协调与可持续发展，使强势带动弱势、点位横向辐射、纵向拓宽的高速公路经济交流形成了一种全新、统一、健康的发展模式。另外，高速公路对沿线产业带的经济促进还包括通过促进沿线工业的发展，使高新技术更加密集化、沿线乡镇企业经济活动更加丰富化、沿线农业交流与发展更高效、农业生产结构得到科学调整、规模不断扩大等。沿线旅游业、农业、工业在高速公路高效运输职能带动下可谓商机无限。

高速公路的众多优势及人性化管理职能对我国各地区、各产业的经济发展均起到重要的推动作用，我们只有充分利用优势整合、快速推进高速公路事业的全面建设，才能最终使区域间的经济差异趋于平衡、国民经济的发展趋于稳定、社会产业结构得到最合理的调整，从而使我国的经济发展实现真正的腾飞。

3. 高速公路对沿线区域经济的负面影响

高速公路的发展对于地区经济的促进作用是显而易见的，在经济建设的发展中权衡利弊，利大于弊，但是负面影响也是不容忽视的，随着社会的发展、技术的进步逐渐会找到和谐共生、共同发展的途径。

（1）高速公路的建设会对途经沿线地区原有的经济格局造成负面影响。修路就需要先搞清楚在哪修，也就是说修路就要占地，首先在中华人民共和国现行的《公路法》中，对高速公路及周边的土地使用是有严格规定的，例如，除高速公路主体占地外，高速两侧各延展三十米不允许有地上永久构筑物，也就是说，高速公路的建设，会对途经地区的土地格局、利用类型产生永久的影响；其次，在高速公路的路径规划中，对占用耕地造成的负面作用是无法回避的，高速公路建设规划中的一大特点就是"贴城而过，不是穿城而过"，也就是说高速公路的建设路线往往都是在远离城市主要建筑的土地上建设的，而这些土地多是城镇近郊的耕地和林地，尤其是在平原地区，高速公路建设会导致耕地面积减少，无形中也增加了剩余耕地的使用压力，使原有土地的生态价值消耗殆尽，从而影响了区域的生产环境。

（2）高速公路在使用过程中会对生态环境造成负面影响。在高速公路的运营过程中，密集高速通行的车流排放的大量尾气污染物主要包含固体颗粒物和有害气体污染物等两大类，会造成严重的空气污染，燃油燃料燃烧使用后产生的氮氧化物、一氧化碳等会在反应作用下产生光化学烟雾，量积聚到一定程度后长期吸入，会对当地居民的身体健康造成不良影响。另外，在高速公路的建设中会有相关的附属服务设施，例如收费站、服务区等，服务区中又包括餐饮、加油站、车辆维修、住宿等服务设施，这必然也会产生污水排放、油污污染、油气挥发等对环境有危害的问题，如果没有有效措施对其进行控制，长此以往，必然会对区域环境产生恶劣影响，从而对区域经济造成不可挽回的损失。

（3）高速公路运营过程会对经过区域的生产生活造成负面影响。在高速运营过程中产生的噪声污染是影响生产生活的突出问题，目前我国高速公路建设中，会在重点人口密集区专设隔音墙，尽量将噪声污染的影响降到最低。但有些地区、路段的效果还是不尽如人意。噪声的产生不仅仅影响当地居民睡眠质量，长期会导致其睡眠损伤，对生产的影响更是严重。在实地调查中就发现，在河北唐山市乐亭县境内，就发生过距高速公路较近的养殖场"猪不生息，鸡不下蛋"的情况。这些都说明高速公路的发展需要技术、科技含量的不断提高，不能在高速公路完成建设的同时破坏原有的环境。

五、我国高速公路建设的现状

1. 我国高速公路的发展历程

改革开放初期，随着我国国民经济的快速发展，公路客货运输量急剧增加，公路建设长期滞后所产生的后果充分暴露出来。20世纪80年代初，交通部开始着手收集和研究发达国家解决干线公路交通拥堵问题的经验，并对我国主要干线公路交通存在的主要问题进行研究。我国高速公路正是在这样的背景下酝酿产生的。

（1）起步阶段（1978—1988年）。改革开放以后，公路运输需求持续增加，交通行业对建设高等级公路（汽车专用公路、高速公路）已有了一定的认识。在这一时期，社会各界对修建高速公路问题也非常关注，但对于"中国要不要修建高速公路"的认识并不统一，甚至可以说争论激烈。反对方认为，高速公路属于专为小汽车服务的"高消费"产品，我国小汽车少，用不着花费巨资、占用大量土地建设高速公路。1982年党的十二大以后，交通运输方面专家以及部分社会上的有识之士建议修建高速公路的呼声日益高涨。

1984年5月，国务院印发《中共中央 国务院关于天津港实行体制改革试点的批复》，明确要加快修建京津塘高速公路。随后，交通部组织当时全国部属三大设计院（交通部公路规划设计院、交通部第一公路勘察设计院和交通部第二公路勘察设计院）组成强大的测设队伍赴现场踏勘、测量和设计，京津塘高速公路作为内地经国务院批准的第一条高速公路，利用世界银行贷款，于1984年12月至1986年分段陆续开工建设。

1988年是我国内地高速公路的"元年"。10月31日，全长20.5千米（达到高速公路标准的路段长15.9千米）的沪嘉高速公路一期工程通车；11月4日，辽宁沈大高速公路沈阳至鞍山和大连至三十里堡两段共131千米建成通车。至1988年底，我国内地高速公路总里程达到147千米，高速公路实现了零的突破，彻底结束了中国内地没有高速公路的历史。上述高速公路的通车，使许多人对高速公路有了感性认识，社会反映良好。从此，中国人民对建设高速公路的信心倍增，为我国高速公路的建设打下了群众基础。

（2）稳步发展阶段（1989—1997年）。1988年以后，沪嘉和沈大两条高速公路的通车运营，获得了良好的经济效益，社会反响巨大，使人们对高速公路的优点有了感性认识，社会舆论和各界的观点开始向有利于高速公路发展的方向转变，为我国高速公路的发展奠定了基础，拉开了高速公路快速发展的序幕。

1990年，被誉为"神州第一路"的沈大高速公路全线建成通车，全长371千米，标志着我国高速公路发展进入了一个新的时代。1993年，京津塘高速公路建成通车。

1993年6月,"全国公路建设工作会议"在山东济南召开。会议确定了我国公路建设将以高等级公路为重点实施战略转变,同时明确了2000年前我国公路建设的主要目标。"济南会议"后,全国掀起了高速公路建设新高潮,把我国高速公路建设推到了一个新的发展阶段。

到1997年底,我国高速公路通车里程达到4771千米,10年间年均增长477千米/年;相继建成了沈大、京津塘、成渝、广深、济青等一批具有重要意义的高速公路。

(3)加快发展阶段(1998—2007年)。1998年,全年新增高速公路里程3962千米,总里程达到8733千米,居世界第六位,创下了年度新增高速公路的新纪录。全年实际完成公路建设投资2168亿元,比1997年增长72.6%。"五纵七横"规划中的大部分高速公路项目开工建设,全国在建高速公路里程超过1.26万千米,为"十五"(2001—2005年)期间我国建成近2万千米高速公路的目标奠定了坚实的基础。

1999年,党中央、国务院作出了另一项重大战略部署——西部大开发。交通部认真落实中央精神,于2000年7月在四川成都召开"西部开发交通基础设施建设工作会议",提出加快建设"八条西部开发省际公路通道",作为"五纵七横"国道主干线在西部地区的重要补充和延伸,总里程近1.5万千米。

1999年10月,我国高速公路里程突破1万千米,达到11605千米,跃居世界第四位;到2000年底,我国高速公路里程达到16285千米,跃居世界第三位。

进入"十五"期间,我国高速公路继续保持举世瞩目的快速发展势头。2001—2005年,建成高速公路2.47万千米,总里程相继突破2万、3万和4万千米三大关口,2005年底,高速公路达4.1万千米,仅次于美国,居世界第二位,完成了西方发达国家几十年才完成的发展历程。

到2007年底,高速公路里程迈上了5万千米的台阶,达到5.39万千米;经过15年的艰苦努力,总里程3.5万千米的"五纵七横"国道主干线系统比原计划提前13年基本贯通,国家高速公路骨架初步成网,高速公路网对经济社会发展的推动作用更加显著。

(4)跨越式发展阶段(2008—2015年)。2008年,为应对美国次贷危机对我国的不利影响的种种举措，再为交通运输业实现新的发展提供了机遇。为应对金融危机，贯彻落实国家"促内需、保增长"的战略部署，公路行业以国家高速公路建设为重点，进一步加快了高速公路建设步伐。

2009年，全年完成公路建设投资超过9668亿元，同比增长40%以上；同年底，高速公路里程达到6.51万千米。2010年，公路建设投资历史性地突破了万亿元大关，高速公路总里程突破7万千米，达到74113千米。

2012年，高速公路通车里程达9.6万千米，首次超越美国，居世界第一。到2015年底，高速公路通车里程达12.4万千米，覆盖全国97.6%的城镇人口20万以上的城市。

（5）全面规范和高质量发展阶段（2016以来）。经过改革开放以来40余年的发展，我国公路交通运输历经了从"瓶颈制约"到"总体缓解"，再到"基本适应""适度超前"的发展历程。到2020年底，高速公路总里程达16.1万千米，国家高速公路网主线基本建成，覆盖约99%的城镇人口20万以上的城市及地级行政中心。我国高速公路里程已稳居世界第一位。

"十三五"以后，高速公路发展步入全面深化改革与规范发展的新时期，从注重里程规模和速度转向更注重科学合理可持续发展。交通运输部印发《关于实施绿色公路建设的指导意见》，明确提出建设以质量优良为前提，以资源节约、生态环保、节能高效、服务提升为主要特征的绿色公路，推动实现公路建设健康可持续发展。先后确定了延崇高速公路等33个试点工程项目，编制《绿色公路建设技术指南》《绿色公路建设发展报告》等，初步形成一批可推广、可复制的绿色公路建设经验成果，促进公路建设转型升级、提质增效。

2. 我国高速公路建设的现状

截至2020年底，我国高速公路总里程约16万千米，建成了全球最大的高速公路网络，覆盖99%城区超过20万人的城市和地级行政中心。目前，我国高速公路已实现"一张网"运行，大大缩短了时空距离，大幅提升了运输服务效率，高速公路充分发挥了主动脉功能，以占总里程3.1%的比例承担了58.2%的公路货运量。

50年来，我国公路建设已取得巨大成就。回顾我国公路发展历程，对比世界公路发展趋势，可以认为，我国公路交通正处于扩大规模、提高质量的快速发展时期。但是，从行政区划分布看，由于经济发展和人口分布的不平衡，公路发展在各地区之间存在着较大差距，总的来看，东部地区，高速公路的比例较高，明显高于全国平均水平，更高于中、西部地区水平。从高速公路的密度上看，目前我国高速公路密度还低于发达国家水平，每平方千米只有 0.47 千米的高速公路；从连通城市看我国目前仅连通 20 万人以上的城市，而美国、德国连通国内所有 5 万人以上的城镇，日本也已连接 10 万人以上的城镇；从规模效益上看，即使在我国最发达的东部沿海地区，高速公路依然没有实现真正的网络化服务，高速公路的规模效益没有得到充分发挥。

第 2 节　国内高速公路运营和管理概述

一、我国高速公路运营管理体制模式介绍

20 世纪 80 年代，中国高速公路管理体制与第一批高速公路一道相伴而生。但由于中国高速公路起步比较晚，暂时运营管理没有形成统一的管理模式。1992 年中国国务院办公厅 16 号文件规定，"国家暂不对高速公路的管理形式做统一规定，由各省、自治区和直辖市人民政府根据自己的实际情况确定"。依据文件的规定，各省都吸取普通公路的运营管理模式中成功的地方，进行大胆的探索与改革，结合本地的实际情况，尝试着制定符合自己的高速公路运营管理模式。各个地方的运营管理模式各式各样，形成宝贵的经验，积极推动了高速公路的发展。经过近 20 年的发展历程，现已基本呈现出以国有公路集团公司和高速公路管理局为主体，以非国有公司和上市公司为补充，多种模式并存的发展态势。在通过对全国各省（区）高速公路管理体制模式调查了解的基础上，现将其总结归纳为五种模式，分别是：

第一种：组建省政府直接授权并领导的国有资产投资主体性质的公路集团公司，基本脱离了与省级交通主管部门的行政隶属关系；

第二种：组建由省级交通主管部门领导兼任董事长的投资实体；

第三种：成立事业性质的高速公路管理局或公路局；

第四种：由非国有独资或控股的民营、外资股份公司管理；

第五种：由经股份制改造并在资本市场上市的公司管理。

就经济实质而言，这五种模式实际上可分为事业制与公司制两类。其中，第四种、第五种公司经营管理的仅仅是一些特定高速公路路段，在省域范围内并不占主导，因此，实际上前三种模式是全国的主导模式。

高速公路事业制管理模式是政府在高速公路的建设中全盘负责运营，使得高速公路的建设设计充分考虑到国内经济社会发展的需要，很好地解决了高速公路重复和跟风建设的情况，这种模式可以解决政府间信息流通不畅，协调不及时的问题。

高速公路公司制管理模式是指借助专业化高速公路建设单位管理高速公路，通过委托代理关系的确定，借助相关成功的案例，运用特许制模式管理与监督，这种模式有助于充分发挥高速公路管理主体的能动性及创造性，引进市场竞争机制，符合高速公路运营管理的要求。从长远趋势上看，未来时期公司制管理方式依然存在较大的发展空间。这是因为公司制与事业制相比更能吸收社会资本，提高资本使用率。

二、我国高速公路运营管理体制模式存在的问题

高速公路运营管理体制是高速公路管理工作的载体，是高速公路持续、快速、健康发展的制度保证。当前，高速公路管理体制存在一些问题，从根源来说，就是管理机构设置不合理、职能配备不健全、运行机制不完善等体制因素造成的。

1. 高速公路的建设和管理相分离，使高速公路建设规划很难与其管理相协调

由于高速公路建设指挥部都是临时性机构，建设完成后，进入管理阶段，很多遗留问题尚未解决，指挥部原班人马已经回到各自原先的岗位，所以很多问题无法解决，在一定程度上形成了老百姓与管理部门的对立情绪。

2. 机构设置不够合理，交通政令难以畅通

确保交通政令畅通是高速公路管理监控高效运转的前提和基础。但在个别高速公路上市公司、独资和合资的经营企业以及一些高速公路集团公司中，却存在接受交通行业管理的意识淡漠，对行业法规和技术标准执行不够积极和主动，甚至存在损害交通可持续发展的状况。

3. 政企不分，职能配置不够健全，公众出行利益受损

由于政府监管方面不够严格，再加上高速公路产业是一个不完全竞争市场，具有较为明显的自然垄断性，供给的稀缺性以及"捆绑收费"现象的存在，使得高速公路的经营特征更加明显，片面追求自身经济利益的最大化，掩盖了高速公路本身的社会公益性属性，在高速公路养护过程中，这一现象最为突出。一些大型的国有独资或控股的高速公路公司内部有一定的管理混乱状况，主要是政府股权管理和政府行政管理及政府行政管理与企业本身管理的相互混淆。

4. 运行机制不够完善，行业监管手段不足

在完善的市场经济体制条件下，对高速公路实施有效管理需要采取多种方式，实现技术、经济、行政、法律等多种运行机制的协同配合，在这些机制中，有的必须获得相应法律保证才能有效实施，虽然我国目前已经有《中华人民共和国公路法》，但还需进一步完善，并加强执行力度，实现高速公路管理法治化。

第3节 国外高速公路建设运营和管理概述

世界上第一条高速公路建于1932年，是德国的波恩到科隆高速公路。第二次世界大战后，由于战后重建和发展经济的需要，西方工业发达国家掀起了修建高速公路的热潮。20世纪中后期，一些发展中国家在实现现代化的过程中，也把修建高速公路作为基础设施建设领域的一项重要措施。截至目前，全世界已有80多个国家和地区拥有高速公路，世界上高速公路通车里程已有30多万千米，美国、日本、德国、加拿大等发达国家已经构筑了与本国经济和社会发展相适应的高速公路网。

一、国外高速公路建设历程

回顾历史，国外发达国家公路的发展大致都已经历了三个发展阶段，现正处于第四个发展阶段。

第一阶段从 19 世纪末到 20 世纪 30 年代,是各国公路的普及阶段。这期间随着汽车的大量使用,大多是在原有乡村大道的基础上,按照汽车行驶的要求进行改建与加铺路面,构成基本的道路网,达到大部分城市都能通行汽车的要求。

第二阶段从 20 世纪 30 年代到 50 年代,是各国公路的改善阶段。这期间由于汽车拥有量的迅速增加,公路交通改善需求增长很快,各国除进一步改善公路条件外,开始考虑城市间、地区间公路有效连接,着手高速公路和干线公路的规划,英、美、德、法等国都相继提出了以高速公路为主的干线公路发展规划,并通过立法,从法律和资金来源方面给予保障。

第三阶段从 20 世纪 50 年代到 80 年代,是各国高速公路和干线公路高速发展阶段。这期间各国大力推进高速公路和干线公路规划的实施与建设,并基本形成道路使用者税费体系作为公路建设资金来源的筹资模式,日本等国为解决建设资金不足等问题,还通过组建"建设公团"修建收费道路来促进高等级公路发展。各国经过几十年的发展,已基本形成了以高速公路为骨架的干线公路网,为公路运输的发展奠定了基础。

第四阶段为 20 世纪 80 年代末 90 年代初以来,是各国公路提高通行能力和服务水平的综合发展阶段。这期间各国在已经建成发达的公路网络基础上,维护改造已有的路桥设施和进一步完善公路网络系统,重点解决车流合理导向、车辆运行安全以及环境保护等问题,以提高公路网综合通行能力和服务水平。此外,各国还特别重视公路环境设施的建设,在公路建设和运营过程中对环境和生态进行保护,如通过居民区的路段建设防噪墙等以减小汽车行驶噪音影响,又如设置鱼类和其他动物等专用通道,保证公路沿线动物的生活不受大的影响。

二、国外高速公路运营管理概述

一些发达国家的高速公路建设、运营管理部已经经历了近百年的历史,这些国家的高速公路管理模式已经趋于成熟,因各国的国情与基本情况不同,高速公路的运营管理模式也不同,从管理体制的角度来看,对应的分别为中央财政制、专项基金制和项目融资制三类。

1. 中央财政制

在高速公路建设之初，世界各国普遍采用中央财政制的模式。采用中央财政制，由国家计划投资、建设与运营，有利于降低公路使用者的负担，此外，中央统一财政有利于国家统筹兼顾，当国家财力比较充足，对基础设施建设投入较多时，可以集中力量加快高速公路的建设。实现中央财政制的国家主要集中在欧洲，包括英国、法国、丹麦、荷兰、西班牙、瑞典等国家。但由于高速公路除公益性的特点外，还具有明显的商品属性，完全采用国家财政拨款的形式不利于发挥高速公路的商品属性，公路的资金供应受到政府预算限制，难以保证投资的稳定性；同时道路使用与资金负担之间没有直接联系，公平性较差。另外，采用中央财政制一般需要繁冗的审批程序，资金使用率低，容易导致高速公路的投资偏于保守，资产经营不善和养护资金不足等情况的发生。

2. 专项基金制

将公路税收直接用于公路的建设、运营和管理，属于特定财源制度，以道路使用者为征收对象，体现了公平性的原则。对公路使用者征收的税种包括以燃油税为主的消费税、汽车购置税和车辆使用税等。在这些税收中，燃油税的比重最大，一般占 60%—80%。实行公路专项基金制的国家有美国、日本、澳大利亚等。采用专项基金制度，可以通过公路使用者税收的方式，建立公路各项费用支出与公路使用者的直接联系，其公平性和稳定性比中央财政制有明显的改善。同时，各国通过颁布公路专项基金方面的法律、法规，规范了公路基金的支配行为，提高了资金的利用率。

3. 项目融资制

是指在政府监督下，组建高速公路公司，以特定的高速公路收费权作为担保条件，通过向金融机构借款，或者通过特许经营的模式，由高速公路公司发行债券和股票等模式筹集高速公路建设所需资金，建设、运营和管理高速公路。等高速公路建成通车后，利用收取的通行费予以偿还。"二战"以后，西方国家为恢复经济，开始大量投资建设高速公路，政府没有能力通过正常税收渠道筹集足够的公路建设资金，因此，部分国家开始采取以公路收费为担保的债务融资模式，或者向民间资本融资的模式。采用项目融资制的国家主要以法国、意大利为代表。目前，采取项目融资制已经成为国际上高速公路产业发展最主要的经营管理模式。

第 2 章 高速公路建设单位业务特点及其影响

第 1 节 高速公路建设单位的业务特点

高速公路工程项目的最大特点是工程量大,作业战线长、施工周期长,技术要求高,需要多单位多部门共同配合实施。参与高速公路工程项目建设的单位主要包括高速公路建设单位、设计单位、监理单位、施工单位等。其中高速公路建设单位是高速公路建设的组织者和管理者,在保证工程建设质量和提高管理水平方面承担着重要职责。

一、高速公路建设单位的概念及其主要职责

(一)高速公路建设单位的相关概念

高速公路建设单位也称业主单位或项目业主,是指执行国家高速公路建设计划,组织、督促高速公路建设工作,支配、使用建设投资的基层单位,是高速公路建设的投资主体或投资者,也是建设项目管理的主体,一般表现为:行政上有独立的组织形式,经济上实行独立核算,编有独立的总体设计和基本建设计划,是高速公路建设法律关系的主体,具体是指承担工程建设管理职责的项目法人,及其派驻工程现场指挥、协调、管理各参建单位完成工程建设任务的管理机构(指挥部、项目办、管理处等)。

我国的高速公路一般首先是由政府提出大方向的规划,然后由高速公路建设单位负责前期准备(包括向银行贷款或融资,撰写可行性研究报告等),接下来组织设计勘察,并作为业主负责建设完成。一般情况下,高速公路建设单位要负责偿还银行贷款和利息,通常会按照政府制定的统一标准组织运营收费,收费期限一般为 20 年。

（二）设立高速公路建设单位应具备的条件

高速公路建设单位履行建设管理职责，应具备相应的管理能力和建设经验，按规定组建机构、配备人员，制定完善工程管理的各项规章制度。各省级交通运输主管部门可根据本地区实际制定具体标准，但至少要具备以下资格和条件：

（1）管理机构设置：应设有计划、合同、技术、质量、安全、财务、纪检等职能部门。

（2）管理人员配置：总人数视工程项目建设规模和专业技术要求确定，其中工程技术人员应不少于管理人员总数的65%，具有高、中级以上专业技术职称的人员应占工程技术人员总数的70%以上。

（3）相关人员资格：管理机构负责人及其关键岗位人员应具有良好的社会信用和职业道德，具备相应工程组织管理能力，严格执行国家有关法律和规定，熟悉、掌握公路建设规章、政策。

①机构负责人：具有中级以上专业技术职称，具备2个及以上高速公路项目的建设管理经历；

②技术负责人：熟悉、掌握公路工程技术标准、规范和规程，具有高级及以上专业技术职称，具备2个及以上高速公路项目的技术管理经历；

③财务负责人：熟悉、掌握财经法规和财务制度，具有中级及以上职称，具备1个及以上高速公路项目的财务管理经历；

④关键岗位人员：计划、合同、技术、质量、安全等部门负责人应具备相应岗位的专业技术和任职资格，并分别具备1个及以上高速公路项目的建设管理经历。

（三）高速公路建设单位的主要职责

20世纪90年代以来，高速公路工程建设全面推行了项目法人制、招标投标制和建设监理制以及合同管理制等4项基本制度。通过4项制度的实施，建立起了建设、设计、施工、监理等四方分工协作、相互制约的新的基本建设项目管理体制，参建各方的职责和任务也越来越明确。其中高速公路建设单位的主要职责包括：执行国家有关基本建设的方针、政策和各项规定；编制并组织实施基本建设计划和基本建设财务计划；组织基本建设材料、设备的采购、供应；履行进行基本建设工作的一切法律手续；负责与勘察设计单位签订勘察设计合同，负责与施工单位签订建筑安装合同；对竣工工程及时验收、办理工程结算和财务决算。

建设单位是工程项目建设的组织者和实施者，还负有建设中征地、移民、补偿、协调各方关系，合理组织各类建设资源，实现建设目标等职责，就项目建设向国家、项目主管部门负责。建设单位要按项目建设的规模、标准及工期要求，实行项目建设的全过程的宏观控制与管理，全过程包括工程建设前期、工程建设中期和工程建设后期的职责。各阶段都要履行"三控三管一协调"，即投资控制、进度控制、质量控制、安全管理、合同管理、信息管理及组织和协调7项工作职责。

按时间顺序划分的三阶段，建设单位的职责分别是：

1. 工程建设前期的职责

这一阶段的核心任务是项目立项的分析与决策、项目目标的确立。具体内容包括了以下几方面：项目策划、手续办理、确定项目计划、组织委托勘察和设计工作、外部关系协调。

2. 工程建设中期的职责

（1）做好拆迁工作，以及通水、通电、通信、道路。

（2）委托社会监理。

（3）组织施工招标工作，启动工程建设。

（4）协调项目内部各单位及与政府相关部门的关系。

3. 工程建设后期的职责

（1）组织工程竣工验收，编制竣工验收报告，办理建设工程竣工备案手续。

（2）与相关施工单位进行竣工交接。

（3）参加工程结算，对结算结果进行审核。

二、高速公路建设的特点

高速公路建设的特点包括两个方面：一是高速公路建筑产品的特点；二是高速公路工程建设施工的特点。

1. 高速公路建筑产品的特点

（1）产品的固定性。高速公路工程构造物一经建成，其地点固定不变，不能移动。

（2）产品形体的庞大性。公路工程是线性构造物，其组成部分的形体庞大，占用土地及空间多。

（3）产品部分结构的易损性。公路工程由于受行车荷载的作用和自然因素的影响，所以经常损坏，尤其是暴露于大自然的部分以及直接受行车作用的部分。

2. 高速公路建设施工的特点

（1）造价高、投资大。高速公路工程建设项目投资一般是非常巨大的，其建设工程合同的金额基本上是几十亿元、几百亿元甚至上千亿元，这是一般的建筑工程项目所不可比拟的。如沈阳至北京高速公路全长 658 千米，总投资近二百亿元人民币；而贯穿祖国南北的交通大动脉——京珠（北京—珠海）高速公路更是长达 2400 千米，整个工程总投资近千亿元。

（2）点多、线长、面广。高速公路工程建设规模一般都比较大，从建设里程上来讲，从几十千米到上百千米甚至上千千米的都有，涉及的施工区域可能不止一个省、市，尤其是国道干线的建设，一般都要跨越几个省市以上，施工范围是相当广的。因此，工程的建设是不可能只由一家施工企业单独完成的，需要多家合作，分点、分段建设完成。

（3）质量要求高，形成时间长。每条高速公路都是特有的、唯一的，一经建成，在短时间内将不会进行重复性的投资建设，同时，建设一条高速公路将会耗费大量的人力、物力和财力等，因此，在高速公路工程的建设期间，就要对建设产品提出较高的质量要求，要求建设、设计、施工、监理等单位密切配合，材料、动力、运输等各部门的通力协作，以及地方各级政府部门和施工沿线各相关单位的大力支持，科学合理地利用资源，尽可能建设出高质量的高速公路。

（4）户外作业环境复杂不可控因素多。高速公路工程本身的特点要求施工建设是采用全野外的作业方式，加上施工的路线一般都较长，施工几千米、几十千米甚至上百千米的公路工程，所以无论是其面临的气候、地质水文条件，还是社会经济环境，乃至风土人情都将是有差异的。其中任何一项因素的变化都会影响高速公路工程建设的顺利进展。另外，对不同的施工项目，环境等影响因素又有所不同，不可控因素的增多也使得项目管理在施工中变得尤为重要。

三、高速公路建设单位的业务特点

高速公路项目的建设涉及的因素多，建设工期一般较长，且建设过程中许多条件也会发生变化，因而对高速公路建设项目进行科学管理，对保证项目的实施和完成起着非常重要的作用。高速公路建设项目要经过可行性研究、勘测、设计、施工等过程，它既具有一般工程建设项目的特点，也具有其自身的特征。

1. 具有严格的计划性

高速公路建设是国家基本建设的重要组成部分，其建设计划要经过国家有关权力机关批准。执行计划的单位和个人必须保证完成，同时也不能随意突破其建设计划。在高速公路项目建设过程中，必须根据国家批准的投资计划和计划任务书等文件进行，任何单位和个人不得随意扩大投资额和基本建设规模，以维护国家基本建设计划的严肃性，确保国家计划的实现。

2. 建设过程复杂、技术含量高

高速公路建设项目涉及建设、勘察、设计、施工、监理等众多部门，勘察、设计、施工、监理单位，必须是经过国家主管部门审查、批准，在当地工商行政管理部门进行核准登记并领有营业执照的基本建设专业组织，必须具备必要的技术力量、机械设备以及一定的流动资金等条件。

根据《公路建设监督管理办法》《公路建设市场管理办法》《公路建设市场准入规定》《公路建设四项制度实施办法》及《关于对参与公路工程投标和施工的公路施工企业资质要求的通知》对参与高速公路建设项目的建设、工程的勘察设计、施工及监理单位都提出了明确的技术要求。

3. 公路建设项目具有严格的法定程序

公路工程建设项目必须有计划、有步骤、有秩序地进行，必须严格执行国家有关基本建设程序的规定。

4. 高速公路建设项目投资额巨大

高速公路是使用周期长、技术标准高和投资巨大的基础性设施，为保证行车速度和行车安全，高速公路的路线线形和建筑材料都有严格的标准和要求，在高速公路的造价中，仅材料费用就占到40—50%，高速公路征地拆迁费用、通信监控等交通设施费用在造价中也占有很大比重。在我国一般平原微丘地区，高速公路平均每千米造价为3000万元，在山区，高速公路平均每千米造价接近4000万元。一般一条高速公路建设的投资规模为50亿元到120亿元。

5. 高速公路建设项目的协作化程度高

高速公路建设项目是为实现快捷、大流量的交通运输需要而开展的任务集合。参与项目建设的各主体间具有严密的协作性。高速公路建设项目涉及面广泛，往往需要由项目业主会同勘察、设计、施工监理及地质水文等部门互相配合，密切协作，共同完成工程建设任务。无论哪个部门和环节出现问题，都有可能影响工程的完成。各单位只有认真履行各自的义务，才能保证建设项目的顺利完成。

6. 建设周期长

由于每条高速公路都是特有的、唯一的，一经建成，在短时间内将不会进行重复性的投资建设，同时高速公路建设项目规模大，技术复杂，涉及的专业面广，包括路基、路面、桥梁涵洞、隧道、交通工程设施等工程，产品形体特别庞大，产品固定而又具有不可分割性，所以施工周期长，在较长时间内大量占用和耗费人力、物力和财力，直到整个施工周期完结才能出产品。

7. 受外界干扰及自然因素影响大

公路工程大部分是露天作业，因此受气候冷暖、地势高低、洪水、雨雪等自然条件的影响很大。设计变更、地质情况、物资供应条件、环境因素等对工程进度、工程质量、成本等都有很大影响。

第2节　高速公路建设单位业务特点对财务管理的影响

科学有效的财务管理工作可以提高建设单位本身应对风险的能力，减少风险带来的损失，在各种决策中作出正确的选择。同时，还有助于提高高速公路建设单位财务管理的能力，保证高速公路建设单位资金运用的合理性、合法性、合规性。

一、高速公路建设单位财务管理的含义

财务管理是企业管理的一个组成部分,它是根据财经法规制度,按照财务管理的原则,组织企业财务活动,处理财务关系的一项经济管理工作。财务管理的主要内容有:筹资管理、投资管理、营运资金管理、利润分配管理。

由于高速公路建设单位的业务特点决定了高速公路建设单位的财务管理与上述的一般意义上的财务管理有着显著的不同,应隶属于基本建设财务管理范畴,并构成一个分支。高速公路建设单位的财务管理是立足于高速公路建设期间,有关资金的筹集、使用、控制与监督的一项经济管理工作,其基本任务是筹集与合理使用项目资金,通过有效的财务管理,控制成本,提高项目的经济效益,监督项目的生产工作与执行国家的法律法规。

二、高速公路建设单位开展财务管理工作的目的

1. 确保建设资金使用的合规性。在进行建设资金的核算时,严格按照国家相关的会计制度进行,一切资金的开支都需要经过严格的审批。

2. 从制度上保障建设资金的安全。保证资金的使用安全不单单是防止一些腐败现象的发生,更重要的是保证所有资金实现专款专用,防止擅自挪用建设资金,保证建设资金的安全。

3. 提升建设资金的使用效率。通过财务管理能够使建设单位严格执行合同中的有关内容,将建设资金划拨到承包商或供应商手中,从而使其拥有充足的资金进行材料采购和施工,避免因资金不到位的原因造成工程延期和拖延。

4. 确保建设资金使用的严肃性。所有的建设使用资金都必须严格按照相关的法律法规规定进行使用,任何人都不能随意改变资金的使用方向以及增减数目。

三、高速公路建设单位财务管理的工作内容

1. 高速公路基本建设程序

(1) 根据规划,编制项目建议书;

（2）根据批准的项目建议书，进行工程可行性研究，编制可行性研究报告；

（3）根据批准的可行性研究报告，编制初步设计文件；

（4）根据批准的初步设计文件，编制施工图设计文件；

（5）根据批准的施工图设计文件，组织项目招标；

（6）根据国家有关规定，进行征地拆迁等施工前准备工作，并向交通主管部门申报施工许可；

（7）根据批准的项目施工许可，组织项目实施；

（8）项目完工后，编制竣工图表、工程决算和竣工财务决算，办理项目交接、竣工验收；

（9）竣工验收合格后，组织项目后评价。

2. 高速公路建设单位财务管理工作的内容

上述公路基本建设程序九个方面的内容，是互相依存和紧密联系的，在具体工作中，通常采取"程序不减、方法变通""合理交叉、平行推进"的手段来加快项目进度。从财务管理角度分析，主要工作包括：

（1）初步设计批复阶段。这个阶段为项目前期工作阶段，其财务管理主要工作任务是拟订适应项目特点的财务管理规章制度和财务管理办法，参与招标文件编制与审查、有关合同谈判工作。

（2）初步设计批复之后到交工验收之前。为项目建设工程施工阶段，其财务管理工作主要任务是围绕资金及其流转而展开，涉及资金筹集、使用、控制及监督，项目成本管理，资产管理、合同管理及工程价款支付管理，财务分析与评价等。

（3）交工验收至交付使用阶段。为项目建设收尾阶段，这一阶段是高速公路建设单位财务管理工作最为繁忙和重要的阶段，其主要工作内容除涉及前面两阶段财务管理工作的延伸外，还应重点做好债权债务清理与核对，合同清理与结算，实物资产的清理与盘点，会计档案整理、保管与移交，试通车收支与管理，竣工财务决算、配合决算审计及核定交付使用资产等。

四、对财务管理工作影响的表现

前述高速公路建设单位业务的特点，必然对高速公路建设单位的各项财务管理工作产生深远的影响。具体影响表现在以下几个方面。

1. 财务管理难度大

高速公路在建设过程中，包括对国土资源、环境评测、财政等相关部门对工程项目的论证以及由工程设计单位和施工单位分别进行的资金结算工作等，项目施工周期较长，而财务管理工作贯穿前期，建设期一直到竣工结算期。劳动力应用较多，财务管理比较复杂，尤其是在各个施工单位所负责项目各不相同的情况之下，因为施工进度的不同，其各自进行资金结算的时间也不同，所以财务管理范围广、难度大。

2. 财务管理的资金总额巨大、资金筹集任务重

一般来说，高速公路项目属于大型建设项目，建设项目时间长、费用高，涉及的资金量也大，因而财务管理的资金总额是巨大的。而且，面对建设规模如此庞大的投资项目，项目投资回报周期相当长，因此能否通过合理的资金筹集方式筹集到项目需要的资金，进而保证高速公路能够如期建设完成，确保资金流安全，也是十分关键的问题。对此必须要想方设法地为筹集项目资金开拓多种渠道，通过不限于债务融资和股权融资等多种融资方式进行融资，构建起完善的资本结构，以便维护项目相关利益集团的利益。

3. 财务管理手段以合同管理为主

我国高速公路建设一直将项目招投标制度和项目合同化管理作为高速公路建设工程管理的核心手段，合同化管理一直贯穿在整个项目工程始终。

4. 管理的周期长，人员众多

由于高速公路建设项目周期长，建设周期一般达到六年及以上，而财务管理工作从前期、建设期一直到竣工结算期，都是重要的存在，在不同的周期需要面对的人员也不尽相同，所以财务管理工作要面对的人员和单位也数量众多。

5. 承债压力大，财务风险高

高速公路建设项目的回报周期长，大多在二十年以上，而且高速公路项目的资金筹集模式比较单一，主要来源于银行贷款，再加上较长贷款周期产生的高额贷款利息，资金偿债压力大，带来一系列的财务管理风险。如果项目完成后难以收回资金，将会使建设单位的债务压力过大，影响单位后续发展。

五、高速公路建设单位财务管理的特点

1. "大财务"范畴

"大财务"就是指高速公路建设单位财务管理的管理范围广、管理工作量大,这是高速公路建设单位财务管理一大特点。对于高速公路工程项目来说,财务管理的视野与范围远大于一般企业财务管理,作为一般企业,财务管理与控制的职能主要由财务部门来行使,财权相对集中于财务部门。而对于高速公路工程项目来说,真正财务部门的职能是有限的,而且多属于事后的管理与监督。由于整个项目的施工已委托监理部门负责监督与控制,作为业主的项目建设单位地位已经超脱,此时,建设单位必须紧抓对监理工作的监督,放宽财务管理视野,将工程前期的财务评价与论证、资金筹集与运用、工程实施中的财务评价、合同签署、工程计量支付的审核、变更与索赔的审核、物价调整同货币与汇率甚至项目后评估等都纳入财务管理的范围。

2. 强调资金管理

高速公路建设单位的财务管理更强调资金管理,这不仅是因为资金量巨大,更因为在建设阶段没有经营任务,唯一的任务就是如何低成本地筹集资金、高效率地使用资金。项目前期的可行性论证、项目中期的实施以及项目后期的收尾与结算,始终围绕资金进行决策。因此,更强调资金管理,显现出高速公路建设单位财务管理的特色。

3. 决策与监督职能突出

由于高速公路项目的前期财务分析与论证、实施中的单项工程或分部工程的招投标财务评价以及资金的筹集与使用都主要是由高速公路建设单位进行决策,一旦决策结果确定,施工实施过程主要是受业主委托的监理单位负责监督,业主并不直接控制承包商的实施过程,因此业主财务管理的重点应放在对监理工作所导致财务行为的监督上。这项监督是长期的、专业的,也是十分重要的。实际工作中那种监理与业主是一家的观念是要不得的。

4. 财务管理内容和体系相对特殊

一般企业的财务管理通常都是由筹资、投资、营运与股利分配几部分内容构成,高速公路建设单位财务管理则不同,由于建设期只投入不产出,不存在

利润分配问题。投资决策也多表现为以项目立项决策为主，也涉及一些设备投资和材料采购决策，但很少涉及股票和债券这两种主要的投资决策以及股利分配决策，其财务分析也多为工程款支付情况分析和资金结构分析等。

5. 合同化管理是主要手段

自引进国际上的招投标制度和 FIDC 管理模式以来，合同管理一直是建设项目管理的核心和纽带。高速公路建设项目也不例外，而且涉及合同的范围、金额、种类甚至币种都更广、更大、更多。业主、监理、承包商、咨询单位、勘察设计单位、投资方（股权和债权）等，他们之间的分工协作关系无一例外地都要通过合同来明确。因此，合同管理较一般企事业单位财务管理都要重要。

第3节 高速公路建设单位业务特点对审计监督的影响

高速公路的迅速发展，为我国经济发展作出了很大贡献，但同时，也成为贪污腐败的高发领域，成为社会关注的热点。如何遏制这种状况，将贪污腐败消灭在萌芽状态，完善高速公路建设单位审计监督机制是反腐倡廉机制中不可或缺的对策之一。强化高速公路建设全过程管理、更好地控制项目投资，加强对高速公路建设项目的审计工作愈显重要。开展强力有效的审计监督工作是夯实国家高速公路建设工程高质量发展的重要保障。与其他建设项目相比，高速公路建设项目往往具有施工时间长、投资金额大、审计难度高等特点，对高速公路的审计工作也有其独特的要求。

一、审计职能侧重于建设与服务

一般业务的审计是通过事后财务审计来监督被审计单位的财务活动，以监督为主，而高速公路建设审计是以建设和服务职能为主。高速公路建设审计的目的在于促进高速公路建设项目实现质量、速度、效益三项目标，因此审计者既可对被审计单位的建设活动进行审计监督，也可为被审计单位提供专门咨询服务。审计者对高速公路建设项目进行的全过程审计，以经济性、效益性为主，强调事前、事中和事后审计相结合的全过程跟踪审计，体现的建设与服务职能更为明显。审计者围绕"提前跟进、全程跟踪，立足服务、着眼防范"的思路，将审计的关口前移，及时发现资金和项目管理中的漏洞以及存在的苗头性、倾向性的违纪违规问题，并有针对性地提出建议，促进被审计单位完善相关制度，堵塞管理漏洞，防止铺张浪费和投资损失，以达到"边审计、边整改、边规范、边提高"的目的。

二、审计资源的投入更多

高速公路涉及的资金额基本上亿元，这么庞大的投资额以及庞大的建设规模，如果没有足够的审计资源作为支撑，无法对这样巨大的审计项目进行全面审计，而且，如果要达到满意的审计效果，比较合理、科学的审计方式是全过程跟踪审计，这种方式更是需要审计人员付出足够多的努力，要求投入更多的精力和时间来支撑。因此，对于高速公路建设项目审计来说，如果不能投入更多的审计资源，可能就无法达到预期的审计效果。

三、对高速公路建设审计要求更为严格

高速公路是国家基础设施建设中一个非要重要的项目，且高速公路的质量好坏与否也关系着通车后数以万计的使用人员的生命安全。例如，2016年六盘水市中山区大河镇正在修建的公路隧道坍塌，造成3人死亡，2人受伤，可以看出，如果高速公路建设质量不合格，将造成巨大的财产损失和人员伤亡。因此，审计人员在审计过程中必须更严格地审计高速公路的建设过程，对相关质量和材料进行更仔细的检查，这样才可以确保施工人员的生命安全及整个项目的财产安全。

四、采取的审计方法更灵活、更多样

高速公路建设项目建设过程就是知识、组织、管理和技术的集成，在进行高速公路建设项目审计时，既要对建设单位的财务收支、项目资金来源、资金

使用情况进行审计，也可以根据审计目标，对建设项目工程造价和投资效益等进行审计，还可以对建设过程项目管理情况进行审计。因此，高速公路建设项目审计是一项较为复杂的工作，为了实现审计目标，高速公路建设项目审计除了采用传统的审计方法外，还应当根据审计目标和审计方案，吸收管理学、计量经济学、工程技术等领域发展的方法，比如价格确定方法、项目评估方法、经济预测方法、工程项目管理方法等技术经济方法，以便实施更加有效的监督。

五、须根据各高速公路建设的特点匹配审计方案

每一条高速公路的建设及施工方案都是不同的，且根据高速公路的特点，我们可以看出，有些高速公路基本横跨多个省市，每个省市对于高速公路建设方的要求及规范是不同的，且由于每条高速公路所面临的自然环境不同，所遇到的气候、社会环境等也是不同的，因此需要根据各条高速公路的具体情况调整审计方案，将审计的重点与具体的高速公路建设过程中所遇到的困难及重大事项等结合起来进行审计方案的调整与规划。

六、审计过程是分阶段的

由于高速公路建设项目建设周期长、建设程序性强，因此审计人员进行工程审计时，应当根据基本建设程序分阶段地进行审计。为了使公路建设过程中各方之间的关系合理建立，在项目建设过程中，按照项目成本控制和项目管理的要求，有必要对每个施工阶段进行细分定价。在项目初步设计阶段编制设计概算；确定招标阶段的合同价格；合同实施阶段确定结算价；竣工验收阶段编制竣工决算等。通过全过程跟踪审计，对高速公路建设各阶段进行有效的审计，将各阶段计价进行分段审计，有利于如实反映高速公路建设的实际造价。

第3章　高速公路建设单位财务管理的目标和职能

第1节　财务管理目标

一、财务管理目标的一般概念

（一）财务管理目标的含义

财务管理目标是指在特定的理财环境中，通过组织财务活动，处理财务关系要达到的目的。从根本上，财务管理目标取决于企业生存的目的或企业目标，取决于特定的社会经济模式，它决定着单位财务管理的基本方向。财务管理目标是一切财务活动的出发点和归宿，是评价理财活动是否合理的基本标准，也是经营目标在财务上的集中和概括。制定财务管理目标是现代企业财务管理成功的前提，只有有了明确合理的财务管理目标，财务管理工作才有明确的方向。因此，各单位应根据自身的实际情况和市场经济体制结合企业财务管理的要求，科学合理地选择、确定财务管理目标。

（二）财务管理目标的特征

1. 财务管理目标应具有相对稳定性

相对稳定性是指随着一定的政治、经济环境的变化，财务管理目标可能会发生变化，人们对财务管理目标的认识也会不断深化。如在我国计划经济体制下，财务管理是围绕国家下达的产值指标进行的，所以那时的财务管理目标可以看作"产值最大化"。改革开放初期，企业经营活动的中心从关注产值转变为关注利润，这时的财务管理目标就是"利润最大化"。但是财务管理目标是财务管理的根本目的，是与企业长期发展战略相匹配的。因此，在一定时期内，应保持相对稳定。

2. 财务管理目标具有可操作性

财务管理目标要具体，要能够据以制定经济指标并进行分解，实现全方位的控制，进行科学的绩效考评，因而，财务管理目标就必须具有可操作性。具体说来，可操作性包括：可计量性、可追溯性和可控制性。

3. 财务管理目标具有层次性

财务管理目标是企业财务管理顺利运行的前提条件。各种各样的理财目标构成了一个网络，这个网络反映着各个目标之间的内在联系。财务管理目标之所以有层次性，是由企业财务管理内容和方法的多样性以及它们相互关系上的层次性决定的。不同层次目标才能更好地把实现财务管理目标的责任落实到财务管理活动的不同环节、企业内部的不同部门、不同管理层次或不同责任中心。

（三）财务管理目标的不同观点

随着市场经济体制的逐步完善，财务管理理论在不断地丰富和发展。其中财务管理的目标，也在不断推陈出新。到目前为止，先后出现了多种比较具有代表性的观点，包括利润最大化、股东财富最大化、企业价值最大化、利益相关者财富最大化和实现财务资本和知识资本效用最大化等。各种观点各有利弊和适用的前提，目前国内外比较一致的认识是以企业价值最大化作为财务管理的目标。

1. 西方财务管理目标理念的发展

20世纪以来，西方资本主义世界遭受了几次严重经济危机的打击。与此相适应，财务管理的职能重心也发生了三次较大转移，每一次职能重心的转移都标志着对财务管理目标的认识进入一个崭新阶段。19世纪末到20世纪30年代，企业迅速发展壮大，各公司面临的首要问题是如何筹集到公司发展所需的资金，公司财务管理的职能重心是有效地筹集资金和合理安排资本结构，目标是筹资数量最大化。20世纪30年代到50年代，资本主义经济危机，特别是30年代大萧条发生时，企业产品大量积压，资金周转不灵，支付能力削弱，于是，公司财务管理的重心从资金的筹措转移到资金的运用。这一时期，公司财务管理注重对公司资金使用的控制和管理，设法摆脱因投资不当而遭受的危险。20世纪50年代至今，公司财务管理的职能重心又发生了根本性转移，此次转移是从单纯注重投资理财转向既注重筹资理财，又注重投资理财，还注重协调收益分配关系，使公司理财目标呈现多元并重的局面。

2. 我国财务管理目标理念的发展

在计划经济时期，企业的主要任务就是执行国家下达的总产值指标，企业的财务管理是围绕国家下达的产值指标来进行的，这一时期的财务管理目标可以概括为产值最大化。改革开放以后，我国经济体制从高度集中的计划经济转向有计划的市场经济体制，国家把利润作为考核企业经营情况的首要指标，这也使得利润逐步成为企业运行的主要目标，财务管理的目标为利润最大化。随着市场体制的建立和完善，我国财务管理界普遍接受了以企业财富最大化作为财务管理目标的观念。企业财富最大化是指企业通过合理经营，采用最优的财务政策，在考虑资金的时间价值和风险报酬的情况下不断增加企业财富，使企业总价值达到最大。

3. 财务管理目标几种代表性的理论

（1）利润最大化。这里的利润是指会计利润，利润最大化就是假定企业财务管理以实现利润最大为目标。以利润最大化为财务管理目标，主要原因有三：一是符合人类生产经营活动的目的，人类生产经营活动的目的是创造更多剩余产品，在市场经济条件下，剩余产品的多少可以用利润这个指标来衡量，剩余产品越多，利润越大；二是在自由竞争的资本市场中，资本的使用权最终属于获利最多的企业。企业获利越多，盈利能力越强越容易获得资本的使用权；三是只有每个企业都最大限度地创造利润，整个社会的财富才可能实现最大化，从而带来社会的进步和发展。利润最大化作为财务管理目标的优势是：企业在追求利润最大化时，就必须讲求经济核算，加强管理，改进技术，提高劳动效率，降低产品成本，这些措施都有利于企业资源的合理配置，有利于企业整体经济效益的提高。利润最大化目标在实践中存在以下难以解决的问题：一是没有考虑利润的取得时间，不能体现资金的时间价值；二是没有反映创造利润与投入的资本之间的关系，因而不利于不同资本规模的企业或同一企业不同期间之间的比较；三是没有考虑风险因素，高额利润往往要承担较大的风险，若不考虑风险因素，就难以作出正确的判断；四是片面追求利润最大化，可能导致企业短期化的财务决策，影响企业长远发展，由于利润指标通常按年计算，因此，企业决策也往往会服务于年度指标的完成或实现，忽视产品开发、人才开发、生产安全、技术装备水平和履行社会责任。

（2）资本利润率最大化或每股利润最大化。资本利润率是利润额与资本额的比率。每股利润是利润额与普通股股数的比值。这里的利润是指净利润。这个目标的优点是把企业实现的利润额同投入的资本或股本数进行对比，能够说明企业的盈利水平，可以在不同资本规模的企业或同一企业不同期间之间进行对比，揭示了其盈利水平的差异。此目标虽然克服了利润最大化目标的一些不足，但该指标仍然没有考虑资金时间价值和风险因素，也不可避免企业短期化的财务倾向。

（3）股东财富最大化。股东财富最大化是指企业财务管理以实现股东财富最大为目标。在上市公司，股东财富由其所拥有的股票数量和股票市场价格两个方面决定。在股票数量一定时，股票价格达到最高，股东财富也就达到最大。与利润最大化相比，股东财富最大化的主要的优点是：第一，考虑了风险因素，因为通常股价会对风险作出较敏感的反应，通常当股价下跌时，可能是资本市场系统风险加剧，股价上涨时，资本市场的系统风险可能降低。第二，在一定程度上可以避免企业追求短期行为，因为不仅目前的利润会影响股票价格，预期未来的利润同样会对股价产生重要影响。上市公司的股价高低，从长期来看主要是由公司的业绩支撑。第三，对上市公司而言，股东财富最大化目标比较容易量化，便于考核和奖惩。但以股东财富最大化作为财务管理目标存在以下缺点：一是通常只适用于上市公司，非上市公司难以应用，因为非上市公司无法像上市公司一样随时准确获得公司股价。二是股价受众多因素影响，特别是企业外部的因素，在资本市场效率较低，投机行为严重，人为炒作，股价不能完全准确反映企业财务管理状况，如有的上市公司处于破产的边缘，但由于可能存在某些机会，其股票价格可能还会走高。

（4）企业价值最大化。企业价值最大化是指企业财务管理行为以实现企业价值最大化为目标，投资者设立企业的主要目的，在于创造尽可能多的财富，这种财富首先表现为企业价值。企业价值可以理解为企业所有者权益的市场价值，是企业所创造预计未来现金流量的现值，反映了企业潜在的或预期的获利能力和成长能力。未来现金流量的预测包含了不确定性和风险因素，而现金流量的现值是以资金的时间价值为基础，对现金流量进行折现计算得出的。以企业价值最大化作为财务管理的目标，其优点主要表现在：一是该目标考虑了资金的时间价值和风险价值，有利于统筹安排长短期规划、合理选择投资方案、有效筹措资金、合理制定股利政策等；二是将企业长期、稳定的发展和持续的获利能力放在首位，能够克服企业在追求利润上的短期行为，因为不仅目前利润会影响企业的价值，预期未来的利润对企业价值也会产生重大影响。三是该目标有利于社会资源的合理配置。社会资金通常流向企业价值最大化或股东财富最大化的企业或行业，有利于实现社会效益最大化。但是，以企业价值最大化作为财务管理目标存在以下问题：一是企业价值过于理论化，不易操作。尽管对于股票上市企业，股票价格的变动在一定程度上揭示了企业价值的变化，但是股价是受多种因素影响的结果，特别是在资本市场效率低下的情况下，股票价格很难反映企业所有者权益的价值。二是对于非上市公司，只有对企业进行专门的评估才能确定其价值，而在评估企业资产时，由于受评估标准和评估方式的影响，很难做到客观和准确。

（5）相关者利益最大化。财务管理目标不能仅仅归结为某一集团的目标，而应该是多个利益集团共同作用和相互妥协的结果。在企业经营中，股东、债权人、政府、经营者、职工和客户都会不同程度遭受风险。因此，公司应控制经营风险、培养稳定股东、重大问题请债权人参加讨论、关心客户利益、关心职工利益及关心政府政策变化。建立在企业社会责任基础上的相关者利益最大化的优势是能够减少企业经营中的各种阻力与内耗，有利于企业可持续发展。但相关者利益最大化作为财务管理目标也有缺陷：第一，矛盾只能得到某种程度上的解决；第二，容易被兼并；第三，丧失竞争能力；第四，含糊不清，无法具体体现在投资和融资决策上。企业履行社会责任必然增加相应成本，对于效益一般的公司，如果对手不这样做，公司竞争力可能要下降；股份由社会广泛持有的公司由于资本市场的因素，在从事公益事业时会受到一些限制。

从理论上讲，各个利益集团的目标都可以折中为企业长期稳定发展和企业总价值的不断增长，各个利益集团都可以借此来实现他们的最终目的。所以企业价值最大化最能够体现财务管理的目标。

二、高速公路建设单位财务管理的目标

高速公路建设单位财务管理的目标应该与财务管理的一般目标保持一致，

即高速公路建设经营进行财务管理所要达到的目的，是评价其财务管理活动是否合理的标准。确定合理的财务管理目标，在整个财务管理中具有极其重要的意义。

（一）高速公路建设单位财务管理目标模式及选择

1. 筹资最大化

由于高速公路投资巨大，随着我国高速公路的快速发展，建设资金紧张成为交通主管部门面临的主要难题。为了保证交通基础设施建设的资金供应，交通部门采取各种措施拓宽筹资渠道，其中一个重要举措就是成立高速公路经营公司，实现交通国有资产由无偿投入向有偿使用转变。如上海、广东、福建、湖南、海南等，利用高速公路经营公司上市发行股票为本地区的交通建设筹集了大量资金，其成绩斐然。各地交通部门也纷纷准备将其高速公路中的优良资产上市，并给高速公路建设制订了庞大的筹资计划，仿佛公司筹集到的资金越多越好，形成了筹资最大化作为财务管理目标的认识。

2. 企业价值最大化

企业价值最大化是高速公路建设单位借鉴西方的观念，通过合理经营，采用最优的财务政策，在考虑资金的时间价值和风险报酬的情况下不断增加单位财富，使单位价值达到最大。以企业价值最大化作为财务管理的目标能有效地克服财务管理人员不顾风险的大小，而片面追求利润的错误倾向。正确权衡报酬增加与风险增加的得与失，努力实现二者之间的最佳均衡，使其价值最大。可见，企业价值最大化的观点体现了对经济效益的深层次认识。

3. 既定工程质量前提下的建设成本最低化

"筹资最大化"作为财务管理目标，只看到当前交通建设的巨大资金需求，而忽略了高速公路建设经营所承担的风险，对高速公路的长远发展是不利的。所以很明显，"筹资最大化"作为高速公路建设单位财务管理的目标是不合理的。

"企业价值最大化"作为一般意义上的财务管理的目标受到了普遍的接受。但是高速公路工程项目由于其性质的不同，效益考核指标也不同，无论修建的是经营性收费公路还是收费还贷公路或公益性公路，其财务管理的目标都不能定义为"企业价值最大化"，即便是以合资、合作或股份制形式组建的公司，就其公路工程项目建设期间的财务管理而言，如果把该期间的财务管理目标定义为"企业价值最大化"也是不适当的，就该类公路建设经营公司的总体目标而言，"企业价值最大化"理应成为其财务管理的目标，但由于公路工程项目建设阶段期限长、投资大、无收益等特点，公路工程项目建设财务管理和建成后的公司性收费管理是严格不同的。公路工程项目财务管理的重点在于按照最低资金成本原则合理有效地筹集资金，并在实现项目的经济和社会效益的前提下，确保项目费用支出最低。

对非经营性公路而言，社会效益理应成为其财务管理目标的组成内容。非经营性质的公路又分为两种：一种是收费还贷公路，这类公路建设可以组建公司，由公司专门负责收费，对这类公司而言，其财务管理的目标应该是经济效益和社会效益并重，经济效益不是单纯意义上的盈利，而是投资成本的回收和实现简单再生产；另一种是不组建公司，由公路主管部门直接收费，当然这样的组织多是事业或行政单位，其财务管理的目标主要是实现既定的社会效益。前已述及，高速公路工程项目财务管理是特指公路建设项目实施至竣工验收并交付使用期间的资金管理活动。该阶段只投入不产出，筹资任务巨大，如何在确保公路既定质量的前提下，合理筹集和使用资金，并使筹资成本、使用成本、风险成本等各项资金成本最低，应成为高速公路建设单位财务管理的核心目标。成本的降低自然意味着相对效益的提高。

因此，我们认为高速公路建设单位财务管理的目标可以归纳为：确保既定工程质量前提下的建设成本最低化。高速公路建设单位的各项活动都必须以此为中心，包括资本金的筹集、股票债券的发行、银行信贷的利用、公路工程项目款的支付与结算、材料与设备的购置、招投标、国际贷款的提取与使用、征地拆迁款项的拨付等，公路工程预算与决算的编制及相应的财务分析也应围绕此展开。综上所述，高速公路建设单位财务管理的完整内涵可以概括为：高速公路建设单位财务管理是公路建设管理单位为确保建成预定质量的高速公路，而对建设过程中的资金筹集、使用及其相关经济行为实施管理，以期每千米成本最低化为目标的管理活动。

（二）高速公路建设单位财务管理的具体目标

高速公路建设单位财务管理的具体目标主要有四个方面：一是要保证建设

资金运用的规范性,对于资金的运用要有合理规范的审批流程,建立内部控制制度,防止滋生腐败,实现单位的发展目标;二是要保证资金的运用效益,制订完善的财务管理计划,确保高速公路建设工程的顺利进行;三是要保障高速公路建设资金运用的严肃性,保证所有的财务工作均是在法律允许的范围内,不得违反国家财经法规;四是制定合理的预算标准,保证高速公路建设单位的成本控制得当与项目的完整度。

第 2 节　财务管理职能

一、财务管理职能概述

财务管理职能是指企业财务在运行中所固有的功能,即为企业资金运动及其所体现的经济关系,表现为筹资、投资、经营、分配等过程中的管理职能,包括财务预测、财务计划、财务决策、财务控制、财务分析等。

(一)财务预测

财务预测是根据企业财务活动的历史资料,考虑现实的要求和条件,对企业未来的财务活动作出较为具体的预计和测算的过程。财务预测是进行财务决策的基础,预测的准确程度将直接影响财务决策的正确性,从而对公司理财目标的实现产生重要影响,因此,公司应尽可能用科学的方法对公司财务活动的过程和结果进行尽可能准确的预测。财务预测的内容涉及公司财务活动的全过程,主要包括总资产和各种具体资产需要量预测,不同筹资方案的筹资成本和筹资风险预测,不同投资方案的投资收益和投资风险的预测等内容。财务预测的主要方法有定性预测法和定量预测法两类。定性预测,主要是利用直观材料,依靠个人的主观判断和综合分析能力,对事物未来的状况和趋势作出预测的一种方法;定量预测法,首先需要根据公司的历史财务资料建立数学模型,其次根据公司的外部环境和内部条件的变化对公司的历史财务资料建立数学模型进行适当的修正,最后再根据修正后的数据模型来推导公司未来的财务活动过程和结果。

（二）财务决策

财务决策是指财务人员按照财务目标的总体要求，利用专门方法对各种备选方案进行分析和比较，并从中选出最佳方案的过程。在市场经济条件下，财务管理的核心是财务决策，财务预测是为财务决策服务的，决策成功与否直接关系到企业的兴衰成败。一个财务决策系统由决策者、决策对象、信息、决策理论与方法以及决策结果五个要素构成。财务决策工作的主要步骤包括确定决策目标、提出备选方案和方案优选等步骤。财务决策有多种分类方法，每一分类方法分别用来研究和解决不同的问题。决策按能否程序化，可以分为程序化决策和非程序化决策。按照决策所影响的时间长短，可以将其分为长期决策和短期决策。按照决策所涉及的内容可分为投资决策、筹资决策、股利决策等。

（三）财务预算

财务预算是指运用科学的技术手段和数量方法，对未来财务活动的内容及指标进行规划。财务预算是以财务决策确立的方案和财务预测提供的信息为基础编制的，是财务预测和财务决策的具体化，是控制财务活动的依据。财务预算工作的主要步骤包括：分析财务环境确定预算目标；协调财务能力，组织综合平衡；选择预算方法，编制财务预算。企业财务预算应纳入企业全面预算体系，构成企业全面预算体系的重要组成部分。

（四）财务控制

财务控制就是对预算和计划的执行进行追踪监督、对执行过程中出现的问题进行调整和修正，以保证预算的实现。财务控制一般要经过以下步骤：制定控制标准，分解落实责任；实施追踪控制，及时调整误差；分析执行情况，搞好考核奖惩。财务控制是企业内部控制和风险管理的一个重要方面，风险控制和管理就是要预测风险发生的可能性，尽可能地提出预警方案，确定和甄别风险，采取有效措施规避、化解风险或减少风险所带来的危害等。财务控制的方法和手段包括授权批准控制、职务分离控制、全面预算控制、财产保全控制、标准成本控制、责任会计控制、业绩评价控制等。

(五）财务分析

财务分析是根据核算资料，运用特定方法，对企业财务活动过程及结果进行分析和评价的一项工作。财务分析既是对已完成的财务活动的总结，也是财务预测的前提，在财务管理的循环中起着承上启下的作用。财务分析包括财务指标分析和综合分析。用以分析和评价企业财务状况与经营成果的分析指标主要包括偿债能力指标、营运能力指标、盈利能力指标和发展能力指标。财务分析一般包括以下步骤：收集资料，掌握信息；指标对比，发现问题；分析原因，明确责任；提出措施，改进工作。财务分析的方法主要包括趋势分析法、比率分析法和因素分析法。以上财务管理职能相互联系、相互依存。

二、高速公路建设单位财务管理的职能

高速公路建设单位财务管理作为管理范畴，其职能应该包括高速公路建设项目财务计划和财务控制。高速公路建设项目财务计划应该包括前期计划和实施计划，前期计划实际上是贯穿于整个高速公路项目的立项、评估以及设计等过程，可以概括为项目决策。项目一旦可行，就会转入实施过程，实施过程中，通常应编制按年度分季度的实施计划，称为期间计划，该计划实际是前期计划的细化和实施。有了计划，能否如期实现，除了计划本身的科学性外，关键是对计划实施的监督是否得力，无论是前期决策（前期计划），还是后期的计划（期间计划），没有必要的监督控制，计划就很难如期实现。因此，高速公路建设单位财务管理职能的内容包括财务决策职能、财务计划职能以及财务控制职能。

（一）财务决策职能

财务决策职能是高速公路建设单位财务管理的一个重要职能，在高速公路建设前期资金的预算及筹集，建设期资金运用的标准及竣工结算期都需要财务决策。

1. 财务决策的过程

财务决策的过程，一般可以分为四个阶段：

（1）资料收集阶段：资料收集是决策的基础工作，资料的完整性、相关性、可靠性、充分性以及重要性是做好决策的关键。具体在高速公路建设项目方面，决策者应充分熟悉国家的公路建设规划、公路沿线的地理环境（包括地质结构）和人文环境，调研交通量等，从而为决策提供必要依据。

（2）设计阶段：设计即创造、制订和分析可能采取的方案。在此阶段里，要根据收集到的资料，以总体高速公路项目建设为目标，设计各种可能采取的方案即备选方案，并从财务角度分析评价每一方案的得失和利弊。

（3）抉择阶段：从被选计划中选择一个行动方案。在这一阶段里，要根据当时的情况和对未来的预测，以及一定的价值标准评价诸方案，并按照一定的准则选出一个行动方案。

（4）审查阶段：审查即对过去的决策进行评价。在此阶段里，要根据实际发展进程和行动方案的比较，评价决策的质量即主观符合客观的程度，以便改进后续决策。在实际决策过程中，这四个阶段并不是依次顺序完成的，经常需要反复到以前阶段；而且，这四个阶段还可以进一步划分为若干小的阶段。

2. 财务决策系统的要素

财务决策通常由以下五个要素组成：

（1）决策者：决策者是决策的主体。它可以是一个人，也可以是一个集团或者决策机构。高速公路建设项目由于其显著的基础性和社会公益性特点，其决策者既有国家有关部委，也有具体的项目建设单位。项目是否可行，首先要通过高速公路工程项目参与单位（建设单位、设计单位、勘测单位、咨询机构等）的微观决策，包括国民经济的可行性和项目自身财务可行性，然后报请国家有关部委作出宏观决策，包括国民经济和社会效益决策。项目立项后，又要转化为项目实施单位（主要是业主和监理单位）的微观资金筹集和使用决策。

（2）决策对象：决策对象是决策的客体，即决策想要解决的问题。构成决策对象的只能是决策者的行为可以施加影响的系统，决策者的意志不能改变的东西不能成为决策对象。高速公路建设项目决策的对象正如上面提到的，既包括立项，又包括资金的筹集与使用。

（3）信息：信息包括高速公路建设项目实施过程本身客观具有的信息，与高速公路建设项目实施相关的外部环境的状态和发展变化的信息。决策时，保持信息的真实性和正确性是至关重要的。决策错误多与信息失真有关。前期工作不深不透，甚至单纯为了地方利益去争项目，必然提供一些虚假的信息，从而误导决策。同样，后期实施过程的计量、计价核算统计虚假也必然导致资金使用的重大失误。

（4）决策的理论和方法：决策的理论和方法包括决策的一般模式、预测方法、定量分析和定性分析技术、决策方法论、数学和计算机应用等。有了正确的信息，只是具备了科学决策的前提，并不等于就有了科学的结论，决策者还需要科学的理论指导，并运用恰当的方法来分析推理和判断，才能找出好的方案。

（5）决策结果：决策结果是指通过决策过程形成的、指导人的行为的行动方案。企业决策的结果通常要采用语言、文字、图表等明显的形式来表达。财务决策的五个要素相互联系、相互作用，组成了一个决策系统。

3. 决策的价值标准

决策的价值标准，是评价方案优劣的尺度，或者说是衡量决策目标实现程度的尺度，它用于评价方案价值的大小。历史上首先使用的是单一价值标准，如最大利润、最高产量、最低成本、最大市场份额、最优质量、最低投资、最短时间等。单一的决策价值标准给人们带来许多教训。例如，不顾安全生产，单纯追求产量和利润，结果发生严重质量事故，产量和利润反而会掉下来；单纯追求短期利润，也会使企业发展失去后劲，甚至破产；单一追求投资规模标准，必然增大投资成本，并影响工期和高速公路建设应有的质量体系标准，超出国情国力。单一价值标准决策，往往会使第一步决策取得辉煌的成绩，但继续下去就会遭到客观世界的报复，走向自己的反面。企业决策的价值标准有个历史演进，即由最先的以经济效益为尺度的经济目标演进到既考虑经济目标，也考虑非经济的或不可计量的其他因素的综合决策的价值标准系统。

具体到高速公路工程项目，决策的价值标准应该包括经济和社会两个方面，经济方面主要包括投资最小化或成本最低化；社会方面主要表现为一些无法计量的经济和非经济因素。

4. 决策的准则

选择方案的一般原则，也就是指导人们选择行动方案的一般原则，被称为决策准则。传统的决策理论认为，决策者是"理性的人"或"经济的人"，在决策时他们受"最优化"的行为准则支配，应当选择"最优"的方案。近代决策理论认为，由于决策者在认识能力和时间、成本、情报来源等方面的限制不能坚持要求最理想的原则，常常只能满足于"令人满意的"或"足够好"的决策。因此，实际上人们在决策时并不考虑一切可能的情况，而只考虑与问题有关的特定情况，使多重目标都能达到令人满意的、足够好的水平，以此作为行动方案。高速公路建设项目财务决策也不例外，应设定一个"满意度"指标，所谓"精品工程""一流工程""超一流工程"都应该从投资和质量两个方面设定一个"令人满意的、足够好的"基本要求，作为指导高速公路建设项目决策的一般原则。否则，决策没有了标准和目标，决策的结果也就没有了评判的尺度。我国高速公路建设中出现的超标准、超规模等现象与决策目标的不明确有着直接的关系。

5. 决策的分类

决策可以有多种分类方法，每一种分类方法分别用来研究和解决不同的问题。

程序化决策和非程序化决策。程序化决策是针对不断重复出现的例行事项的决策，比如企业的订货决策。这类决策通常有规律可循，可以根据经验和习惯建立一定的程序，在问题出现时按既定程序执行，就可以解决问题。高速公路建设项目在局部阶段可能用到这样的决策，比如基本建筑材料的采购及基本人工费用支出预算等。非程序化决策是指具有非重复性的独特事项的决策。这类决策涉及的事项具有创新性，如企业新产品的开发、固定资产投资等。高速公路建设项目从总体上应归结为此类决策。

长期决策和短期决策。高速公路建设项目建设周期通常在一年以上，因此属于长期决策。但实施阶段的材料购置等应属于短期决策。

（二）财务计划职能

计划是指预先决定做什么、何时做、怎样做和谁去做。广义的财务计划包括很多方面，通常有确定财务目标，制定财务战略和财务政策，规定财务工作程序和针对某一具体问题的财务规则，以及制定财务规划和财务预算。狭义财务计划工作，是指针对特定期间的财务规划和财务预算。

1. 财务规划

财务规划是个过程，就企业来说，它是通过调整经营活动的规模和水平，使得企业的资金、可能取得的收益、未来发生的成本费用相互协调，以保证实现财务目标。财务规划受财务目标、战略政策、程序和规划等决策的指导和限制，为编制财务预算提供基础。财务规划的主要工作是财务预测和本量利分析。规划工作主要强调各部分活动的协调，因为规划的好坏是由其最薄弱的环节决定的。

就高速公路建设项目而言，它是通过调整项目进度、投资规模、建设质量和建设工期等使项目未来投资建设成本和工程质量相互配比，确保总的财务目标最终实现。高速公路建设项目财务规划的主要工作应是财务预测和进度（包括实物量和货币量）分析。实际工作中，有的单位不重视财务规划的作用，有的就没有财务规划，更不清楚财务规划与财务预算的关系。编制财务预算不考虑财务规划，使得预算缺乏依据性和可操作性。

2. 财务预算

财务预算是以货币表示的预期结果，它是计划工作的终点，也是控制工作的起点，它把控制和计划联系起来。预算工作的主要好处是使各级主管人员对自己的工作进行详细、确切的计划。通过计划一方面规范日常工作行为，另一方面，也有利于日常工作的自我监督。在高速公路建设单位预算管理方面，整合预算和战略管理领域的工具方法，根据财务管理目标和业务特点，选择正确的工具方法进行预算编制、控制、调整、考核，将目标具体化、数量化，一般按照分级编制、逐级汇总的方式，采用自上而下、自下而上、上下结合或多维度相协调的流程编制预算，下级根据现实情况汇报上级，上级进行全局统筹数据，制定利润预算表或财务状况预算表等综合性预算分析表，反映财务结构的预算安排，指导在保证工程预算不超标的前提下，进一步加强内部控制，落实财务管理目标。

（三）财务控制职能

财务控制和财务计划有密切联系，计划是控制的重要依据，控制是执行计划的手段，它们组成了财务管理循环。高速公路建设单位财务管理循环的主要环节包括：

（1）经营性公路工程项目（企业或公司）：垫付资金—项目建设—投入运营—收取车辆通行费—资金收回。

（2）非经营性公路工程项目（建设单位或行政事业单位）：垫付资金—项目建设—交付使用—转移收费税—资金收回。

从上述可以看出，无论是经营性高速公路建设项目还是非经营高速公路项目，就其项目建设资金循环来说，只能是半循环，或者说是循环的第一阶段。

（四）财务分析职能

高速公路建设单位在正确及时地编制会计报表和竣工决算报表的基础上认真开展财务分析，有利于促进基本建设财务计划的完成和国家有关政策、财经制度地贯彻执行；有利于合理、节约地使用建设资金，提高资金使用效果；有利于管理部门对财务活动的监督指导。财务分析是高速公路建设单位财务管理不可缺少的重要内容，而且从某种程度上讲，财务分析是更高层次的财务管理，财务分析主要包括三个方面：一是对各种法规、政策、制度的分析；二是对市场的分析；三是对会计核算以及其他经营管理信息的分析。

1. 财务分析的内容

作为完整的高速公路建设项目财务管理内容的组成部分，高速公路建设单位财务分析总的来说也应该包括以上三方面内容。具体涉及以下内容：

（1）前期可行性研究阶段的财务分析（属于项目立项分析）；

（2）招投标过程中的财务分析（业主对投标人的财务分析）；

（3）筹资分析（资金构成以及筹资成本分析）；

（4）外资利用分析；

（5）工程款支付分析（包括工程款支付、设备及存货采购支出、其他费用支出等）；

（6）进度分析（货币完成额）；

（7）成本分析；

（8）后评价阶段的财务分析等。

2. 财务分析的基本要求

（1）分析要及时。分析及时是一定时期的数据形成后，应尽早将该时期形成的数据进行科学的归类整理与比较，产生有用的财务信息以供决策者参考并指导其后的工作。

（2）数据和内容要完整、真实、准确。数据的真实性依赖于会计核算信息的真实性和数据统计的科学性、及时性。只有严格按照统一的准则或制度或方法进行会计和统计核算，才能形成可靠的财务数据，并进而支持财务分析的结论。

（3）分析要深入透彻。深入透彻是指财务分析必须揭示影响财务指标的各种影响因素及其子因素，从而揭示影响财务指标变动的真正原因。

第4章 高速公路建设单位的预算管理

　　我国深入推进高速公路建设市场化改革，高速公路建设单位面临越来越大的竞争压力，获取经济效益是建设单位经营的核心目标之一，也是企业生存和发展的基本前提和保障。预算管理是提高经济效益的重要手段，加强单位预算管理是高速公路建设单位财务管理的重要内容。

第1节　高速公路建设单位加强预算管理的意义

　　预算管理在市场经济环境下，对企业发展起到了积极推动作用。诸多世界名企的实践证明，预算管理作为一种科学的、可执行的管理工具，在加强企业管理、提升企业竞争力方面，发挥了不可替代的作用。

（一）预算管理是建设单位战略发展目标实现的重要保障

　　预算管理是将企业的长期战略规划和年度具体行动方案紧密结合，对企业各项经营管理活动作出一系列细化、量化的计划安排而形成的一整套落实企业发展战略的具体方案与制度。《企业内部控制应用指引第2号——发展战略》第八条规定："企业应当根据发展战略，制定年度工作计划，编制全面预算，将年度目标分解、落实；同时完善发展战略管理制度，确保发展战略有效实施。"可见，预算管理是企业实施发展战略目标的重要手段。

　　高速公路建设单位的战略发展是企业经营思想、经营目标、经营决策的集中体现。这就要求建设单位在人工、材料、机器设备等资源的配置上要紧密围绕企业的战略发展目标来开展，并通过科学、有效的控制措施来保证企业战略发展目标的实现。

（二）预算管理是提高建设单位核心竞争力的重要手段

预算管理可以从企业各生产要素的有效组合角度来提高高速公路建设单位的核心竞争力。一方面，预算管理以企业发展战略为导向，将企业外部市场环境与企业发展和经营活动紧密结合，实现企业外部与内部的协调；另一方面，预算能够正确处理企业内部各部门之间的经济关系，使各个部门、各个单位、各个工作岗位甚至每个工作人员的业务活动相互协调，促进企业人力、物力、财力等资源同步配备，为获取最大的效益、实现既定目标创造良好的条件。

因此，预算管理的实行可以提高高速公路建设单位的资源配置效率，增强企业核心竞争力。建设单位的核心竞争力是建立在企业内部的各种资源、技能、知识等资源和功能的协调运行基础上的，这影响着企业核心竞争力的提升。在高速公路建设过程中，这些要素被预算的编制、分析、执行、控制功能优化组合，从而促进企业核心竞争力的提高。

（三）全面预算管理是建设单位有效实施内部控制、防范风险的重要机制

控制职能是预算管理的职能之一，贯穿于企业各项经济管理活动的事前、事中及事后全过程，特别是对关键环节的管控。这种管控作用主要体现在以下两个方面：一方面，在预算编制环节，对组织内各部门、各单位编制的预算进行审核，减少了无效资源的投入，这也是事前控制的体现；另一方面，在执行预算过程中，通过对进入预算的数据进行分析，可以对影响企业经营的风险进行识别、预判和评估。实际指标值与预算目标值之间的差距可以及时反映企业生产过程中存在的现实问题，识别和发现企业运行存在的风险，有利于企业根据差异出现的原因，及时调整预算，或者提早实施风险防范措施，加强事中控制。

（四）预算管理是建设单位资本运行的需要

随着我国社会主义市场经济的不断发展，我国在世界上的影响力不断提升。着眼全球经济的发展，我国的高速公路建设单位要勇于面对激烈的国际竞争环境，积极参与全球竞争、积极参与全球资本运作，以实现企业价值的最大化。预算管理的目标就是帮助企业实现企业价值最大化。预算管理是在科学的

经营预测和决策的基础上,为企业战略发展目标的实现进行的规划。路桥建设单位经营目标的实现与资本的经营机制紧密相连。施工企业资本运行要求预算管理科学、有效。路桥建设单位为了改善经营状况、降低企业的经营风险、实现企业的战略目标,必须加强预算管理,以促进其健康、持续、稳定地发展。

(五) 预算管理是建设单位权力制约和经营激励的重要抓手

理解预算的制约作用,就要从经营机制与制度安排上把握全面预算管理。现代企业制度下规范法人治理结构的制度保障有三种:一是公司法,二是公司章程,三是公司预算。其中,公司预算正是以《公司法》《公司章程》为依据,具体落实股东大会、董事会、经营者、各部门乃至每个员工的责、权、利关系,明晰它们各自的权限和责任。这种制约作用不仅是全面预算管理的组织框架保障,也是预算考评环节责任认定的依据。因此,预算的激励作用和预算的分析考评息息相关。通过对全面预算执行结果的考核,可以检查预算履行情况并实施相应的奖惩,从而调动和激励员工的积极性,促进企业目标的实现。

凡事预则立,不预则废。预算管理已经成为现代企业不可或缺的重要管理工具。它通过对业务、资金、信息、人才的整合,结合适度的业务分权和授权,借助战略驱动的业绩评价等,来实现企业资源的合理配置,进而为作业协同、战略贯彻、经营现状与价值增长等提供支持。因此,预算管理是能把组织的所有关键问题融合于一个体系之中的管理控制方法。

第2节 高速公路建设单位预算管理的内容

预算管理是在预算编制、执行和控制过程中规划企业的全部经济活动及其成果。预算管理是一种控制手段,是对事前、事中、事后全过程的控制。事前控制是投资项目的规划及预算的编制,它详细描述了为实现计划目标而要进行的工作标准;事中控制重在协调和限制业务过程和结果的差异,以保证预期目标的实现;事后控制是鉴别偏差大小,并提出考核激励方案。因此,预算管理主要包括计划、组织、执行、控制、考评等职能。预算管理的循环体系如图4-1所示。

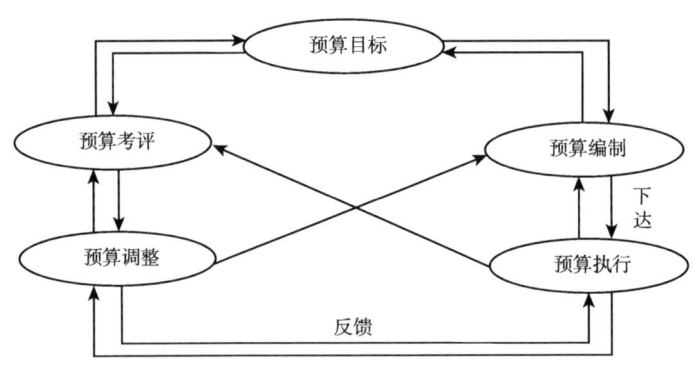

图 4-1 预算管理循环图

一、预算目标

在企业预算管理制度下,预算目标处于整个预算体系的核心地位,它既是企业编制预算的基础,也是严格执行预算期望实现的目标。首先,预算目标应该体现企业战略目标,企业战略决定预算目标。其次,战略的不同确定了企业的发展思路与方针的差异,所以不同企业和同一企业在不同时间预算管理的目标与重点不同、预算指标的选择必须适应和体现这种变化。最后,企业战略是企业长期经营的总方针,应该体现在年度预算和业绩任务合同中。

(一) 预算管理目标的确定依据

预算目标的确定要遵循一定的逻辑,方便各目标的层次设计和任务分解。通常设定目标有两种观点,即任务导向型和结果导向型。

任务导向型可以按照演绎法理解,就是从企业战略出发,结合企业实际的经营管理工作,以预算指标的形式细化分解为各预算管理组织机构的具体工作目标和控制目标,体现的是行政命令式的自上而下的预算目标下达过程。以高管层设定的总体目标为起点,自上而下地层层分解为各机构的工作任务和预算目标,在此基础上形成整个企业的预算目标。

结果导向型更像是推断法,主要从企业最终创造的效用出发,具体要考虑客户需求的满足和顾客的价值创造。各组织机构可以树立以满足客户需求为标杆的理念,在预算目标的设定和执行过程中予以遵循,在此基础上确立预算目标，最终经过预算决策机构——预算管理委员会协调平衡之后下达执行。这样做的好处就是预算目标的设定不是局限于企业内部，而是在各个层面上都有一定的客户接触，能充分接受各层级责任部门的意见，通常这种方法更加适合参与式预算。

（二）预算管理目标的确定原则

企业预算目标是企业战略的体现，应该适应企业长远战略发展目标的要求，同时需要考虑内部各责任机构的能力范围以及外部经济环境，要求目标有一定的稳定性的同时也要有灵活性，所以预算管理目标的确定要遵循以下原则。

1. 股东期望原则

企业经营的目标就是价值最大化，一个很重要的体现就是股东财富的增长，通常表现在资本报酬率和每股净利润。预算目标的最低要求是不能低于行业平均的资本报酬率。

2. 产能过剩和资本盈利能力的平衡

一方面，是对财务风险的考量，因为它制约着资产盈利水平的设定，这一制约即资产盈利水平一定要高于资本成本，否则将会导致比较大的财务风险，或者导致资产盈利水平较低。另一方面，也要充分挖掘资产的盈利潜力，做到充分利用，杜绝产能过剩。

3. 先进性和可行性的兼顾

企业预算目标也就是企业将来一段时间期望达到的，应该高于目前企业已经达到的水平，以最终引导企业效益的增长，但是好高骛远的预算目标不但达不到，反而会挫伤员工的积极性，这种忽略企业自身硬件限制和软件制约等因素的设定是不切实际的，无法带来生产和管理的创新，更加无法提高企业的经济效益。

4. 战略性和短期目标结合

企业的预算管理以企业整体战略为出发点，需要从全局出发，从企业整体的长远发展考虑。但是战略管理考虑到稳定性等因素一般时间跨度都是3—5年，而预算管理的跨度往往是1年，并且预算管理涉及企业具体的生产管理的控制，应该设定一些短期和局部的目标，以保证目标的实施更加具有可操作性。完善的预算目标应该是由整体目标和分解后可操作性较强的具体指标共同构成的有机体系。

5. 充分考虑外部市场的因素

预算目标不能"拍脑袋决定",而应该以企业内部条件为根据,充分结合外部市场基础,包括市场上的竞争和风险。只有内外部结合,才能使企业的预算目标真正落地。

二、预算编制

预算编制工作的主要任务是将年度预算目标具体化并分解到各个预算单位。预算管理是一种全过程、全方位、全员的管理,它需要全员的参与,并且应全方位地包括、涉及企业经营全过程。因此,预算内容体系的安排应注意其全面性和系统性。所谓全面性即预算内容必须涵盖企业经营业务和财务的全部。为此,预算编制应该由业务预算、专项预算、财务预算三部分构成。

1. 业务预算

业务预算是反映企业在计划期间日常发生的各种具有实质性的基本活动的预算。在不同行业、不同业务类型企业中,业务预算包含内容存在差异。高速公路建设单位业务预算内容主要包括建筑安装工程费预算、土地使用及拆迁补偿费预算、工程建设费预算、预备费预算等。

2. 专项预算

专项预算是企业为不经常发生的长期投资决策项目或筹资项目所编制的预算,反映企业基本业务活动之外的特殊业务的预算,通常包括施工场地建设费预算、安全生产费用预算、资本支出预算、筹资预算等。

3. 财务预算

财务预算是指企业在计划期内反映有关现金支出、经营成果和财务状况的预算。财务预算是对企业整体的预算,旨在综合反映各项业务对企业现金流量和经营成果的影响,从而规划企业的现金流量和经营成果。财务预算主要包括现金预算、预计利润表和预计资产负债表等。

预算内容体系具有系统性特征。业务预算、专项预算和财务预算三者不仅缺一不可,而且它们是一个整体,相互支撑、相互依赖,是一个完整而紧密的系统。该系统通常以企业目标为核心，以包含企业限制因素的业务预算为起点，按顺序编制而成。

三、预算执行

预算执行即预算的具体实施，它是预算目标实现与否的关键。目前我国预算管理面临缺乏战略导向性、预算目标短期化、预算松弛、缺乏相应的控制和业绩评价体系等问题。而诸多难题大多不是编制环节出现问题，而是源于缺乏完善的执行与控制体系。因此，预算执行与控制是预算管理的核心环节。

预算管理的有效措施，必须借助激励与约束机制，充分调动各级责任人的积极性与创造性，并强化其责任意识。为此，除了依据可控性原则编制科学、先进的预算，还必须调动各项经济资源，尤其是人力资源的潜能。在此，人本管理思想的运用便显得尤为重要，也就是说应从人的自我需求及追求个人价值实现的愿望出发，设计激励制度，充分调动每一个员工的积极性和创造性，从而实现全员参与及民主决策机制。当然，预算执行环节主要还应做好预算执行情况的真实、完整的记录，及时、有效地进行有关预算信息的收集与反馈。

预算的细化为预算在管理中发挥作用奠定了基础，但是预算真正成为企业行为的"硬约束"，关键是要用强制的力量去执行预算。准确、合理的预算本身并不能改善经营管理、提高经济效益，只有认真严格执行预算，使每一项业务的发生都与相应的预算项目联系起来，才能真正达到预算管控的目的。预算监控是在预算执行过程中对预算执行情况进行日常的监督和控制，它是预算目标实现的必要保证。预算执行控制的高级形式是构建预算管理信息系统控制，基于网络环境的全面预算管理信息系统将大大减少预算执行工作量，为进一步细化预算、硬化控制提供数字化管控手段，可以避免人为因素的软约束影响，增强预算管控的刚性。

四、预算调整

预算调整是指当企业内外部环境发生变化，预算运行出现较大偏差，原有预算不再适宜时所进行的预算修改。预算是一种预先的规划，是建立在对未来各种内外经济环境的预期基础上的,在当今复杂多变的经济社会中,企业内外部环境又客观地存在着易变的特点。当内外环境发生了较大变化时,原有预算便失去了存在的基础,如果片面强调预算的刚性,预算就会变得呆板僵化,反而会妨碍企业的有效运作。因此,预算调整是一个必不可少的环节。

为了保证预算的严肃性、规范预算调整行为,企业必须结合自身的特定状况,对预算调整的条件进行具体规定。一般而言,预算一经制定,原则上不能随意更改,否则预算就难以使人信服,很难顺利地执行。但是,预算编制中的偏差甚至错误是不可能完全避免的,现实与计划也不可能完全符合,当实际情况与预计出现重大差异时,依旧遵循现有预算是不可取的,这时就应该考虑对预算进行调整。但是,对预算进行调整不能随意,应该按照严格的程序和操作规范,要求由具体的预算执行人提出,依重要程度由相应级别的管理人员批准,并经预算管理委员会审核。

通常,只有当外部环境发生重大变化,或企业战略决策发生重大调整时,才能调整预算。首先,应该严格界定调整范围,只有出现不可控因素变化时,如市场需求或价格变化、设备维修的需求变化或其他经预算委员会同意的原因出现时才允许调整预算。其次,应该规范预算调整的权限与流程,有关的归口部门或责任单位,应对不同预算项目的调整作出申请,依照不同的规程审批后,才能予以调整。

五、预算考评

为了正确把握预算管理的各项活动是否给企业带来了应有的管理效果,就需要借助一定的方法来对预算管理的工作所取得的业绩进行考评。预算管理的业绩考评正是针对这一管理要求,通过设计一系列的考评指标,对企业预算实施的过程和结果,特别是预算编制和预算控制的执行情况和结果进行考评,使管理者认识到随着预算实施进程的前移,企业的竞争地位有何变化,各项经营管理活动尤其是预算管理活动是否实现了预期的目标,是否需要对未来的战略进行调整。预算管理业绩考评是预算管理的最后一环,它的实施是对预算管理工作的自我检查和考评。预算管理业绩考评的结果既是对企业过去预算管理工作的一个总结,更对企业未来预算管理方向的重新定位提供有力的信息支持,同时也是对企业管理者和员工进行奖惩的依据。

预算管理的业绩考评是企业业绩考评的一部分，其主要表现在对经营者开展预算管理活动所取得的业绩进行衡量，看其是否达到预期的目的，以确定对经营者的奖惩。但与企业业绩考评不同的是，预算管理业绩考评的主体是企业最高管理当局或最高管理当局委托的管理部门，考评的客体是预算管理的实施对象，考评的依据是预算目标水平和控制标准。作为预算管理的最后一项行动，预算管理业绩考评既是对预算管理诸多工作步骤的一种检查和总结，也是完成预算管理工作循环不可缺少的步骤。企业通过实施预算管理业绩的考评，能够向有关方面揭示预算管理目标的实现情况，并促使企业总结成功的经验，吸取失败的教训，以利于更好地实施预算管理。

第3节　高速公路建设单位预算管理的编制与审批

企业预算编制涉及经营管理的各个部门，只有各个部门共同参与才能使预算成为各部门自愿努力完成的目标，而不是外界强加于职工的枷锁。预算是预算编制工作的成果，既是责任单位生产经营活动的努力目标，又是企业考核责任单位业绩的主要依据。

一、高速公路建设单位预算编制方法

（一）基本规定

高速公路建设单位编制预算时，应根据现行《公路工程预算定额》（JTG/T3832）规定的人工、材料与设备、机械台班消耗量和《JTG3830——2018公路工程建设项目概算预算编制办法》规定的预算编制时工程所在地的人工费工日单价、材料预算单价和施工机械台班单价计算出工程项目的工、料、机费用及其他费用。

（二）编制依据

施工图预算编制依据应包括下列内容：国家发布的有关法律、法规等；《JTG3830——2018 公路工程建设项目概算预算编制办法》及配套定额；工程所在地省级交通运输主管部门发布的补充规定和定额等；批准的初步设计文件（或技术设计文件，若有）等有关资料；施工图设计图纸等设计文件、工程施工方案（含施工组织设计）；工程所在地的人工、材料与设备、施工机械价格等；有关合同、协议等；其他有关资料。

（三）费用组成

高速公路建设项目预算费用主要包括建筑安装工程费、土地使用及拆迁补偿费、工程建设其他费用、预备费以及建设期贷款利息五类费用。具体费用项目如图 4 - 2 所示。

二、建筑安装工程费用预算标准和计算方法

建筑安装工程费包括直接费、设备购置费、措施费、企业管理费、规费、利润、税金和专项费用。除专项费用外，其他项目均按"价税分离"计价规制计算，即各项费用均以不含增值税可抵扣进项税额的价格进行计算，具体要素价格适用增值税税率执行财税部门的相关规定。定额建筑安装工程费用包括定额直接费、定额设备购置费用的 40%、措施费、企业管理费、规费、利润、税金和专项费用，定额直接费包括定额人工费、定额材料费、定额施工机械使用费。

（一）直接费

直接费指施工过程中耗费的构成工程实体和有助于工程形成的各项费用，包括人工费、材料费、施工机械使用费。其中，施工机械使用费指列入概算、预算定额的工程机械和工程仪器仪表台班数量，按相应的施工机械台班费用定额计算的费用等。

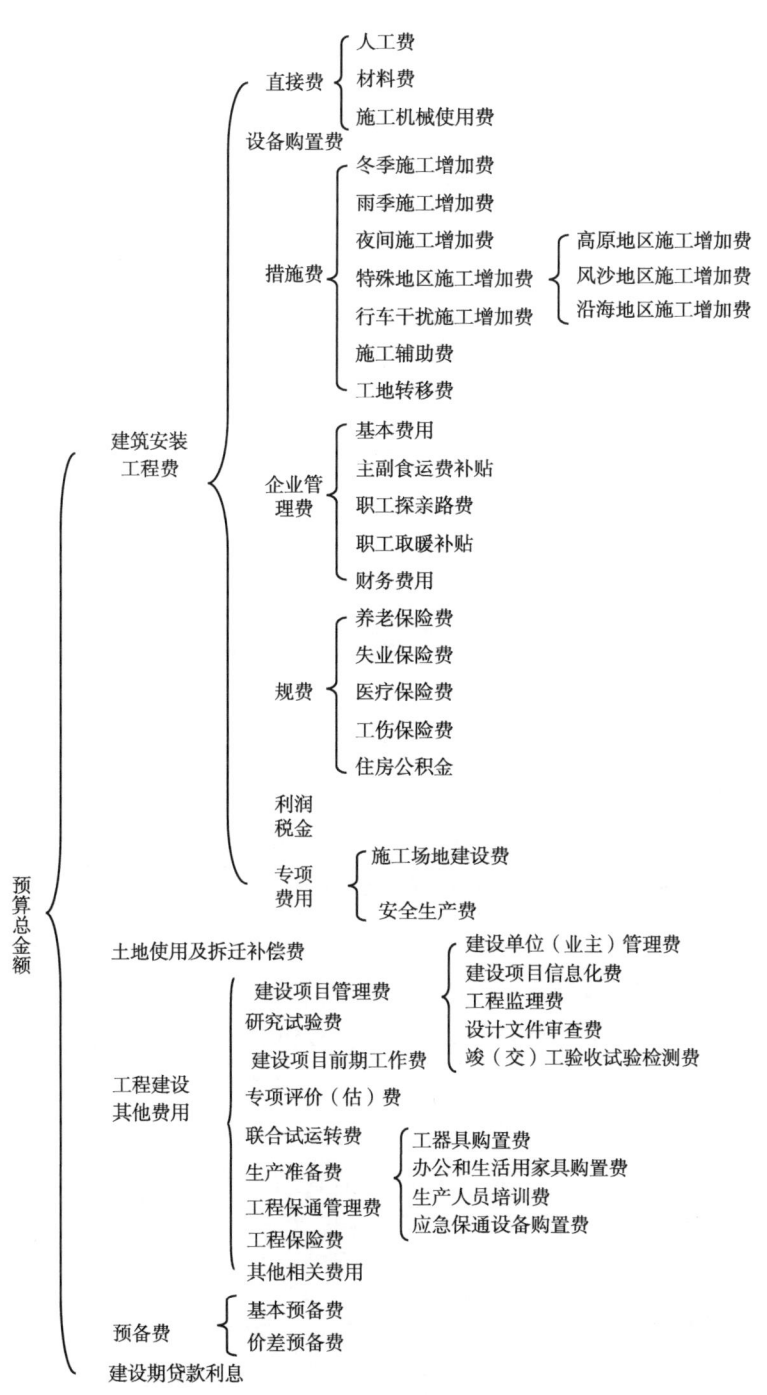

图 4-2 高速公路建设项目预算费用组成

1. 人工费

人工费指列入预算定额的直接从事建筑安装工程施工的生产工人开支的各类费用，包括计时工资或计件工资、津贴或补贴、特殊情况下支付的工资。其中，人工费以预算定额人工工日数乘以综合工日单价计算。人工费标准按照本地区公路建设项目的人工工资统计情况以及公路建设劳务市场情况进行综合分析、确定人工工日单价。人工工日单价由省级交通运输主管部门制定发布，并适时进行动态调整。人工工日单价仅作为编制预算的依据，不作为施工企业实发工资的依据。

2. 材料费

材料费指施工过程中耗用的构成工程实体的原材料、辅助材料、构配件、零件、半成品或成品，按工程所在地的材料价格计算的费用。材料预算价格由材料原价、运杂费、场外运输损耗、采购及保管费组成。材料费计算公式如下：

材料预算价格＝（材料原价＋运杂费）×（1＋场外运输损耗率）×（1＋采购及保管费率）－包装品回收价值

（1）材料原价。外购材料价格参照本行政区域内交通运输主管部门发布的价格和按调查的市场价格进行综合取定；自采的砂、石、黏土等自采材料按定额中开采单价加辅助生产间接费和矿产资源税计算。

（2）运杂费。运杂费指材料自供应地点至工地仓库（施工地点存放材料的地方）的费用，包括装卸费、运费，以及囤存费和其他杂费（如过磅、标签、支撑加固、路桥通行等费用）。

①通过铁路、水路和公路运输的材料，按调查的市场运价计算运费。

②一种材料当有两个以上的供应点时，应根据不同的运距、运量、运价采用加权平均的方法计算运费。由于预算定额中已考虑了工地运输便道的特点，以及定额中已加入"工地小搬运"的费用，因此汽车运输平均运距中不得乘调整系数，也不得在工地仓库或堆料场之外再加场内运距或二次倒运的运距。

③有容器或包装的材料及长大轻浮材料，应按表4－1规定的毛质量计算。桶装沥青、汽油、柴油按每吨摊销一个旧汽油桶计算包装费（不计回收）。

表 4-1 材料毛重系数及单位毛质量表

材料名称	单位	毛质量系数（%）	单位毛质量
爆破材料	吨	1.35	—
水泥、块状沥青	吨	1.01	—
铁钉、铁件、焊条	吨	1.10	—
液体沥青、液体燃料、水	吨	桶装 1.17，油罐车装 1.00	—
木料	平方米	—	原木 0.750 吨，锯材 0.650 吨
草袋	个	—	0.004 吨

（3）场外运输损耗。场外运输损耗指有些材料在正常的运输过程中发生的损耗。材料场外运输操作损耗率见表 4-2。

表 4-2 材料场外运输操作损耗率表（%）

材料名称		场外运输	每增加一次装卸
块状沥青		0.5	0.2
石屑、碎砾石、沙砾、煤渣、工业废渣、煤		1.0	0.4
砖、瓦、桶装沥青、石灰、黏土		3.0	1.0
草皮		7.0	3.0
水泥（袋装、散装）		1.0	0.4
砂	一般地区	2.5	1.0
	风沙地区	5.0	2.0

（4）采购及保管费。材料采购及保管费指在组织采购、保管过程中，所需的各项费用及工地仓库的材料储存损耗。材料采购及保管费以材料的原价加运杂费及场外运输损耗的合计数为基数，乘以采购及保管费费率计算。一般钢材的材料采购及保管费费率为 0.75%；燃料、爆破材料为 3.26%，其余材料为 2.06%；商品水泥混凝土、沥青混合料和各类稳定土混合料、外购的构件、成品及半成品的预算价格计算方法与材料相同。商品水泥混凝土、沥青混合料和各类稳定土混合料不计材料采购及保管费，外购的构件、成品及半成品的材料采购及保管费为 0.42%。

3. 施工机械使用费

施工机械使用费指列入预算定额的工程机械和工程仪器仪表台班数量，按相应的施工机械台班费用定额计算的费用等。

（1）工程机械使用费。机械台班预算价格应按现行《公路工程机械台班费用定额》（JTG/T 3833）计算，机械台班单价由不变费用和可变费用组成。不变费用包括折旧费、检修费、维护费、安拆辅助费等；可变费用包括机上人员人工费、动力燃料费、车船费。

（2）工程仪器仪表使用费。工程仪器仪表使用费指机电工程施工作业所发生的仪器仪表使用费，以施工仪器仪表台班耗用量乘以施工仪器仪表台班单价计算。

（二）设备购置费

设备购置费指为满足公路初期运营、管理需要购置的构成固定资产标准的设备和虽低于固定资产标准但属于设计明确列入设备清单的设备的费用，包括渡口设备、隧道照明、消防、通风的动力设备，公路收费、监控、通信、路网运行监测、供配电及照明设备等。

设备购置费应列出计划购置的清单（包括设备的规格、型号、数量），以设备预算价计入。设备购置费包括设备原价、运杂费、运输保险费、采购及保管费，各种税费按编制期有关部门规定计算。

（三）措施费

措施费包括冬季施工增加费、雨季施工增加费、夜间施工增加费、特殊地区施工增加费、行车干扰施工增加费、施工辅助、工地转移费。

1. 冬季施工增加费

冬季施工增加费指按照公路工程施工及验收规范所规定的冬季施工要求，为保证工程质量和安全生产所需采取的防寒保温设施、工效降低和机械作业效率降低以及技术操作过程的改变等所增加的有关费用。冬季施工增加费的内容包括因冬季施工所需增加的一切人工、机械与材料的支出；施工材料所需修建的暖棚，增加其他保温设备购置费用；因施工组织设计确定，需增加的一切保温、加温等有关支出；清除工作地点的冰雪等与冬季施工有关的其他各项费用。

冬季施工增加费的计算方法是根据各类工程的特点，规定各气温区的取费标准。为了简化计算手续，采用全年平均摊销的方法，即不论是否在冬季施工，均按规定的取费标准计取冬季施工增加费。冬季施工增加费以各类工程的定额人工费和定额施工机械使用费之和为基数，按工程所在地的气温区选用表 4-3 的费率计算。

表 4-3　　　　　　　　冬季施工增加费费率表 (%)

工程类别	冬季期平均温度 (℃)								准一区	准二区
	-1 以上		-1—-4		-4—-7	-7—-10	-10—-14	-14 以下		
	冬一区		冬二区		冬三区	冬四区	冬五区	冬六区		
	Ⅰ	Ⅱ	Ⅰ	Ⅱ						
土方	0.835	1.301	1.800	2.270	4.288	6.094	9.140	13.720	—	—
石方	0.164	0.266	0.368	0.429	0.859	1.248	1.861	2.801	—	—
运输	0.166	0.250	0.354	0.437	0.832	1.165	1.748	2.643	—	—
路面	0.566	0.842	1.181	1.371	2.449	3.273	4.909	7.364	0.073	0.198
隧道	0.203	0.385	0.548	0.710	1.175	1.520	2.269	3.425	—	—
构造物 Ⅰ	0.652	0.940	1.265	1.438	2.607	3.527	5.291	7.936	0.115	0.288
构造物 Ⅱ	0.868	1.240	1.675	1.902	3.452	4.693	7.028	10.542	0.165	0.393
构造物 Ⅲ	1.616	2.296	3.114	3.523	6.403	8.680	13.020	19.520	0.292	0.721
技术复杂大桥	1.019	1.444	1.975	2.230	4.057	5.479	8.219	12.338	0.170	0.446
钢材及钢结构	0.040	0.101	0.141	0.181	0.301	0.381	0.581	0.861	—	—

2. 雨季施工增加费

雨季施工增加费指雨季期间为保证工程质量和安全生产所需采取的防雨、防水、防潮和防护措施、工效降低和机械作业率降低以及技术操作过程的改变等，所需增加的有关费用。主要包括因雨季施工所需增加的工、料、机费用的支出；路基土方工程的开挖和运输，因雨季施工（非土壤中水影响）而引起的黏附工具、降低工效所增加的费用；因防止雨水必须采取的挖临排水沟、防止基坑塌陷所需的支撑、挡板等防护措施费用；材料因受潮、受湿的耗损费用；增加防雨、防潮设备的费用；因河水高涨致使工作困难等其他有关雨季施工所需增加的费用。

雨季施工增加费的计算方法是将全国划分为若干雨量区和雨季期，并根据各类工程的特点规定各雨量区和雨季期的取费标准。为了简化计算手续，采用全年平均摊销的方法，即不论是否在雨季施工，均按规定的取费标准计取雨季施工增加费。雨季施工增加费以各类工程的定额人工费和定额施工机械使用费之和为基数，按工程所在地的雨量区、雨季期选用表 4-4 的费率计算。

表4-4　　　　　　　　　　雨季施工增加费费率表（％）

工程类别	冬季期平均温度（℃） 1		1.5		2		2.5		3		3.5		4		4.5		5		6		7		8	
	I	II	I	II	I	II	I	II	I	II	I	II	I	II	I	II	I	II	I	II	I	II	I	II
土方	0.140	—	0.175	—	0.245	0.395	0.315	0.455	0.385	0.525	0.455	0.595	0.525	0.700	0.595	0.805	0.665	0.939	0.764	1.114	—	1.289	—	1.499
石方	0.105	—	0.140	—	0.212	0.349	0.280	0.420	0.349	0.491	0.418	0.563	0.487	0.667	0.555	0.772	0.626	0.876	0.701	1.018	—	1.194	—	1.373
运输	0.142	—	0.178	—	0.249	0.391	0.320	0.462	0.391	0.533	0.462	0.604	0.533	0.675	0.604	0.781	0.675	0.959	0.781	1.136	—	1.314	—	1.527
路面	0.115	—	0.153	—	0.230	0.366	0.306	0.480	0.366	0.567	0.425	0.634	0.501	0.710	0.578	0.825	0.654	0.940	0.749	1.093	—	1.267	—	1.459
隧道	—	—	—	—	—	—	—	—	—	—	—	—	—	—	—	—	—	—	—	—	—	—	—	—
构造物 I	0.098	—	0.131	0.164	0.196	0.262	0.229	0.295	0.262	0.360	0.327	0.426	0.393	0.491	0.458	0.567	0.524	0.622	0.753	—	0.884	—	1.015	—
构造物 II	0.106	—	0.141	0.177	0.212	0.282	0.247	0.353	0.282	0.424	0.318	0.494	0.388	0.565	0.459	0.636	0.530	0.742	0.600	0.883	—	1.059	—	1.201
构造物 III	0.200	—	0.266	0.366	0.366	0.565	0.466	0.699	0.565	0.832	0.665	0.998	0.765	1.164	0.898	1.331	1.031	1.497	1.164	1.730	—	1.996	—	2.295
技术复杂大桥	0.109	—	0.181	0.254	0.290	0.363	0.290	0.435	0.363	0.508	0.435	0.580	0.508	0.689	0.580	0.798	0.663	0.907	0.725	1.052	—	1.233	—	1.414
钢材及钢结构	—	—	—	—	—	—	—	—	—	—	—	—	—	—	—	—	—	—	—	—	—	—	—	—

雨量区

3. 夜间施工增加费

夜间施工增加费指根据设计、施工技术规范和合理的施工组织要求,必须在夜间施工或必须昼夜连续施工而发生的夜班补助费、夜间施工降效、施工照明设备摊销及照明用电等费用。夜间施工增加费以夜间施工工程项目的定额人工费用与定额施工机械使用费之和为基数,按表4-5的费率计算。

表4-5　　　　　　　　　　夜间施工增加费费率表　(%)

工程类别	费率	工程类别	费率
构造物Ⅱ	0.903	构造物Ⅲ	1.702
技术复杂大桥	0.928	钢材及钢结构	0.874

4. 特殊地区施工增加费

特殊地区施工增加费包括高原地区施工增加费、风沙地区施工增加费和沿海地区施工增加费三项。

高原地区施工增加费指在海拔高度2000米以上地区施工,由于受气候、气压的影响,致使人工、机械效率降低而增加的费用。

风沙地区施工增加费指在沙漠地区施工时,由于受风沙影响,按照施工及验收规范的要求,为保证工程质量和安全生产而增加的有关费用,包括防风、防沙及气候影响的措施费,人工、机械效率降低增加的费用,以及积沙、风蚀的清理修复等费用。

沿海地区施工增加费指工程项目在沿海地区施工受海风、海浪和潮汐的影响,致使人工、机械效率降低等所需增加的费用。

5. 行车干扰施工增加费

行车干扰施工增加费指由于边施工边维持通车,受行车干扰的影响,致使人工、机械效率降低而增加的费用。该费用以受行车影响部分的工程项目的定额人工费和定额施工机械使用费之和为基数,按表4-6的费率计算。

6. 施工辅助费

施工辅助费包括生产工具用具使用费、检验试验费和工程定位复测、工程点交、场地清理等费用。施工辅助费以各类工程的定额直接费为基数,按表4-7的费率计算。

表 4 – 6　　　　　　　　行车干扰施工增加费费率表（%）

工程类别	施工期间平均每昼夜双向行车次数（机动车、非机动车合计）							
	51—100	101—500	501—1000	1001—2000	2001—3000	3001—4000	4001—5000	5000 以上
土方	1.499	2.343	3.194	4.118	4.775	5.314	5.885	6.468
石方	1.279	1.881	2.618	3.479	4.035	4.492	4.973	5.462
运输	1.451	2.230	3.041	4.001	4.641	5.164	5.719	6.285
路面	1.390	2.098	2.802	3.487	4.046	4.496	4.987	5.475
隧道	—	—	—	—	—	—	—	—
构造物 I	0.924	1.386	1.858	2.320	2.693	2.988	3.313	3.647
构造物 II	1.007	1.516	2.014	2.512	2.915	3.244	3.593	3.943
构造物 III	0.948	1.417	1.896	2.365	2.745	3.044	3.373	3.713
技术复杂大桥	—	—	—	—	—	—	—	—
钢材及钢结构	—	—	—	—	—	—	—	—

表 4 – 7　　　　　　　　施工辅助费费率表（%）

工程类别	费率	工程类别	费率
土方	0.521	构造物 I	1.201
石方	0.470	构造物 II	1.537
运输	0.154	构造物 III	2.729
路面	0.818	技术复杂大桥	1.677
隧道	1.195	钢材及钢结构	0.564

　　生产工具用具使用费指施工所需不属于固定资产的生产工具、检验、试验用具及仪器、仪表等的购置、摊销和维修费，以及支付给生产工人自备工具的补贴费；检验试验费指施工企业对建筑材料、构件和建筑安装工程进行一般鉴定、检查所发生的费用，包括自设实验室进行试验所耗用的材料和化学药品的费用以及技术革新和研究试验费，不包括新结构、新材料的试验费和建设单位要求对具有出厂合格证明的材料进行检验、对构件破坏性试验及其他特殊要求检验的费用；高填方和软基沉降监测、高边坡稳定监测、桥梁施工监测、隧道施工监控量测、超前地质预报等施工监控费含在施工辅助费中，不得另行计算。

7. 工地转移费

工地转移费指施工企业迁至新工地的搬迁费用。包括施工单位职工及随职工迁移的家属向新工地转移的车费、家具行李运费、途中住宿费、行程补助费、杂费等；公物、工具、施工设备器材、施工机械的运杂费，以及外租机械的往返费及施工机械、设备、公物、工具的转移费等；非固定工人进退场的费用。工地转移费以各类工程的定额人工费和定额施工机械使用费之和为基数，按表4-8的费率计算。其中，高速公路、一级公路及独立大桥、独立隧道项目转移距离按省会城市至工地的里程计算；二级及二级以下公路项目转移距离按地级城市所在地至工地的里程计算。工程转移里程数在表列里程之间时，费率可内插计算。工地转移距离在50千米以内的工程按50千米计算。

表4-8　　　　　　　　工地转移费费率表（%）

工程类别	工地转移距离（千米）					
	50	100	300	500	1000	每增加100
土方	0.224	0.301	0.470	0.614	0.815	0.036
石方	0.176	0.212	0.363	0.476	0.628	0.030
运输	0.157	0.203	0.315	0.416	0.543	0.025
路面	0.321	0.435	0.682	0.891	1.191	0.062
隧道	0.257	0.351	0.549	0.717	0.959	0.049
构造物Ⅰ	0.262	0.351	0.552	0.720	0.963	0.051
构造物Ⅱ	0.333	0.449	0.706	0.923	1.236	0.066
构造物Ⅲ	0.622	0.841	1.316	1.720	2.304	0.119
技术复杂大桥	0.389	0.523	0.818	1.067	1.430	0.073
钢材及钢结构	0.351	0.473	0.737	0.961	1.288	0.063

8. 辅助生产间接费

辅助生产间接费指由施工单位自行开采加工的砂、石等自采材料及施工单位自办的人工、机械装卸和运输的间接费。辅助生产间接费按定额人工费的3%计算。

（四）企业管理费

企业管理费包括基本费用、主副食运费补贴、职工探亲路费、职工取暖补贴和财务费用五项组成。其中，基本费用指建筑安装企业组织施工生产和经营管理所需的费用。

1. 基本费用

基本费用指建筑安装企业组织施工生产和经营管理所需的费用。包括管理人员工资；办公费；差旅交通费；固定资产使用费；工具用具使用费；劳动保险费；职工福利费；劳动保护费；工会经费；职工教育经费；保险费；工程排污费；税金以及其他费用。基本费用以各类工程的定额直接费为基数，按表4-9的费率计算。

表4-9　　　　　　　　基本费用费率表（%）

工程类别	费率	工程类别	费率
土方	2.747	构造物Ⅰ	3.587
石方	2.792	构造物Ⅱ	4.726
运输	1.374	构造物Ⅲ	5.976
路面	2.427	技术复杂大桥	4.143
隧道	3.569	钢材及钢结构	2.242

2. 主副食运费补贴

主副食运费补贴指施工企业在远离城镇及乡村的野外施工购买生活必需品所需增加的费用。该费用以各类工程的定额直接费为基数，按表4-10的费率计算。

表4-10　　　　　　　主副食运费补贴费费率表（%）

工程类别	综合里程（千米）										
	3	5	8	10	15	20	25	30	40	50	每增加10
土方	0.122	0.131	0.164	0.191	0.235	0.284	0.322	0.377	0.444	0.519	0.070
石方	0.108	0.117	0.149	0.175	0.218	0.261	0.293	0.346	0.405	0.473	0.063
运输	0.118	0.130	0.166	0.192	0.233	0.285	0.322	0.379	0.447	0.519	0.073
路面	0.066	0.088	0.119	0.130	0.165	0.194	0.224	0.259	0.308	0.356	0.051
隧道	0.096	0.104	0.130	0.152	0.185	0.229	0.260	0.304	0.359	0.418	0.054
构造物Ⅰ	0.114	0.120	0.145	0.167	0.207	0.254	0.285	0.338	0.394	0.463	0.062
构造物Ⅱ	0.126	0.140	0.168	0.196	0.242	0.292	0.338	0.394	0.467	0.540	0.073
构造物Ⅲ	0.225	0.248	0.303	0.352	0.435	0.528	0.599	0.705	0.831	0.969	0.063
技术复杂大桥	0.101	0.115	0.143	0.165	0.205	0.245	0.280	0.325	0.389	0.452	0.063
钢材及钢结构	0.104	0.113	0.146	0.168	0.207	0.247	0.281	0.331	0.387	0.449	0.062

其中，综合里程计算公式如下：

综合里程 = 粮食运距 × 0.06 + 燃料运距 × 0.09 + 蔬菜运距 × 0.15 + 水运距 × 0.70

3. 职工探亲路费

职工探亲路费指按照有关规定发放给施工企业职工在探亲期间发生的往返交通费和途中住宿费等费用。该费用以各类工程的定额直接费为基数，按表 4 – 11 的费率计算。

表 4 – 11　　　　　　　　职工探亲路费费率表 （%）

工程类别	费率	工程类别	费率
土方	0.192	构造物Ⅰ	0.274
石方	0.204	构造物Ⅱ	0.348
运输	0.132	构造物Ⅲ	0.551
路面	0.159	技术复杂大桥	0.208
隧道	0.266	钢材及钢结构	0.164

4. 职工取暖补贴

职工取暖补贴指按规定发放给施工企业职工的冬季取暖费和为职工在施工现场设置的临时取暖设施的费用。该费用以各类工程的定额直接费为基数，按工程所在地的气温区选用表 4 – 12 的费率计算。

表 4 – 12　　　　　　　　职工取暖补贴费费率表 （%）

工程类别	气温区						
	准二区	冬一区	冬二区	冬三区	冬四区	冬五区	冬六区
土方	0.060	0.130	0.221	0.331	0.436	0.554	0.663
石方	0.054	0.118	0.183	0.279	0.373	0.472	0.569
运输	0.065	0.130	0.228	0.336	0.444	0.552	0.671
路面	0.049	0.086	0.155	0.229	0.302	0.376	0.456
隧道	0.045	0.091	0.158	0.249	0.318	0.409	0.488
构造物Ⅰ	0.065	0.130	0.206	0.304	0.390	0.499	0.607
构造物Ⅱ	0.070	0.153	0.234	0.352	0.481	0.598	0.727
构造物Ⅲ	0.126	0.264	0.425	0.643	0.849	1.067	1.297
技术复杂大桥	0.059	0.120	0.203	0.310	0.406	0.501	0.609
钢材及钢结构	0.047	0.082	0.141	0.222	0.293	0.363	0.433

5. 财务费用

财务费用指施工企业为筹集资金提供投标担保、预付款担保、履约担保、职工工资支付担保等所发生的各种费用，包括企业经营期间发生的短期贷款利息净支出、汇总净损失、调剂外汇手续费、金融机构手续费，以及企业筹集资金发生的其他财务费用。财务费用以各类工程的定额直接费为基数，按表4－13的费率计算。

表4－13　　　　　　　　财务费用费率表（%）

工程类别	费率	工程类别	费率
土方	0.271	构造物Ⅰ	0.466
石方	0.259	构造物Ⅱ	0.545
运输	0.264	构造物Ⅲ	1.094
路面	0.404	技术复杂大桥	0.637
隧道	0.513	钢材及钢结构	0.653

（五）规费

规费为按法律、法规、规章、规程规定建设单位必须缴纳的费用。具体包含养老保险费、失业保险费、医疗保险费、工伤保险费、住房公积金等项目。各项规费以各类工程的人工费之和为基数，按国家或工程所在地法律、法规、规章、规程规定的标准计算。

（六）利润

利润指建设单位完成高速公路建设工程获得的盈利，按定额直接费及措施费、企业管理费之和的7.42%计算。

（七）税金

税金指国家税法规定应计入高速公路建设工程造价的增值税销项税额，以直接费、设备购置费、措施费、企业管理费、规费以及利润额合计数的10%计算。

（八）专项费用

专项费用包括施工场地建设费和安全生产费。

1. 施工场地建设费

施工场地建设费包括按照工地建设标准化要求进行承包人驻地、工地实验室建设，钢筋集中加工、混合料集中拌制、构件集中预制等所需的办公、生活居住房屋，公用房屋和生产用房屋等费用；场区平整、场地硬化、排水、绿化、标志、污水处理设施、围墙隔离设施等的费用；以上范围的各种临时工作便道、人行便道，工地临时用水、用电的水管支线和电线支线，临时构筑物、其他小型临时设施等的搭设或租赁、维修、拆除、清理的费用；工地试验室所发生的属于固定资产的试验设备和仪器等折旧、维修或租赁费用；施工扬尘污染防治措施费；文明施工、职工健康生活的费用。

2. 安全生产费

安全生产费包括完善、改造和维护安全设施设备费用，配备、维护、保养应急救援器材、设备费用，开展重大危险源和事故隐患评估和整改费用，安全生产检查、评价、咨询费用，配备和更新现场作业人员安全防护用品支出，安全生产宣传、教育、培训费用，安全设施及特种设备检测检验费用，施工安全风险评估、应急演练等有关工作及其他与安全生产直接相关的费用。一般按建筑安装工程费乘以不少于1.5%的安全生产费费率计算。

三、土地使用及拆迁补偿费预算

土地使用及拆迁补偿费包含永久占地费、临时占地费、拆迁补偿费、水土保持补偿费、其他费用。

1. 永久占地费

永久占地费包括土地补偿费、征用耕地安置补助费、耕地开垦费、森林植被恢复费、失地农民养老保险费。

土地补偿费包括征地补偿费、被征用土地上的青苗补偿费，征用城市郊区的菜地等缴纳的菜地开发建设基金，耕地占用税，地图编制费及勘界费等。

征用耕地安置补助费指征用耕地需要安置农业人口的补助费。

耕地开垦费指公路建设项目占用耕地的，应由建设项目法人（业主）负责补充耕地所发生的费用；没有条件开垦或者开垦的耕地不符合要求的，按规定缴纳的耕地开垦费。

公路建设项目发生跨省域补充耕地国家统筹的，应执行《关于印发跨省域补充耕地国家统筹管理办法和城乡建设用地增减挂钩节余指标跨省域调剂管理办法的通知》（国办发〔2018〕16号）的规定；发生省内跨区域补充耕地的，执行本省相关规定。

森林植被恢复费指公路建设项目需要占用、征用林地的，经县级以上林业主管部门审核同意或批准，建设项目法人（业主）单位按照省级人民政府有关规定向县级以上林业主管部门预缴的森林植被恢复费。

失地农民养老保险费指根据国家规定为保障依法被征地农民养老而缴纳的保险费用。失地农民养老保险费按项目所在地省级人民政府的相关规定进行计算。

2. 临时占地费

临时占地费包括临时征地使用费和复耕费。临时征地使用费指为满足施工所需的承包人驻地、预制场、拌和场、仓库、加工厂、堆料场、取弃土场、进出场便道、便桥等所有的临时用地及其附着物的补偿费用；复耕费指临时占用的耕地、鱼塘等，在工程交工后将其恢复到原有标准所发生的费用。

3. 拆迁补偿费

拆迁补偿费指被征用或占用土地地上、地下的房屋及附属构筑物，公用设施、文物等的拆除、发掘及迁建补偿费及拆迁管理费等。

4. 水土保持补偿费

水土保持补偿费根据国家相关法律、法规规定缴纳。

5. 其他费用

其他费用是指国务院行政主管部门及省级人民政府规定的与征地拆迁相关的费用。

四、工程建设其他费预算

工程建设其他费用包括建设项目管理费、研究试验费、前期工作费、专项评价费、联合试运转费、生产准备费、工程保通管理费、工程保险费、其他相关费用。

（一）建设项目管理费

建设项目管理费包括建设单位管理费、建设项目信息化费、工程监理费、设计文件审查费、竣工验收试验检测费。其中，建设单位管理费、建设项目信息化费和工程监理费为实施建设项目管理的费用，可根据建设单位、施工、监理单位所实际承担的工作内容和工作量统筹使用。

1. 建设单位管理费

建设单位管理费包括工作人员的工资、津贴，社会保险费用、住房公积金、职工福利费、工会经费、劳动保护费、办公费、会议费、差旅交通费、固定资产使用费、零星固定资产购置费、招募生产工人费，技术图书资料费、职工教育培训经费，招标管理费，合同契约公证费、法律顾问费、咨询费，建设单位的临时设施费、完工清理费、竣工验收费、各种税费、业务招待费及工程质量、安全生产管理费和其他管理性开支。建设单位管理费以定额建筑安装工程费为基数，按表4-14的费率，以累进方法计算。

表4-14　　　　建设单位管理费费率表

定额建筑安装工程费（万元）	费率（％）	算例（万元）	
		定额	建设单位管理费
500及以下	4.858	500	500×4.858%=24.29
500—1000	3.813	1000	24.29+(1000-500)×3.813%=43.355
1000—5000	3.049	5000	43.355+(5000-1000)×3.049%=165.315
5000—10000	2.562	10000	165.315+(10000-5000)×2.562%=293.415
10000—30000	2.125	30000	293.415+(30000-10000)×2.125%=718.415
30000—50000	1.773	50000	718.415+(50000-30000)×1.773%=1073.015
50000—100000	1.312	100000	1073.015+(100000-50000)×1.312%=1729.015
100000—150000	1.057	150000	1729.015+(150000-100000)×1.057%=2257.515
150000—200000	0.826	200000	2257.515+(200000-150000)×0.826%=2670.515
200000—300000	0.595	300000	2670.515+(300000-200000)×0.595%=3265.515
300000—400000	0.498	400000	3265.515+(400000-300000)×0.498%=3763.515
400000—600000	0.450	600000	3763.515+(600000-400000)×0.450%=4663.515
600000—800000	0.400	800000	4663.515+(800000-600000)×0.400%=5463.515
800000—1000000	0.375	1000000	5463.515+(1000000-800000)×0.375%=6213.515
1000000以上	0.350	1200000	6213.515+(1200000-1000000)×0.35%=6913.515

2. 建设项目信息化费

建设项目信息化费指建设单位和各参建单位用于建设项目的质量、安全、进度、费用等方面的信息化建设、运维及各种税费等，包括建设项目全寿命周期的建筑信息模型等相关费用。建设项目信息化费以定额建设安装工程费为基数，按表 4-15 的费率，以累进方法计算。

表 4-15　　　　　　　　　建设项目信息化费费率表

定额建筑安装工程费（万元）	费率（%）	定额建筑安装工程费（万元）	费率（%）
500 及以下	0.600	150000—200000	0.160
500—1000	0.452	200000—300000	0.142
1000—5000	0.356	300000—400000	0.135
5000—10000	0.285	400000—600000	0.131
10000—30000	0.252	600000—800000	0.127
30000—50000	0.224	800000—1000000	0.125
50000—100000	0.202	10000000 以上	0.122
100000—150000	0.171		

3. 工程监理费

工程监理费指建设单位委托具有监理资格的单位，按施工监理规范进行全面的监督和管理所发生的费用。工程监理费包括工作人员的工资、津贴，社会保险费用、住房公积金、职工福利费、工会经费、劳动保护费，办公费、会议费、差旅交通费、固定资产使用费、零星固定资产购置费、招募生产工人费，技术图书资料费、职工教育培训经费，招标管理费，合同契约公证费、法律顾问费、咨询费，业务招待费，财务费用、监理单位的临时设施费、完工清理费、竣工验收费、各种税费、安全生产管理费和其他管理性开支。工程监理费以定额建筑安装工程费为基数，按表 4-16 的费率，以累进方法计算。

表 4-16　　　　　　　　　工程监理费费率表

定额建筑安装工程费（万元）	费率（%）	定额建筑安装工程费（万元）	费率（%）
500 及以下	3.00	150000—200000	1.64
500—1000	2.40	200000—300000	1.55
1000—5000	2.10	300000—400000	1.49

续表

定额建筑安装工程费（万元）	费率（%）	定额建筑安装工程费（万元）	费率（%）
5000—10000	1.94	400000—600000	1.45
10000—30000	1.87	600000—800000	1.42
30000—50000	1.83	800000—1000000	1.37
50000—100000	1.78	10000000以上	1.33
100000—150000	1.72		

4. 设计文件审查费

设计文件审查费指在项目审批前，建设单位为保证勘察设计工作的质量，组织有关专家或委托有资质的单位，对提交的建设项目可行性研究报告和勘察设计文件进行审查所需要的相关费用。设计文件审查费以定额建筑安装工程费为基数，按照表4-17的费率，以累进方法计算。

表4-17　　　　　　　　设计文件审查费费率表

定额建筑安装工程费（万元）	费率（%）	定额建筑安装工程费（万元）	费率（%）
5000及以下	0.077	200000—300000	0.057
5000—10000	0.072	300000—400000	0.055
10000—30000	0.069	400000—600000	0.053
30000—50000	0.066	600000—800000	0.052
50000—100000	0.065	800000—1000000	0.051
100000—150000	0.061	10000000以上	0.050
150000—200000	0.059		

5. 竣工验收试验检测费

竣工验收试验检测费指在公路建设项目竣工验收前，由建设单位或工程质量监督机构委托有资质的公路工程质量检测单位按照有关规定对建设项目的工程质量进行检测，并出具检测试验意见，以及进行桥梁动（静）载试验或其他特殊检测等所需的费用。

（二）研究试验费

研究试验费指按项目特点和有关规定，在建设过程中必须进行的研究和试验所需的费用,以及支付科技成果、专利、先进技术的一次性技术转让费。研究试验费不包括:应由前期工作费开支的项目;应由科技三项费用开支的项目;应由是施工辅助费开支的施工企业对建筑材料、构件和建筑物进行一般鉴定、检查所发生的费用及技术革新研究试验费。

(三) 建设项目前期工作费

建设项目前期工作费指委托勘察设计单位、咨询单位对建设项目进行可行性研究、工程勘察设计以及设计、监理、施工招标文件及招标标底或造价控制值文件编制时,按规定应支付的费用。建设项目前期工作费包括:编制项目建议书、可行性研究报告、投资估算,以及相应的勘察、设计等所需的费用;通过风洞试验、地震动参数、索塔足尺模型试验、桥墩局部冲刷试验、桩基承载力试验等为建设项目提供或验证设计数据所需的专题研究费用;初步设计和施工图设计的勘察费、设计费、预算编制及调整概算编制费用等;设计、监理、施工招标及招标标底文件编制费用等。前期工作费以定额建筑安装工程费为基数,按表 4-18 的费率,以累进方法计算。

表 4-18　　　　　建设项目前期工作费费率表

定额建筑安装工程费（万元）	费率（%）	定额建筑安装工程费（万元）	费率（%）
500 及以下	3.00	150000—200000	2.08
500—1000	2.70	200000—300000	1.99
1000—5000	2.55	300000—400000	1.94
5000—10000	2.46	400000—600000	1.86
10000—30000	2.39	600000—800000	1.80
30000—50000	2.34	800000—1000000	1.76
50000—100000	2.27	1000000 以上	1.72
100000—150000	2.19		

(四) 专项评价费

专项评价费指依据国家法律、法规规定进行评价、咨询应支付的费用。主要包括专项评价费用环境影响评价费、水土保持评估费、地震安全性评价费、地质灾害危险性评价费、压覆重要矿产评估费、文物勘察费、通航论证费、行洪论证费、使用林地可行性研究报告编制费、用地预审报告编制费、项目风险评估费、节能评估费和社会风险评估费、放射性影响评估费、规划选址意见书编制费等费用。一般依据委托合同，或参照类似工程已发生的费用进行计算。

(五) 联合试运转费

联合试运转费指建设项目的机电工程，按照有关规定标准，需要进行整套设备带负荷联合试运转所需的全部费用，不包括应由设备安装工程费中开支的调试费用，费用包括联合试运转期间所需的材料、燃料和动力的消耗，机械和检测设备使用费、工具用具和低值易耗品费，参加联合试运转的人员工资及其他费用等。联合试运转费以定额建筑安装工程费为基数，按0.04%费率计算。

(六) 生产准备费

生产准备费指为保证新建、改扩建项目交付使用后满足正常的运行、管理发生的工器具购置、办公和生活用家具购置、生产人员培训、应急保通设备购置等费用。

1. 工器具购置费

工器具购置费指建设项目交付使用后为满足初期正常运营必须购置的第一套不构成固定资产的设备、仪器、仪表、工卡模具、器具、工作台等费用，不包括构成固定资产的设备、工器具和备品、备件，以及已列入设备费中的专用工具和备品、备件。工器具购置费由设计单位列出计划购置清单，计算方法同设备购置费。

2. 办公和生活用家具购置费

办公和生活用家具购置费指新建、改扩建工程项目，为保证初期正常生产、使用和管理所购置的办公和生活用家具、用具的费用，包括行政、生产部门的办公室、会议室、资料档案室、阅览室、宿舍及生活福利设施等家具、用具。办公和生活用家具购置费按表4-19的规定计算。

表 4－19　　　　　　　办公和生活用家具购置费标准表

工程所在地	路线（元/公路千米）				单独管理或单独收费的桥梁、隧道（元/座）		
	高速公路	一级公路	二级公路	三、四级公路	特大、大桥		特长隧道
					一般桥梁	技术复杂大桥	
内蒙古、黑龙江、青海、新疆、西藏	21500	15600	7800	4000	24000	60000	78000
其他省、自治区、直辖市	17500	14600	5800	2900	19800	49000	63700

3. 生产人员培训费

生产人员培训费指为保证生产的正常运行，在工程交工验收交付使用前对运营部门生产人员和管理人员进行培训所需的费用，包括培训人员的工资、津贴、职工福利费、差旅交通费、劳动保护费、培训及教学实习费等。该费用按设计定员和 3000 元/人的标准计算。

4. 应急保通设备购置费

应急保通设备购置费指新建、改扩建工程项目，为满足初期正常运营，购置保障抢修保通、应急处置，且构成固定资产的设备所需的费用。该费用由设计单位列出计划购置清单，计算方法同设备购置费。

（七）工程保通管理费

工程保通管理费指新建或改扩建工程需边施工边维持通车或通航的建设项目，为保证公路运营安全、船舶航行安全及施工安全而进行交通管制、交通与船舶疏导所需的和媒体、公告等宣传费用及协管人员经费等。

（八）工程保险费

工程保险费指在合同执行期内，施工企业按合同条款要求办理保险的费用，包括建筑工程一切险和第三者责任险。建筑工程一切险是为永久工程、临时工程和设备及已运至施工工地用于永久工程的材料和设备所投的保险；第三者责任险是对因实施合同工程而造成的财产损失或损害，或人员的死亡或伤残所负责投的保险。工程保险费以建筑安装工程费为基数，按 0.4% 费率计算。

五、预备费预算

预备费由基本预备费和价差预备费用两部分组成。

1. 基本预备费

基本预备费是指在初步设计和概算、施工图设计和施工图预算中难以预料的工程费用，包括在进行技术设计、施工图设计和施工过程中，在批准的初步设计和概算范围内所增加的工程费用；在设备订货时，由于规格、型号改变的价差，材料货源变更、运输距离或方式的改变以及因规格不同而代换使用等原因发生的价差；在项目主管部门组织竣工验收时，验收委员会为鉴定工程质量必须开挖和修复隐蔽工程的费用。一般按施工图预算的3%计列。

2. 价差预备费

价差预备费是指设计文件编制年至工程交工年期间，建筑安装工程费用的人工费、材料费、设备费、施工机械使用费、措施费、企业管理费等由于政策、价格变化可能发生上浮而预留的费用，以及外资贷款汇率变动部分的费用。价差预备费以建筑安装工程费用总额为基数，按设计文件编制年始至建设项目工程交工年终的年数和年工程造价增长率计算。计算公式如下：

价差预备费 $= P \times [(1+i)^{n-1} - 1]$

式中：P——建筑安装工程费总额（元）；

　　　i——年工程造价增长率（%）；

　　　n——设计文件编制年至建设项目开工年＋建设项目建设期限（年）。

六、建设期贷款利息

建设期贷款利息指工程项目使用的贷款部分在建设期内应计取的贷款利息，包括各种金融机构贷款、建设债券和外汇贷款等利息。利息计算方法如下：

建设期贷款利息 $= \sum$（上年末付息贷款本息累计＋本年度付息贷款额÷2）× 年利率

第4节　高速公路建设单位预算的执行与调整

预算编制并不是预算管理的最终目的，能够按照编制完成的预算进行企业各项经营活动并在企业运行中发现问题、解决问题才是企业推行预算管理的真正意义。因此，预算编制的完成并不代表预算管理的成功，后期的预算执行和控制对预算管理同样重要。

一、高速公路建设单位预算执行程序

预算的执行程序如图4-3所示。

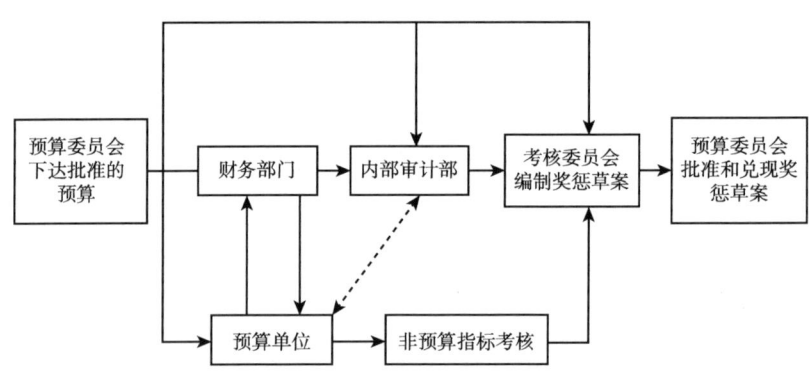

图4-3　预算的执行程序图

（1）预算委员会将批准的预算分别下达到财务部门作为结算、核算和财务收支的依据；下达到预算单位作为经营活动的依据；下达到内部审计部门作为预算审计的依据；下达到考核委员会作为业绩评价和实施奖惩制度的依据。

（2）财务部门集中办理预算单位的核算和结算业务，统筹资金分配。当然，在一定条件下，核算和结算也可以分散出去，但无论是什么条件，财务部门必须能够取得整个企业的结算和核算的数据，以达成集中监督的目的。

（3）财务部门的集中汇总的结算和核算数据是全面预算执行的进度或结

果，其用途有三：一是反馈给预算单位；二是传送给内部审计部门，经过审计，连同审计意见报送考核委员会，最终送达预算委员会；三是作为预算管理的反馈信息报告给单位负责人，以监控整个单位的预算执行情况。

（4）除预算指标之外，一般还要考核非预算指标。因此，在业绩考核和编制奖惩方案时必须给予充分考虑。

二、高速公路建设单位预算控制

预算控制是根据单位预算规定的收入与支出标准，检查和监督各部门活动，以保证组织经营目标的实现，并使费用支出受到严格有效的约束过程。强化预算控制有利于更好地实施企业战略，控制成本、费用和损失，防范企业风险，提高经营效率等。因此，预算控制是决定企业预算管理体系能否顺利实施、企业战略目标能否顺利达成的关键环节。预算控制以预算编制为基础，预算控制是指在企业开展经营活动过程中比较预算和实际的差距及原因，然后对差异进行处理。预算控制是管理控制中运用最广泛的一种控制方法，涵盖了预测、试算、平衡、执行、调整、分析、评价、奖惩等环节。

高速公路建设单位在项目完工交付运营之前不产生高速公路过路费收入，建设阶段的资金主要来自政府拨款、项目贷款和社会资本投入。高速公路建设单位，项目建设期间预算控制的核心内容就在于控制各项工程支出不超预算，少花钱建设质量可靠的高速路桥。高速公路建设单位成本预算控制是对高速公路建设总成本的监测和控制，包括各单项工程、分项工程、分部工程的成本等。

三、高速公路建设单位预算调整

预算调整是指当企业内外环境发生变化，预算出现较大偏差，原有预算不再适用时，所进行的预算修改。预算毕竟是一种预先的规划，是建立在对未来各种内部和外部经济环境预期基础上的，当单位内部和外部环境发生了较大变化时，原有的预算便失去了合理的基础，如果继续片面强调预算的刚性，反而会妨碍高速公路建设项目的顺利推进。因此，预算调整是一个必不可少的环节。为了保证预算的严肃性、规范预算调整行为，高速公路建设单位必须结合单位和项目的特定状况，对预算调整的条件进行具体规定。通常，只有当外部环境发生重大变化，或国家和区域战略发生重大调整时，才会调整高速公路建设项目的预算。

（一）预算调整的原因

1. 时间变化

预算执行所在的期间和预算编制的期间一般是不同的，这种时间的差距很可能使预算编制环境和执行环境、预算编制人员和执行人员乃至高速公路建设单位的建设规划和目标发生变化。这些因素的变化都需要对预算作出相应调整。

2. 空间变化

空间变化主要指进行预算编制和预算执行的部门和人员的不同。

（二）预算调整程序

对预算进行调整，必须具有一定的程序。一般情况下，预算调整需要经过申请、审议、批准三个主要程序。如果需要调整预算，首先应由预算执行人或编制人提出申请，说明调整的理由、调整的初步方案、调整前后的预算指标对比以及调整后预算的负责人、执行人等情况。提出调整申请后，应经过审议并提出审议意见。通常是由预算工作组承担审议任务并签署审议意见，审议人有必要对申请调整事项做深入的调查研究和论证，对审议意见负责。经审议的预算调整申请，即可报送有关部门批准，批准人应在审阅有关资料后，提出同意或不同意调整的书面意见，然后下发给预算调整申请人。

（三）预算调整的审批权限

由于预算调整属于非正常事项，其牵涉面广，所以需要从严把握。鉴于此，预算调整的批准权限应该高度集中。高速公路建设单位预算管理委员会是预算管理的最高权力机构。如果没有专设的预算管理委员会，则应由高速公路建设单位会商其业务主管部门后批准。

第 5 节 高速公路建设单位预算执行结果的分析与评价

预算管理的业绩考评是通过设计一系列的考评指标,对企业预算实施的过程和结果,特别是预算编制和预算控制的执行情况和结果进行考核与评价,预算管理业绩考评是预算管理的最后一环,它的实施是对预算管理工作的自我检查和考核。预算管理业绩考评的结果也是对企业管理者和员工进行奖惩的依据。

一、高速公路建设单位预算差异分析

编制预算一方面是要对企业的生产经营活动进行事前的协调和安排,另一方面还要对企业的生产经营活动进行事中和事后控制,及时纠偏,以避免或减少不必要的偏差。预算差异分析是对实际情况和预算目标进行对比,并确定差异、分析原因、落实责任、总结经验教训。预算差异分析也是预算考评和激励的关键,为高速公路建设单位建立公平有效的业绩激励提供支持。

预算差异分析常用的方法有性质分析法和数量分析法。性质分析法通过实地观察、座谈调查、因素评价等形式,达到收集资料、了解情况、查询问题、判断原因的目的;数量分析法主要通过对比数据、因素替换等方法,达到找出差异、发现问题、分析原因的目的。常见的数量分析法如下:

(1) 比较分析法。比较分析法是最基本的差异分析方法,即通过指标对比,确定数量差异,主要作用是揭示客观上存在的差距。比较分析法比较的主要是绝对值,即实际情况和预算指标绝对值的差异。

(2) 比率分析法。比率分析法是通过计算和对比经济指标的比率来进行数量分析,确定经济活动变动程度的方法。比率分析法与比较分析法的区别在于:比较分析法比较的是绝对数,而比率分析法比较的是相对数。

(3) 因素分析法。因素分析法是一种分析影响因素,计算各种因素影响程度的分析方法。在预算执行中，造成实际业绩与预算标准之间差异的因素很多，有的是主要因素，有的是次要因素。为了对各种因素的影响程度进行度量，就要采用因素分析法。

二、高速公路建设单位预算执行结果考评

预算管理业绩考评是指结合企业预算管理的实施，以预算目标水平和控制标准为依据，采用财务与非财务指标相结合的方法，对预算管理的各项活动进行动态的衡量，考察其目标完成程度，并及时提供反馈信息的一种价值判断过程。预算考评的依据是预算目标水平和控制标准。作为预算管理的最后一项行动，预算考评既是对预算管理诸多工作步骤的一种检查和总结，也是完成预算管理工作循环不可缺少的步骤。

（一）预算管理考评的指标体系

预算考评指标必须充分体现高速公路建设单位业务活动的基本内容，围绕考评目标，建立逻辑严密、相互联系、互为补充的指标体系，才能很好地满足业绩考评的需要。如何科学地设定考评指标一直是业绩考评系统讨论的中心话题。在预算管理业绩考评系统中，考评指标处于核心地位，到底如何建立恰当的评价指标也是最高管理当局十分关注的问题。

1. 业绩考评指标体系及其特点

预算管理考评指标体系的建立应遵循系统思维，以考评企业预算完成情况为核心，定量分析和定性分析相结合，实现相互验证、综合评判。预算管理考评指标体系的主要特点表现为：一是指标体系以企业实施预算管理的目标为核心进行设立；二是定量指标和定性指标相结合。大多数业绩考评指标体系只设置定量指标不设置定性指标，主要考虑到使用定性指标进行考评的主观随意性较强，受考评主体心理活动因素的影响较大，对考评结果可能产生不利影响。由于预算管理业绩考评某些方面内容的考评指标往往难以量化，这就必须借助定性指标才能满足考评的需要。实际上定量指标本身也可能会因为考评信息收集的偏差而出现较大的考评差错，因此，将量化指标和非量化指标结合起来，同时采用定量分析与定性分析的考评方法，会使考评

结论更令人信服。

2. 考评指标的质量特征

"质量特征"是指会计信息满足信息使用者的要求应具备的内在品质，而"考评指标的质量特征"是指业绩考评指标为满足考评主体客观、全面揭示考评内容，得出正确考评结论应具备的质量要求。企业进行业绩考评要设定考评指标，而设定考评指标需要一个标准，这个标准可以理解为业绩考评指标质量特征。

预算管理业绩考评指标的设定应满足以下几个方面的质量要求：

（1）全面性。为了充分反映预算管理业绩的全貌，所设定的考评指标要从预算管理活动的各个方面去揭示它对预算顺利实施所发挥的作用。因为任何单一指标都有其局限性，不可能全面反映预算执行和控制的全部要求，所以考评指标的设定既要包含财务指标，也要包含非财务指标。

（2）认同性和激励性。对预算执行者的考评必须将考评指标设定在所能控制的范围内，而且指标本身要易于被考评者理解和接受，这样他才能认同指标对其行为的约束，才会感到公平，才愿意将考评指标作为对自己预算管理业绩进行考评的依据。此外，指标水平的确定应具有一定的激励性，以激发预算执行者的工作潜能。总之，只有考评指标满足了认同性和激励性的要求，被考评者才认为考评指标是科学合理的，才会最大限度地发挥自身的工作潜能，努力改善指标的实际执行结果。

（3）与考评指标相关信息的可收集性。无论考评指标的设定与预算实施进程多相关、多全面，被考评者也认为科学合理，但是如果与考评指标相关的信息非常难以收集，同样会直接影响考评工作的顺利实施。因此，考评指标的设定既需要考虑指标本身的合理性，还应关注其对后续工作的影响，考虑相关考评信息的收集难易问题。考评指标本身并不具有任何意义，只有和信息连接到一起才能表示出特定的经济含义，再好的考评指标也必须借助一定的量化和非量化信息，才能够在考评活动中发挥出它的价值，对考评结果产生影响。因此，业绩考评指标的设定必须满足相关信息的可收集性，否则就不能够作为指标体系的一部分。

(二) 预算管理业绩考评的步骤

1. 确定业绩考评的对象

常规企业预算管理一般将内部经营单位划分为成本中心、利润中心和投资中心，并以这三个中心为业绩考评对象，设置相应的考评指标，展开对经营管理者的业绩考评活动。但高速公路建设单位，建设期间的路桥工程还未投入运营，没有营业收入，也不产生利润，因此，高速公路建设单位预算考评的主要着眼点是工程和项目的成本控制。

2. 明确考评目标

预算管理考评的总体目标主要表现在两个方面：一是对已经实施的各项预算管理措施的结果进行评判，并据以对预算执行者实施奖惩；二是考评所获得的信息能够为企业下一步预算的制定和实施提供有力的信息支持。

3. 设定考评指标

考评指标的设定主要是围绕预算执行和完成情况进行适当调整而确定。按预算执行和控制的要求，对每一个职能部门的预算目标水平进行描述，以每个职能部门经理人员的可控活动为主要内容，参考关键因素，确定量化考评指标。高速公路建设单位的考评指标大多围绕项目成本、分项成本、分部成本和项目预算的匹配程度。

4. 选择考评标准

预算管理考评标准是指判断考评企业内部各职能部门预算管理业绩优劣的基准，是对考评对象实施分析评判的标尺。对企业业绩进行考评时，企业所处环境的变化也会引起考评标准的变化。因此，考评标准是相对的、发展的、变化的。

5. 收集考评信息

在考评指标和考评标准确定以后，就需要收集有关的考评信息。考评信息的收集要按照考评目标所要求的方法和渠道，通过对考评主体、考评对象、考评指标、考评标准的认真分析，借助日常报告制度，将考评所需要的全部信息准确及时地提供出来。

6. 进行考评，得出结论

考评主体将开展考评活动所需要的信息收集上来以后，就可以按照一定的考评方法实施考评，得出考评结论，并编制业绩考评报告。

第6节 高速公路建设单位预算业务的流程与关键管控点

预算是企业加强内部控制、实现发展战略的重要工具和手段，同时也是高速公路建设单位实施内部控制的重要载体，其基本流程一般包括预算编制、预算执行和预算绩效管理三大阶段，如图4-4所示。这些业务环节相互关联、相互作用、相互衔接，周而复始地循环，从而实现对企业全面经济活动的控制。

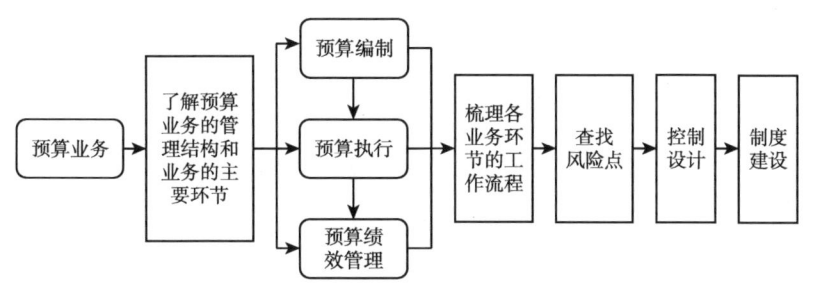

图4-4 预算业务流程

一、高速公路建设单位预算编制环节流程与关键管控点

（一）预算编制环节工作流程

高速公路建设单位预算编制的流程如图4-5所示。具体流程如下：(1) 各省市地方政府授权财政部门部署预算编制；(2) 财政部门部署高速公路建设单位进行预算编制工作；(3) 高速公路建设单位提出部门预算计划，并报给财政部门；(4) 财政部门审查并向同级地方政府提出本级预算收支计划；(5) 同级地方政府确定重点项目及限额，并批复给财政部门；(6) 财政部门向高速公路建设单位下达预算控制数；(7) 高速公路建设单位修改部门预算计划，并报给财政部门；(8) 财政部门编制本级预算草案，并报给同级政府；(9) 同级政府审定本级预算，并报送同级人大；(10) 人大部门批准本级预算，并批

复给同级政府和财政部门；（11）财政部门批复部门预算，并回复给高速公路建设单位。

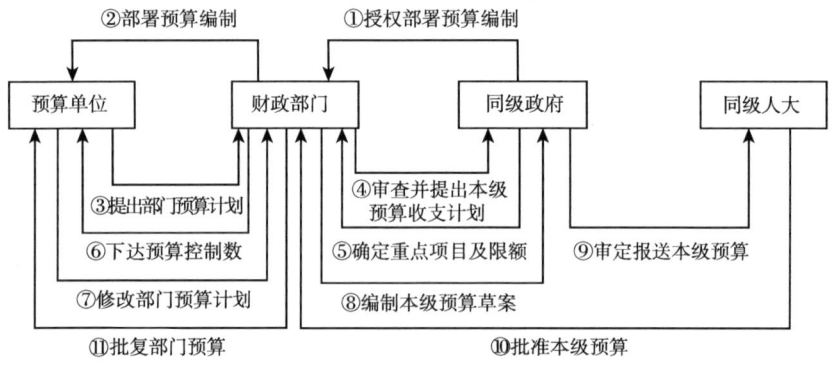

图 4-5　预算编制环节流程图

（二）高速公路建设单位预算编制环节主要风险及控制措施

1. 预算编制以财务部门为主，业务部门参与度较低，可能导致预算编制不合理，预算管理责、权、利不匹配；预算编制范围和项目不全面，各预算之间缺乏整合，可能导致预算难以形成。

针对这方面风险，采取的措施主要有：

（1）预算管理委员会由最高管理层成员和关键职能部门行政负责人共同组成，融入了生产、经营、质量、投资、装备、财务等各职能部门行政负责人，在预算的审核过程中能够对预算的各个方面从专业角度提出不同意见。

（2）在预算编制过程中明确各个部门、单位的预算编制责任，使高速公路建设单位各个部门、处室全部参与到预算的编制过程中。首先由各业务科室和业务管理部门在对年度实际预算执行情况、全年预算情况以及预算年度内外部环境分析的基础上做出专业预测，提出年度建议指标；其次由计划财务部综合各专业管理部门提出的建议指标和今年实际预算执行情况，对预算年度的各种情况进行反复平衡，提出单位财务预测方案，经预算管理委员会研究后提出年度预算总目标，报经单位领导办公会审定后，由单位预算管理委员会下达；然后由各业务管理部门围绕年度预算总目标编制业务预算，按照"横向到边、纵向到底"的原则，逐层分解落实预算指标和具体的作业计划，报计划财务部审查；最后经计划财务部反复平衡、汇总后，编制单位年度预算，编制预算说明和年度预算实施方案，确定一级指标体系的分解落实，提交预算管理委员会批准后发布实施。

（3）将高速公路工程业务及资金筹措等各项经济活动的各个方面、各个环节都纳入预算编制范围，形成高速公路建设单位的综合预算体系。根据年度预算指标层层分解落实到各责任单位，确定各责任单位的横向归口管理指标和部门自身控制指标，以保证一级预算指标的顺利完成。

（4）成立绩效考核评审委员会，由高速公路建设单位负责人和职能部门的负责人共同组成，其工作职责主要是确定考核原则，审定考核范围，核定考核指标，制定考核办法，提出奖惩措施，客观公正地评价各单位、各职能部门在经营管理、生产运营、服务质量等方面的工作业绩，以达到实现企业经营目标、提高员工满意度和促进企业全面、协调、可持续发展的目的。

2. 预算编制所依据的相关信息不足，可能导致预算目标与战略规划、经营计划、市场环境、企业实际等相脱离；预算编制基础数据不足，可能导致预算编制准确率降低。

针对这方面风险，采取的措施主要有：

（1）根据国家和区域发展战略，结合高速公路建设单位的发展目标确立高速公路建设单位的年度预算总目标，使企业战略发展目标在各个年度预算中得到体现，从而保证企业战略发展目标的顺利实现，确保预算编制真正成为战略规划和年度经营计划的年度具体行动方案。

（2）高速公路建设单位预算中的专业预算主要由工程项目预算、采购预算、质量预算和相关费用预算等组成。

（3）重视和加强预算编制基础管理工作，包括合同管理、生产统计报表、质量统计报表、材料采购情况表、会计核算等，确保预算编制以可靠、翔实、完整的基础数据为依据。

3. 预算编制程序不规范，横向、纵向信息沟通不畅，可能导致预算目标缺乏科学性和可行性。

针对这方面风险，采取的措施主要有：

（1）坚持"以充分预测分析为基础，自上而下、自下而上、双向反复相互整合，再自上而下层层落实"的方法编制年度预算；

（2）建立预算编制、预算执行、资产管理、人事管理、预算绩效管理的沟通协调机制；

（3）召开预算编制会议，全面把握预算编制政策，细化预算编制；

（4）加强预算合理性和合规性审核。

二、高速公路建设单位预算执行环节流程与关键管控点

（一）预算执行环节工作流程

预算执行环节流程如图4-6所示。具体流程如下：（1）由各业务部门提交预算执行申请；（2）如果业务部门提交申请额度超过预算指标值，应进入预算追加调整程序，由预算管理委员会进行审核批复；（3）如果业务部门提交申请额度符合预算指标及其规定，则由预算管理部门审批通过后，由预算执行机构执行，财会部门、预算管理部门等机构进行执行管理和控制，并进行预算执行分析。

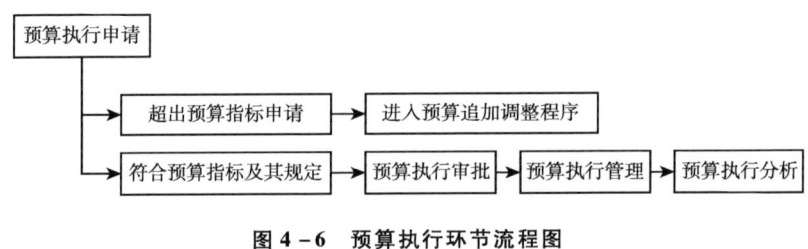

图4-6 预算执行环节流程图

（二）预算执行环节主要风险及控制措施

1. 缺乏严格的预算执行授权审批制度，可能导致预算执行随意；预算审批权限及程序混乱，可能导致越权审批、重复审批，降低预算执行效率和严肃性。

针对这方面风险，采取的措施主要有：

（1）强调以预算指标为高速公路建设项目各项支出的依据。经批准的预算是高速公路建设单位工程支出的依据。除非出现"情势重大变化"等特殊情况，高速公路建设项目的各项支出不得突破已审定的预算额度。

（2）严格财务支出审批程序。各项成本费用支出应严格执行相关审批手续，预算内资金支出实行责任人审批追究制度；预算外事项必须履行事前审批程序后方能予以报销，重大预算外支出需提交高速公路建设单位领导班子集体审批。

（3）强化现金流量预算管理，细化资金预算安排，坚持量入为出，不留缺口，确保现金流安全。

2. 预算执行过程中缺乏有效监控，可能导致预算执行不力，预算目标难以实现。

针对这方面风险，采取的措施主要有：

（1）建立高速公路建设单位一级预算指标分解体系，确定各职能部门的横向归口管理指标、费用控制指标和各施工单位的纵向承包指标。

（2）建立预算执行实时监控制度，及时发现和纠正预算执行中的偏差。对各项工程项目的预算执行，密切跟踪其实施进度和完成情况，做到严格监控。

（3）为了提高预算的执行力，确保年度预算目标的完成，在此基础上强化月度预算管理，提高过程监管，强化预算的预测、管控功能，通过月度预算的执行、控制、反馈和考评，强化预算动态监控能力。

3. 缺乏健全有效的预算反馈和报告体系，可能导致预算执行情况不能及时反馈和沟通，预算差异得不到及时分析，预算监控难以发挥作用。

针对这方面风险，采取的措施主要有：

（1）按月编制《预算执行情况分析报告》，并定期向预算管理委员会报告，以便及时发现问题、加以改进，使各项预算指标始终处于受控状态。

（2）针对预算执行过程中产生较大偏差的重点指标，在深入现场调查研究、掌握大量现场活动情况、充分搜集相关资料的基础上，运用财务管理和管理会计的技术方法和手段，形成《专题分析报告》，上报预算管理委员会，指出问题存在的现状、形成的原因及应采取的对策，有利于高速公路建设单位管理层对重点工程和工程的重点环节进行重点把控，保证高速公路建设项目按预算、按工期有计划、有步骤地进行。

（3）建立预算执行情况分析例会制度。每月预算执行情况分析报告形成后，由计划财务部门组织预算管理委员会成员召开现场分析例会，先由单个预算责任单位汇报本月本单位预算指标完成情况，说明存在的差距和原因，提出按计划完成预算指标存在的困难和需要各专业部门配合的工作，然后各业务管理部门对该责任单位表现进行简要评价，对需要业务管理部门配合的工作予以答复或作出承诺，对保证各责任单位按进度完成其承担的工程和预算指标、理顺各方面的关系起到积极作用。

三、高速公路建设单位预算绩效管理环节流程与关键管控点

（一）预算绩效管理环节工作流程

预算绩效管理环节流程如图4-7所示。具体流程如下：（1）确定绩效管理对象；（2）制定绩效目标；（3）监控执行情况；（4）开展绩效自评或评价；（5）撰写绩效报告或评价报告；（6）评价结果应用。

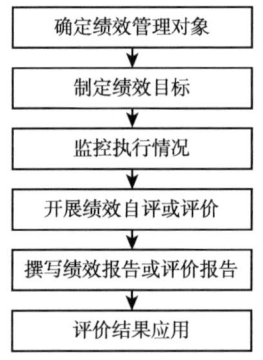

图4-7 预算绩效管理环节流程图

（二）预算绩效管理环节主要风险及控制措施

预算考核环节的主要风险主要有预算绩效管理机制不完善，可能导致绩效目标脱离实际，绩效监控不到位，绩效评价不科学，评价结果流于形式。针对这方面风险采取的措施主要有：

（1）建立健全预算执行考核制度。高速公路建设单位成立绩效考核评审委员会，其工作职责主要是确定考核原则，审定考核范围，核定考核指标，制定考核办法，提出奖惩措施，客观公正地评价各单位、各职能部门在经营管

理、生产运营、服务质量等方面的工作业绩。

（2）制定科学的预算考核指标体系。预算绩效目标的设定要经过调查研究和科学论证，目标要指向明确，细化量化，符合客观实际。建立分层次的、定量指标与定性指标相结合的内部绩效考核模式，分别确定各层次的绩效考核指标。第一层次：对高速公路建设单位及项目管理部门实行以定量指标为主、辅以定性指标的绩效考核。第二层次：对中层管理干部、各职能部室、党群部门实行以定性指标为主、辅以定量指标的绩效考核。同时各专业部门依据专业管理考核细则对生产单位、辅助服务单位及职能部室实施专业管理考核，生产及辅助服务单位依据逆向考核标准对职能部室、辅助服务单位实施逆向考核，均采用加、扣分考核模式，按各单位相应分值兑现奖惩。第三层次：对员工实行"业绩定岗、绩效分配、鼓励创新、按劳取酬"的绩效挂钩薪酬制度。

（3）坚持公开、客观、反馈和时效的原则。考核过程公开化、制度化，用事实说话，将考核结果与被考核者进行沟通，将平常考核与月度、季度、年度考核有机结合起来，保证考核结果及时兑现。

第 5 章 高速公路建设单位的资金筹措管理

改革开放以来，随着经济的飞速发展，我国公路交通建设事业取得了长足发展。国家持续加大对公路基础设施的投入，有效地缓解了区域交通紧张状况，公路网密度、通达程度和等级不断提高，公路交通在国民经济和国家综合运输体系中的地位和作用进一步加强。但是，公路基础设施的发展仍不能满足经济社会发展的需要。随着经济全球化发展，以及我国城市化战略的提出，要求公路建设尽快形成一个快速高效的网络化系统。向大中城市发展和形成以经济为纽带、以大城市为中心的城市群是城市化发展的未来趋势。此时，不仅要求加快区域公路基础设施的数量扩张，同时还对公路基础设施的等级、网络和服务质量提出了更高的要求。需要建设、投入大量公路基础设施，尤其是高速公路建设项目。面对如此宏伟的规划和艰巨的任务，庞大的资金需求将远远超过现有渠道的融资能力，公路建设资金供需矛盾越加突出。现有的融资模式尚不能满足公路建设资金需求和发展速度，当务之急是在现有市场融资模式的基础上，探索和挖掘可利用资源，积极培育财源，提升财力和融资能力，创新和拓展融资渠道，解决公路建设资金供需矛盾。

高速公路建设单位常见的资金筹措方式主要有两种途径：一是财政拨款。高速公路建设属于国家基础设施建设，财政拨款是高速公路建设的主要资金来源之一。二是企业自筹资金。高速公路建设的资金缺口需要建设单位通过银行贷款、PPP 等方式自主筹措资金，以扩大资金来源、满足高速公路建设需要。

第 1 节 财政拨款管理

财政拨款是指各级人民政府对纳入预算管理的事业单位、社会团体等组织拨付的财政资金，包括财政部门拨付给企业用于购建固定资产或进行技术改造的专项资金，鼓励企业安置职工就业而给予的奖励款项，拨付企业的粮食定额补贴，拨付企业开展研发活动的研发经费等。高速公路象征着现代化的生活，是国家现代文明的标志，也是人民生活中一项必不可少的基础设施，是国民经济的动脉。为了促进我国高速公路建设的发展，国家向高速公路建设单位拨付了大量财政资金，也成为高速公路建设的重要资金来源。

一、高速公路建设的筹资主体

公路行业自1998年大规模进行市场融资以来，融资主体在实践中不断改革，发生了很大变化。目前我国高速公路建设项目投融资主体基本上分为政府主体和企业主体两种模式，如图5-1所示。

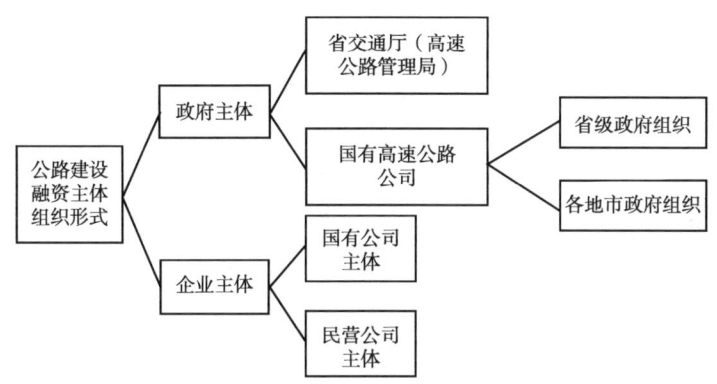

图5-1 高速公路建设筹资主体

1. 政府主体

（1）以省交通厅为主体，负责项目的投资、融资和建设。此种形式绝大多数集中在东北、华北、西北、西南地区一些经济欠发达的省份，如黑龙江、吉林、辽宁、山东、山西、陕西、内蒙古、甘肃、宁夏、青海、江西、河南、湖北、海南等，约占全国省份近50%。银行贷款一般采用交通厅统借统还，还款来源为高速公路建成后的项目现金流和交通规费补贴。

（2）以国有高速公路公司为主体，由政府或省交通厅组织成立的国有高速公路公司作为全省高速公路投资、融资平台、经营管理实体和对外窗口，以参股、控股的方式成立项目公司，实现公路项目股权多元化，采用此种形式的公司有广东、福建、湖南、重庆、四少、江苏、安徽、北京、贵州、天津等省市，占全国省份 28%。上述公司虽作为公路建设的融资平台，但不同省份的运作方式略有不同。如四川、湖南省高速公路公司主要与省内各地市交通部门的公路公司合作组建项目公司，交通厅对项目投入部分资本金。广东省交通集团公司、北京首发高速公路公司、江苏控股集团、广西高速公路集团等，是由省市政府直接领导组建的公路运营性企业，政府给予政策支持。

2. 企业主体

从事经营公路收费的各类企业，省交通厅投入部分或不投入建设资本金，以项目公司或股东作为融资主体。此种模式是以具体项目为载体，组建各种类型的项目公司，如浙江、上海、河南、湖北等省的部分公路项目，约占 12%。

从全国情况看，各省路网工程项目和农村公路项目基本上由省交通厅作为承债主体。高速公路市场融资主体比较多样化，中部和西部地区主要以政府主体承债，东部地区各种方式均有。以政府为主体的投融资模式，能够依靠政府协调各方关系，因为有政府背景，有利于推动融资进程和项目建设进度。但项目集投资、建设、运营、监管等职能为一身，缺少必要的竞争和市场机制，使企业或部门对政府产生依赖，政府过度负债，致使偿还贷款的压力不断增大，对公路建设的可持续发展和持续融资形成障碍。

二、财政拨款方式

投资于高速公路建设的财政资金主要包括中央政府转移支付和地方财政资金，构成财政资金投资基础设施的主要途径。在政府投资的高速公路建设中，项目资本金要求政府直接投资，而后续资金一般可以通过其他手段融入。但某些车流量较低的高速公路建设项目，无法靠其他手段融入资金，持续的政府财政投入成为该类建设项目的主要资金来源。

（一）中央政府转移支付

中央政府转移支付一般特指中央政府对地方政府的财力补助。中央政府转移支付制度是财政分权体制的一项重要组成部分，现代财政分权体制主要涉及三个维度，即政府间财权的划分、政府间事权的划分、转移支付制度，从三者关系来说，财权服从事权，而政府转移支付制度是在事权、财权划分的基础上调节政府间财政关系的一项重要制度。

分税制改革时，我国也开始建立了转移支付制度，现在已逐渐形成了包括一般性转移支付、专项转移支付和税收返还在内的转移支付体系。然而现行转移支付体系也是伴随着中央与地方政府的不断博弈过程而形成的，转移支付名目繁多，很多转移支付最初的设立目标并不仅是实行均等化，还被中央政府赋予了其他的功能和目标。

1. 税收返还

根据企业会计准则 16 号政府补助中的定义，税收返还是政府按照国家有关规定采取先征后返、先征后退、即征即退等办法向企业返还的税款，属于以税收优惠形式给予的一种政府补助，是政府补助四种主要形式中的一种。实际操作过程中，企业收到的税收返还不仅包括常规状况下全国统一的制度性税收返还，还包含了地方政府通过地方性的税收优惠政策，针对各地具体情况对企业进行的税收返还。按照返还的性质来分，可以将企业收到的税收返还分为制度性与制度外两类。

（1）制度性税收返还。制度性税收返还是指由企业的业务性质所决定，例如动漫企业、大型水力发电企业的增值税即征即退，出口企业的出口退税，这类税收返还有着明确的法律依据，并且在全国范围内统一执行。按照税种划分，增值税下有出口退税、先征后返、先征后退、超比例即征即退等多种情况，消费税的规定与之类似，附加税费则随着主税的返还而返还，关税的退税则与货物申报退关相联系，所得税中，个人所得税代扣代缴手续费和企业所得税汇算清缴时会发生退税情形。除此之外，其他小税种如车船税、车辆购置税也有着相关的退税规定，只是金额相对较小。

（2）制度外税收返还。制度外税收返还是指除制度性税收返还之外，各个地方政府出于招商引资等目的，与地方企业签订的协议性质的税收优惠政策中的税收返还项目。制度外税收返还种类较多，不易界定。在企业收到的制度外税收返还中，有地方政府为招商引资制定的税收返还政策，也有地方政府为了保护当地企业而对其进行的税收返还。返还的原因可能是多种多样的，如招商引资、维护公司上市地位、促进当地经济发展与就业等。

2. 一般转移支付

一般性转移支付，又称无条件性转移支付或无选择性转移支付，是指上级政府在充分考虑不同层次政府在基本支出需求、财政收入能力、自然禀赋、社会条件和经济发展水平存在差异的情况下，根据统一制定的标准，将本级财政收入无偿转移给下级政府的一种补助方式。这种转移支付允许下级政府将其列入预算收入的一部分，根据各自具体情况统筹安排、自行支配，不对资金的投向作出明确的限制。一般性转移支付等同于地方政府收入的增加，会有效地提高公共部门和个人消费支出。一般性转移支付可以分为两类：一是收入分享型。中央政府把各级政府都视为一个整体，并依据不同层次地方政府承担的支出职能与财政能力的差额进行补助，主要目的是消除不同层次政府间存在的纵向不平衡。二是均衡型。为了弥补贫困地区与富裕地区的收入差距，将富裕地区的一部分财政收入转移到贫困地区，主要目的在于保证各地区公共服务水平的基本一致。

3. 专项转移支付

专项转移支付也称有条件转移支付或可选择性转移支付，是指上级政府按照特定目的将其财政收入转作下级财政收入来源的一种补助方式。主要目的是针对下级政府特殊困难，如灾害以及收益外溢性较强的、符合中央政府政策目标的项目所给予的支持。配套性转移支付是特殊性转移支付中一种重要的补助方式，在这种情况下，地方政府需要提供一个既定百分比的自有资金相配套，才能获得这项补助。这种补助强制地方政府分担支出责任，从而有利于增强地方政府的支出效率。与一般性转移支付相比，配套性转移支付既有收入效应，又有替代效应，能使地方政府的支出水平有相当程度的提高。配套性转移支付等同于地方政府提供公共物品价格的降低，相对低的价格可以促使在既定的公共支出水平上有更多的产出。

（二）地方财政资金

地方财政资金是指中央财政以下各级财政的统称，是国家财政的重要组成部分。体现地方政权与所属或所辖区域内企事业单位、社会组织、居民之间以及各级政权之间的分配关系。目前，与我国人民民主专政的政权结构相适应，我国的社会主义财政体系由中央财政和地方财政组成。而地方财政体系又基本上由省（直辖市、自治区）财政、市（县）财政、区（乡镇）财政三级财政组成。在地方财政体系中，省级财政是主导，城市财政是支柱，市辖区、县、乡（镇）财政是基础环节。地方财政既是国家财政体系的有机组成部分，又是地方政府的重要职能部门，处于对中央负责和对地方政府负责的双重地位。

三、财政拨款资金来源

政府融资，即以地方政府为主体，以地方政府所属投融资机构为载体，为实现地方经济增长和社会发展目标而进行资金融通的经济活动。政府融资是一种具有公共管理主体特殊地位的经济行为，以政府信用为支撑，以实施政府宏观政策为目标，直接或间接地有偿筹集资金，将资金投向急需发展的领域、行业和项目等。在追求经济利益的同时，更加重视的是投入与产出为社会经济发展所带来的效益，对投资的项目更注重公益性，在经济上所要求的回报相对较低。政府融资活动，既是公共财政的范畴，也具有政策性金融的性质，是政府通过预算收支或信贷活动来体现各级政府意图的有效途径，尤其体现在基础设施建设方面，以履行公共管理行为的职能，实现社会经济发展的目标。政府融资活动是公共财政体系的有机补充，是公共财政不可或缺的政策工具，常用的政策工具有：发行市政债券、举借贷款、财政投资、财政贷款等。政府融资是提供经济与社会发展所必需方面的融资，以追求社会效益和宏观经济效益最大化为主要目的，对于民营资本无力投入或不愿投入的投资回收期较长的基础设施建设重大项目、经济效益不显著的公共项目、新兴产业或高新技术产业等风险性较强的项目，可以发挥资源配套和引领作用。政府信用度高、筹资能力较强、资金来源渠道相对稳定，侧重于对投资活动的引导、带动作用，在投资项目的选择上，侧重于基础产业、社会公用事业、基础设施的建设，这些行业、产业具有"准公共产品"的特征，通常局部效益低，社会效益好。

（一）财政性资金

利用财政性资金对城际高速公路进行资金筹集、建设和运营是高速公路建设的重要资金来源，主要包括财政预算内资金、政府性基金、纳入财政专户管理的各项非税收入、政府资源性收入等项目。但随着国家财政体制改革的深化和高速公路建设规模的增加，财政性资金只能作为有限的引资资金，占城际高速公路项目建设资金的比重将逐渐减少。

1. 财政预算内资金

财政预算内资金主要是指由国家各级财政部门统一集中和管理的财政资金部分。简单来讲，一个是预算内的，就在预算里面；另一个是预算以外的，不需要人大审批和监督。预算外资金是由各地区、各部门、各单位根据国家有关规定，自行提取，自行使用的，不纳入国家预算的资金。

2. 政府性基金

政府性基金是对依照法律、行政法规的规定在一定期限内向特定对象征收、收取或者以其他方式筹集的资金，专项用于特定公共事业的发展。根据国务院《关于加强预算外资金管理的决定》（国发〔1996〕29号）要求，从1996年起，将养路费、车辆购置附加费、铁路建设基金、电力建设基金、三峡工程建设基金、新菜地开发基金、公路建设基金、民航基础设施建设基金、农村教育费附加、邮电附加、港口建设费、市话初装基金、民航机场管理建设费等13项数额较大的政府性基金（收费）（以下统称"基金"）纳入财政预算管理。道路收费改革之后部分养路费已不再适用。

3. 纳入财政专户管理的各项非税收入

非税收入是政府参与国民收入初次分配和再分配的一种形式，属于财政资金范畴，相对于税收收入而言，是指除税收以外，各级政府、国家机关、事业单位、代行政府职能的社会团体及其他组织依法利用政府权力、政府信誉、国家资源、国有资产或提供特定公共服务、准公共服务取得并用于满足社会公共需要或准公共需要的财政资金，是各级政府公共收入的重要组成部分。非税收入具体包括行政事业性收费收入、政府性基金收入、罚没收入、国有资源（资产）有偿使用收入、国有资本收益、彩票公益金收入、特许经营收入、中央银行收入、以政府名义接受的捐赠收入、主管部门集中收入、政府收入的利息收入，以及其他非税收入等12类。非税收入管理是包括非税收入取得、非税收入预算、非税收入使用、非税收入监督在内的一个完整系统。加强政府非税收入管理对"做大财政收入蛋糕"、增强各级政府财力和宏观调控能力、不断完善公共财政体制、有效遏制腐败、追求良治和深化改革、建立公平社会分配秩序具有重要意义。

4. 政府资源性收入

政府资源性收入是国有资源（资产）有偿使用收入，是指有偿转让国有资源（资产）使用权而取得的收入，包括国有自然资源有偿使用收入、社会公共资源有偿使用收入和行政事业单位国有资产有偿使用收入。

国有资产有偿使用收入，包括国家机关、实行公务员管理的事业单位、代行政府职能的社会团体以及其他组织的固定资产和无形资产出租、出售、出让、转让等取得的收入，世界文化遗产保护范围内实行特许经营项目的有偿出让收入和世界文化遗产的门票收入，利用政府投资建设的城市道路和公共场地设置停车泊位取得的收入，及利用其他国有资产取得的收入。

国有资源有偿使用收入，包括土地出让金收入、新增建设用地土地有偿使用费、海域使用金、探矿权和采矿权使用费及价款收入、场地和矿区使用费收入；出租汽车经营权、公共交通线路经营权、汽车号牌使用权等有偿出让取得的收入；政府举办的广播电视机构占用国家无线电频率资源取得的广告收入；以及利用其他国有资源取得的收入。

5. 土地出让金

近年来，土地出让金是地方政府投资基础设施建设的主要资金来源。土地出让金作为政府性基金的重要组成部分，是指各级政府土地管理部门将土地使用权出让给土地使用者，按规定向受让人收取的土地出让的全部价款（指土地出让的交易总额），或土地使用期满，土地使用者需要续期而向土地管理部门缴纳的续期土地出让价款，或原通过行政划拨获得土地使用权的土地使用者，将土地使用权有偿转让、出租、抵押、作价入股和投资，按规定补交的土地出让价款。如表5-1所示，2016—2020年我国国有土地使用权出让收入逐年增加，成为各级地方政府重要的财政资金来源。

表5-1　2016—2020年国有土地使用权出让收入变动趋势

项目	2016年	2017年	2018年	2019年	2020年
土地使用权出让收入（亿元）	37457	52059	65096	74209	84142
变动率（%）	15.1	40.7	25	11.4	15.9

土地出让金是我国社会经济生活进入现代化和全面建设小康社会进程中的重要资金来源。我国处于工业化中期的重化工阶段，对钢铁、汽车、装备制造、化工等重化工产品需求上升，从而相应地带动土地需求的上升；从我国所处的城市化阶段看，正处于城市化发展的加速期，农民进城，一亿农民工进

城，各地对市政、道路、交通、房地产、水、电、文化、教育、卫生等需求普遍高涨，从而也必然造成对土地供求紧张；从我国个人消费结构升级看，已从万元级商品提升至十几万元、几十万元级阶段，住房和汽车成为这一阶段的消费热点，改善住房条件需要土地，发展汽车需要道路等，随之而来的是对土地需求的猛升；2003年后中国经济开始进入新一轮增长周期的上升期，外资、民资等投资热情上涨，同样也必然拉动对土地供应的需求，各地的土地供求矛盾缺口增大。上述四大热潮，极大地推动了我国社会经济发展中的土地需求。

改革开放20多年，中国经济发展中曾经历过三轮圈地热，特别是随着我国经济中用地（土地使用者）主体的多样化，国家在20世纪90年代又改革了供地政策，对一些营利性的用地项目实行公有土地有偿使用，政府通过对出让公有土地收取土地出让金制定规定办法。推出土地出让金制度的初衷主要在于地方政府将50—70年的土地收益一次性收取，以改善地方公共服务和城市基础设施等。为政府特别是省级以下各级地方政府集聚了一笔巨额的可支配财力。同时，也有利于国家实行积极财政政策，将部分土地出让金列为基础设施和公共产品投资的资金来源，与由国债作为资金来源而形成的基础设施及公共产品一同发挥累积效应。

土地出让金实际上就是土地所有者出让土地使用权若干年限的地租之总和。现行的土地出让金的实质，可概括为它是一个既有累计若干年的地租性质，又有一次性收取的似税非税性质的矛盾复合体。土地出让金具有地租而非税性质。税收是国家作为管理者对纳税人为国家缴纳的经济义务，具有强制性、无偿性和固定性。土地出让金不是简单的地价：对于住宅等项目，采用招标、拍卖、挂牌等的方式，可通过市场定价，土地出让金就是地价；可是对于经济适用房、廉租房、配套房等项目，以及开发园区等工业项目，往往不是依靠完全的市场调节，土地出让金就带有税费的性质，是定价。

土地出让金是与土地和土地使用权相联系的新范畴，是一个土地财政问题。土地出让金，在社会主义宏观调控中具有双重功能：一是调节土地的利用，改进和调整产业结构，包括一二三产业结构、各业内部结构等，制约或促进经济发展；二是土地出让金的分配，作为调整市场经济关系的经济杠杆，调控在国家、土地所有者和土地使用者之间合理分配土地收益，调节市场竞争关系等。

《土地管理法》对土地出让金的使用范围作出了明确的规定，土地出让收入主要用于征地和拆迁补偿支出、土地开发支出、支农支出和城市建设支出等。在土地国有的情况下，国家以土地所有者的身份将土地使用权在一定年限内让与土地使用者（国土资源部要求开发商必须在 1 年或 2 年内开发，如囤积土地要罚款或收回土地使用权，但地方政府多数不执行或袒护开发商，导致房源紧张房价暴涨），土地使用者一次性或分次支付的一定数额的货币称为土地出让金。土地出让金的高低与土地的用途、位置和土地出让年限紧密相关。土地出让金一般一次性支付。

为加强土地调控，由财政部门从缴入地方国库的土地出让收入中，划出一定比例资金，用于建立国有土地收益基金，实行分账核算，具体比例由省、自治区、直辖市及计划单列市人民政府确定，并报送财政部和国土资源部备案。国有土地收益基金主要用于土地收购储备。

（二）政府性贷款

政府性贷款也称为公共债务，它是政府以信贷形式形成的债务，目的是解决正常收入的不足或实施特定的宏观经济政策，这是政府作为债务人形成的特殊货币信贷关系。政府性贷款具体指的是由各地方政府作为债务人发行的、为弥补地方财政缺口而筹集的资金，所筹资金由地方政府支配并负责偿还，所有相关负债均以地方政府作为债务人。地方政府负债是我国地方政府解决基础设施建设融资最重要的融资渠道。政府性贷款主要包括银行贷款，政府债券等。

1. 银行贷款

政府通过贷款的方式从商业银行等金融机构筹集城际高速公路建设资金，主要以政府信用为保证，具有程序简单、节省时间等优点，成为建设资金的主要来源，有助于减轻政府的资金压力，但也容易增加地方政府债务总额。近年来，我国推动高速公路建设，政策红利使金融机构贷款利率下降，尤其是中长期贷款利率下降，为高速公路融通资金带来了便利，成为高速公路建设资金的重要来源。

2. 政府债券

我国预算法规定地方政府不能发行债券，地方政府不具备发行债券的主体资格。现阶段，地方政府利用债券直接融资只能采取中央政府代发地方债的形式。该种形式采用由中央发债、地方偿还、中央代办，实际上是一种地方政府发行债券的变通模式。2011年，经国务院批准，广东、上海、浙江、深圳四地开始自行发债试点。

（1）中央政府代发地方债。我国的地方政府虽然不能直接发债，但在1998—2004年，我国一直在实行中央政府发行债券获得资金后转贷地方，而由地方政府进行偿还，从而实现了间接的地方政府发债。2009年，为配合4万亿元政策，弥补地方建设资金的不足，中央政府启动了地方发行债券，采用中央政府代发地方债形式。到2011年，经国务院批准，广东、上海、浙江、深圳四地开始自行发债试点。

无论是国债转贷地方，或者中央代发地方债，还是地方政府自主发行，地方政府发行债券的额度都由中央政府确定总额，在各个省份直接分配。债券的偿付都由中央政府代办偿付。

中央代发地方债与地方政府直接发债的偿付方式都是由财政部代为办理，区别仅在于发行方式采取的是中央代发还是地方政府直接发行，与真正的市政债券都存在较大的差距。首先，债券发行都是由中央政府确定发行额度，在地方政府之间进行分配；中央对于地方债的使用有严格的限制，严格限定了投资领域，对于资金的使用中央具有严格的决定权。地方政府并不具有自主权。其次，地方债的发行都是由财政部代为办理偿付，仍然具有中央政府信用作为担保，并非以地方政府信用作为担保进行发行，不是真正意义上的市政债券。

（2）企业债券。企业债券是企业直接在市场发行债券融入资金的融资模式。地方城投建设公司可以利用企业债券为基础设施建设项目融入资金。现阶段，我国企业能够发行的债券有四种：短期融资券、中期票据、企业债和公司债。其中，因为公司债仅能由上市公司发行，不能大量用于基础设施建设中，其余三种债券都被广泛应用于地方企业进行基础设施建设。除了短期融资券期限较短，不超过一年，中期票据和企业债的期限都可以达到5—10年。因而可以满足基础设施建设对于长期稳定资金的需求。发行企业债券的优势是明显的，发行企业债券一次性融资规模大，资金使用稳定、投资决策相对自由、资金成本较低。除了企业债发行需要发展改革委审核投资项目之外，短融与中票均不需要明确的募投项目。

这些地方政府发行债券，很多是地方政府依托地方政府平台公司发行，名义上是企业融资，实际上是企业代地方政府发债，地方政府也提供了事实上的隐性担保。使用方式、偿付办法都与市政债券相同，因此是一定程度的准"市政债券"。因实质上以地方政府信用为担保发行的债券，因而相对一般的企业债券，其融资成本也相对较低。

（3）专项债券。发行地方高速公路专项债券，可发行专项债券的高速公路为政府收费高速公路，投资主体是县级以上人民政府，采用政府收取车辆通行费等方式偿还债务而建设的高速公路。债务融资手续简便、成本低、期限长，信用度高，能快速有效地筹集城际高速公路建设资金。

2017年，交通运输部联合财政部印发《地方政府收费公路专项债券管理办法（试行）》，建立收费公路专项债券制度，取得收费公路投融资改革重要突破。2017年、2018年和2019年，全国实际发行收费公路专项债券分别为440亿元、750亿元和1544亿元，后两年同比分别增长70%和106%，实现较大飞跃。从结构层面看，2017年至2019年全国新发行收费公路专项债券平均年限分别为7.9年、9.1年和13.5年，呈逐渐拉长趋势，2017年至2019年新发行收费公路专项债券平均利率分别为4.15%、4.02%和3.62%，呈逐渐下降趋势。从地区层面看，发行规模较大的省份主要集中在东部地区。2019年，随着专项债券配套融资政策的颁布和9月4日国务院常务会议对专项债券政策的讨论，收费公路专项债券的发行和使用将迎来更多创新。

2019年1—9月全国财政收入增长3.3%，增幅同比回落5.4个百分点。在当前减税降费和经济下行的双重压力下，地方政府专项债已逐渐成为当前财政政策发力的主要抓手。2019年6月，中办、国办印发通知，允许将地方专项债券作为符合条件的重大项目资本金。2019年9月的国务院常务会议要求，提前下达的2020年新增专项债额度主要用于以下各方面：其一，能源项目，包含储气设施、天然气管网以及城乡电网等；其二，交通基础设施，包含城市停车厂、轨道交通、铁路等；其三，生态环保项目，包含城镇污水垃圾处理、农林水利等；其四，冷链物流设施；其五，民生服务，包含养老、医疗、托幼以及职业教育等；其六，产业园区和市政基础设施，如水电气热等。

专项债使用范围和比例均向基建方向倾斜，将为地方政府重大项目和各地补充基建短板筹措大量资金，有利于保障基建投资。当前专项债新增额度和地方财力挂钩，未来广东、江苏、上海、浙江、山东等财政实力较强的东部沿海省份将成为基建发力重点地区，而中西部省份亦有较强的"补短板"需求，公路、电力、油气、信息等骨干网络建设或将加力。当前国家鼓励重大项目积极采取"专项债＋市场化融资"的组合融资，高速公路企业融资需积极拓展债券承销、资产证券化、并购及银团等融资渠道。

四、财政拨款资金的特点

财政资金最大的优势在于政府直接投入，可以作为项目投资经营的长期稳定的资金。对于一些投资回收期较长或者缺乏现金流的项目而言，政府财政资金不考虑回报，可以推动这些项目正常的开发建设。因此，财政拨款资金是高速公路建设项目的重要资金来源。其缺点在于，财政资金主要是政府的税收收入以及政府资产经营的收入，而政府财政收入增幅缓慢，并且很多支出固定不可减少，因而可用于直接投资建设的资金并不充裕。可能无法满足高速公路建设的资金需要。

第 2 节 企业自筹资金管理

高速公路建设需要资金量巨大，投资建设期较长。政府财政拨款资金有限，往往无法满足高速公路建设的资金需求，需要企业自筹资金用于高速公路建设。常见的企业自筹资金来源主要有股票市场融资、银行贷款、信托。

一、股票市场融资

近年来，人们收入上升，汽车保有量增加，而且高速公路增加形成网络化，在此形势下高速公路上市公司增加。因为收益性、垄断性和安全性特点的存在，高速公路板块成为股票市场中最受关注的产品。通常情况下，受自身安全系数和稳定性影响，高速公路收费期限固定，可以带来稳定的主营收入，但不包含天灾和战争等其他不可抗力因素。通过境内发行股票等直接融资方式，高速公路公司将自己的股份拿到股票市场公开发售募集股本资金。与其他类型企业收益相比较而言，高速公路行业上市公司受自身天生属性的影响具备极高的预测性和稳定性。然而由于该类企业对银行借款的依赖性过强，所以在股票市场上的作为有限。

二、银行贷款

向银行贷款是我国基础设施建设负债的主要途径之一，除了少量贷款由国外金融机构提供，大多数基础设施建设贷款的提供方都是国内商业银行与国家开发银行。

1. 商业银行贷款

商业银行贷款有许多优势：首先，商业银行信贷资金充足，可以满足基础设施对于资金的重大需求；其次，商业银行贷款使用灵活方便，贷款周期较短，相比其他方式，融资程序简便，耗时较短；最后，基础设施类投资一般具有政府背景，以政府信用作担保。因而对于商业银行来言，这类资产往往是其争相追逐的优质贷款资产。商业银行对于这类投资有着较强的投资意愿。

商业银行作为贷款来源有其优势，对于满足基础设施建设的融资需求有着重大意义，但是商业银行贷款作为基础设施建设的资金来源也存在一定程度的不足。商业银行资金来源的短期化与基础设施建设投资周期的长期化不相匹配。基础设施建设投资周期长，资金回收缓慢。而商业银行的资金来源一般期限较短，因而其在贷款投放上，出于期限匹配的目的，也倾向于贷款投放的短期化，不可能大量投资于期限较长的基础设施建设类项目。因而，对于商业银行的信贷资金而言，更适合作为项目进行中短期的拆借行为，并不适合大量作为基础设施建设长期的资金来源。

对于基础设施建设要求长期稳定的资金来源，采用商业银行贷款的一个可行方式是采取银团贷款。银团贷款又称辛迪加贷款，是指多家银行机构组成银行集团，采用统一贷款协议，采用相同的议定价格向统一贷款人融资的贷款方式。采用银团贷款的优势是明显的，首先，银团贷款可以集合大量资金，满足基础设施建设大量的资金需求；其次，银团贷款可以有效分散风险，从而有利于商业银行提供期限更长、利率更加优惠的贷款。银团贷款是国际上很主流的基础设施建设贷款模式。

2. 政策性金融机构贷款

我国进行基础设施投资的政策性金融机构是国家开发银行。国家开发银行成立于1994年，2008年开始公司化改革，成立股份公司，注册资本金3000亿元。国家开发银行的运作模式主要是依托政府信用，利用资本市场发行债券，为我国重点基础设施领域如能源、交通、电信、城市建设等领域提供政策性金融支持。

从成立伊始，国家开发银行就对我国关键基础设施领域提供了重要的支持。国家开发银行利用市场方式融入资金，为国家和地区重点领域、关键项目提供长期低息的信贷资金，有效支持了国家建设。国家开发银行支持的领域主要是一些需要政府扶持、市场无法自发解决的领域。

三、债券融资

目前，我国债券融资的主体还是大企业，通过债券融资增加企业负债，调整企业融资结构，增加长期资金来源。例如，2017年12月，在获取中国银行间市场交易协会同意之后，由安徽省交通控股集团提交，为了建设沿线为国家级扶贫县的高速公路项目，注册金额为50亿元的扶贫中期票据得以注册，此次能够给安徽省9个国家级贫困县带来好处，如利辛、金寨、霍邱、泗县等。常见的债券形式包括但不限于超短融、中期票据、PPN、永续债、公司债等。

1. 永续债务融资模式

当前，我国永续债发行主体均为AAA评级的地方国企或央企，主要投资者为商业银行、保险机构、公募专户和券商资管等。根据永续债发债主体的年度资产负债率来看，自2015年开始，国企平均资产负债率有明显下降。根据《企业会计准则第22号——金融工具确认和计量》《企业会计准则第37号——金融工具列报》以及2014年3月财政部印发的《金融负债与权益工具的区分及相关会计处理规定》，企业发行的金融工具在同时满足一定条件的情况下，可计入权益科目。

2. 企业债务融资模式

企业债属于信用债的一种，受发展改革委审核管理。一般由中央政府部门所属机构、国有独资企业及国有控股企业发行，主要品种包括企业债、铁道债券、中小企业集合债以及市政建设债券。

3. 公司债务融资模式

公司债由证监会审核管理,一般由原为沪、深两市上市公司发行,2015年初扩展至所有公司制法人,主要包括公司债、可转债、可交换债、中小企业私募债等形式。

4. 债券融资工具

债券融资工具由交易商协会管理,一般由具有法人资格的非金融企业发行,主要包括短融、超短融、中票、PPN、集合票据、资产支持票据、永续债等形式。

四、资产证券化(ABS)模式

收费公路的特许经营性质在《收费公路管理条例》中有清楚的标示,其中还清晰地指出,能够转让收费公路的经营权,以高速公路为基础资产的资产证券化,可以满足企业资产出表或改善财务指标、为企业提供多元化融资渠道等要求。2014年以来,资产证券化业务呈现爆发式增长,有条件的公司都积极通过资产证券化业务来满足新增融资需求。对于高速公路行业,管理运营的高速公路收费权是具备可产生稳定现金流的基础资产。

可作为证券化的高速公路类型的基础资产有如下几类:PPP项目、高速公路收费权、融资租赁债权等。一般可采取的增信措施包括:各类收费权质押、第三方公司担保、超额现金流覆盖、差额补足等。资产证券化融资模式是利用信托公司提高信用,然后在确保建设资产预期收益的基础上通过发行债券募集资金的一种资产支持型证券融资模式,具有间接性。

资产证券化融资的优势包括:一是提高企业财务表现。资产证券化可以把没有反映在资产负债表上资产的价值体现出来。最典型的资产类别就是收费权类资产。收费权未来的现金流很稳定,但是在资产负债表里却无法体现其价值。在这种情况下,就可以充分利用资产证券化这种融资工具,把资产的价值体现出来。二是募资用途灵活,资金使用效率更高。同银行融资和债券融资相比,企业资产证券化募集资金用途使用相对灵活,既可以用于项目投资,也可以用于补充营运资金,调整债务结构或并购重组;企业可以通过资产证券化融资更自由地支配募集资金，提升资金使用效率；发行规模上，资产证券化不受净资产40%的限制，并且与传统债券融资工具互不占用额度，发行金额更加灵活。三是改善金融市场结构，增加投资选择和投资机会。资产支持证券在信用增级和风险隔离之后会获取多项优势，如收益高、流动性强以及风险低，与其他投资产品相比较而言，更易获得投资者的青睐。通常情况下，在风险偏好、资金实力以及投资意愿等各个方面，不同投资者之间往往存在显著性差异，而资产证券化产品可以根据其各自的特征在收益、期限、等级以及种类等多个方面进行调整，更具灵活性。而且资产证券化资产种类繁多，与其他投资产品相比较而言，可以吸引更多的投资者进行参与，其中涵盖以往没有办法进行参与的一般投资者。除此之外，该类产品还存在优化机构投资者资产结构的特点。

五、股权投资基金

股权投资基金也叫作私募股权投资基金，具有广义和狭义两种概念。在广义上，投资于任何未上市或者已经上市的企业所需要的股权投资基金，都是私募股权投资基金的一种。在狭义上来说，股权投资基金主要对象为已经能够形成稳定现金流，并且具备一定规模，而且比较成熟的企业，是指企业在投资后期所需要的股权投资基金。在其中，夹层资本和并购基金占据了较大规模。

现阶段，通过传统融资渠道获取资金的情况在高速公路PPP项目中普遍存在，这一情况的存在使得签约率低、融资难问题产生且愈加严重。此时，一种引入机构化设计的创新融资模式应运而生，即高速公路PPP产业基金，这一模式的应用能够吸引更多社会资本参与，从而有效解决上述问题。在PPP框架下建立高速公路股权投资基金，代表社会投资者以优先股的方式投资的高速公路股权，既保证投资人有合理稳定的回报，又解决了高速公路项目资本金的实际到位问题，促进公路交通行业逐步建立可持续发展的长效机制。同时，交通主管部门以持有普通股的方式进行管理，并不丧失对公路的管理权，可以保证高速公路公益性的一面，以及政府对公路收费政策的管控权，从而形成以PPP模式为基础的高速公路混合所有制经济新常态。

例如，2017年12月，安徽皖通高速公路发布公告，该公司、交控资本及金石投资已注册成立基金管理公司。该基金管理公司注册总资本 3000 万元，分别由交控资本、该公司及金石投资拥有 27.5%、2.5% 及 70%。此外，于 2017 年 12 月 13 日，该公司与基金管理公司、交控资本、华富瑞兴及金石投资签订《基金合伙协议》。根据《基金合伙协议》，各订约方同意共同设立基金合伙，资本出资共 30 亿元，其中该公司出资 1.99 亿元，占基金合伙股本权益 6.64%。

六、BOT 融资模式

1. BOT 融资模式

BOT（Build – Operate – Transfer）即"建设—经营—转让"模式，私人机构与政府间签订融资协议，政府颁布特许经营权，组建某一基础设施建设的项目公司作为项目的建设者、施工者和管理者，筹集资金的主要来源包括股东资本金和财政资金，有助于为基础设施项目摆脱迫切资金需求的困境。在许可期限内，项目公司拥有该设施及相关产品与服务的经营管理权，获得经营收益；许可期满后，基础设施项目无偿转让给政府。BOT 模式主要用于建设高速公路、铁路等大型基础设施项目。

国内经济快速发展，对交通基础建设的需求量增大，但财政资金相对紧张；同时，国内金融市场发展尚未成熟，资本市场上流通较慢，很难满足交通基础设施建设的巨额资金需求，项目建设成本高。BOT 模式既解决了国内资金缺乏的问题，大大节省了借款利息，降低了项目建设成本，同时又保证能够快速、高质量地完成项目建设。

2. BOT + EPC 融资模式。

BOT + EPC 融资模式是一种集成投资、设计、施工、运营和移交一体化的建设融资模式，是 BOT（"建设 – 经营 – 转让"）和 EPC（"设计 – 采购 – 建设"）两种模式相结合的产物。在这种系统化的新模式下，总承包企业具有投资方和施工方的双重身份，紧密联系政府、私人企业、设计方、承建方等单位的利益，同时带动融资、建设、运营、养护的一体化管理，打破了过往参与方各自分离的管理现状。

以广佛肇高速公路建设项目为例，该项目全长约 177.3 千米，项目主体段肇庆段于 2016 年底建成通车，总投资 212.94 亿元，由省交通集团所属广东长大公路建设有限公司、肇庆市公路发展总公司共同组建广佛肇高速公路项目公司，负责项目的筹资、设计、建设、运营和移交，建设资金由财政资金、公司资本金、债务资金组成，省财政一次性拨款补助 28 亿元。长大公司是项目的控股方，股本金占资本金 75%，肇庆市公路发展总公司负责征地拆迁及用地报批等前期准备工作，以城市发展基金入股占资本金 25%。债务资金是项目公司，作为第一债务人，以项目公司信誉作担保，以项目未来运营收益作为贷款质押担保，向中国工商银行等商业银行贷款融资，获得了建设资金贷款。广佛肇高速公路项目主要是通过收取通行费的形式为公司提供运营收入，并且帮助公司承担债务和税收。见图 5-2。

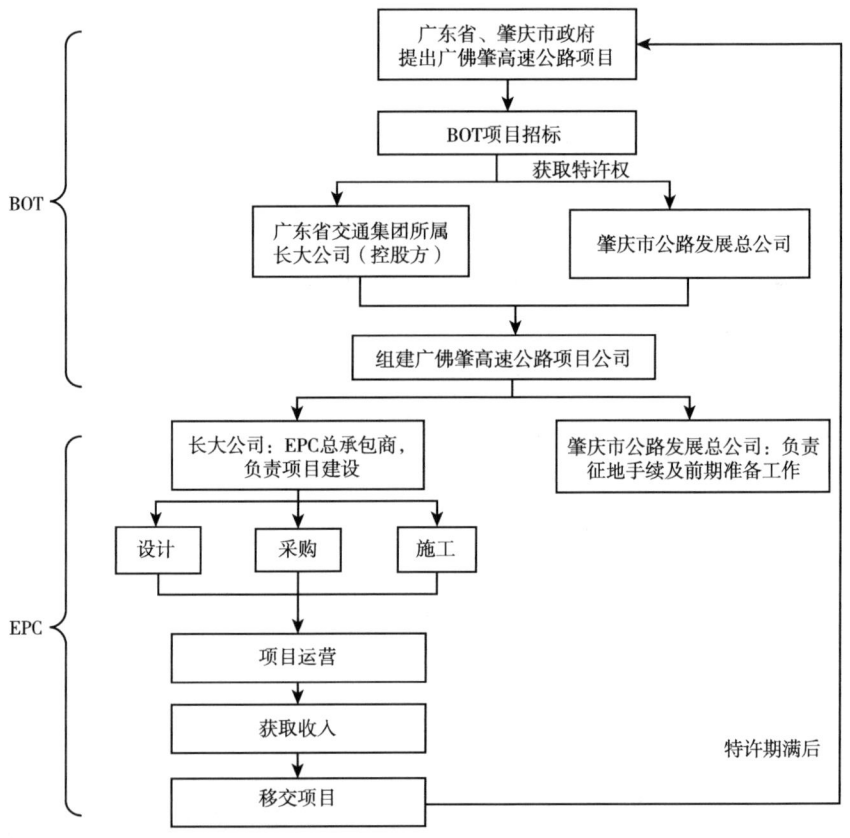

图 5-2 广佛肇高速公路融资模式

广佛肇高速公路采用 BOT+EPC 模式，是建设"绿色公路"的首次尝试。它的系统化架构把设计与施工融为一体，运用绿色循环低碳的设计理念，简化施工流程，节约成本，可以有效确保绿色公路建设相关措施落地。它的总承包具有高效的执行力，在创优质工程的前提下，努力在内部消化造价攀升的因素，避免了业主与施工单位由于利益冲突引起的内耗，降低建设成本，有助于保障企业自上而下落实绿色循环低碳的管理理念。它的建设运营管理一体化模式，统筹考虑了项目主体近期建设成本与远期运营效益。

七、PPP 模式

PPP（public-private-partnership）模式，即公共部门与私人企业合作模式，是一种优化的项目融资模式。从广义上而言，PPP 泛指政府部门与私营部门为提供公共产品或服务而建立的各种合作关系。狭义 PPP 仅指政府与私人部门共同出资以组建公司等形式开展合作。

1. PPP 模式含义

就国内而言，有两个官方的定义。财政部把 PPP 模式定义为"政府和社会资本合作模式"，是政府部门和社会资本在基础设施及公共服务领域建立的一种长期合作关系。社会资本主要负责项目的设计、建设、运营及后续的设施维护工作，其回报主要来源于两种形式即"使用者付费"及必要的"政府付费"。基于维护公共利益的考虑，像价格的制定、质量的监管等由政府承担。而按照发展改革委的定义，"PPP 是指政府采用特许经营、股权合作及购买服务等形式，与社会资本建立的利益共享、风险共担的长期合作关系"。对于社会资本的界定，两部委也给出了不同的看法，发展改革委把社会资本主体界定为："符合条件的国有企业、民营企业、外商投资企业、混合所有制企业及其他投资主体"。而财政部给出的定义为"具备现代企业制度的境内外企业法人，其中不包括属于本级政府的融资平台和其他控股国有企业"。

以广佛江快速通道 PPP 改造项目为例。广佛江快速通道工程起点对接广佛都市圈快速路网，是江门市与佛山市顺德区政府共同加快推进区域重大交通基础设施建设的重要举措。广佛江快速通道全长约 123 千米，通过引入社会资本，成立项目公司，负责项目的投资、建设及后续运营。项目总投资 236.1 亿元，其中主道约 162.6 亿元，辅道约 73.5 亿元，2014 年 12 月，由江门市政府与中国中铁股份有限公司签订了"投融资+施工总承包"的广佛江快速通道江门段《PPP 改造项目合作意向书》。中国中铁按照合同约定开展施工和投融资工作，合作年限为 17 年，建设期限 2 年，特许经营运营期 15 年。江门市政府通过运营绩效付费的方式进行支付，中国中铁提供后续的道路运维服务，能够促进 PPP 项目全生命周期内建设质量和服务质量的一致性（见图 5-3）。

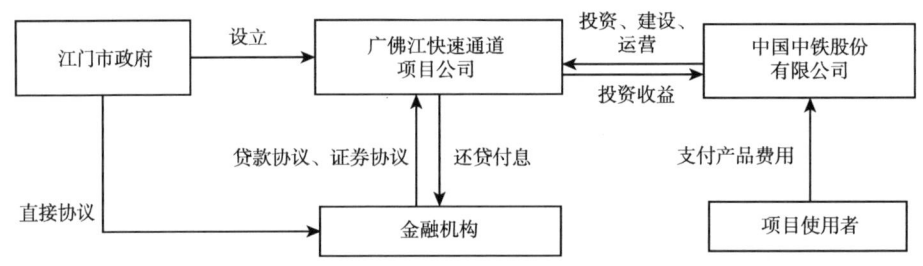

图 5-3　广佛江快速通道 PPP 改造项目

在项目推进过程中，随着国家地方政府置换债券政策、广东省地方债务政策的不断完善，加快了 PPP 模式的深入推广运用。截至 2017 年底，广佛江快速通道及其配套道路存量债务预计可获得置换债资金约为 116 亿元（其中市本级 84 亿元），基本满足项目整体的债务平滑偿付和降成本需求，也使需要进行 PPP 改造的项目范围压降至更为合理可控的规模。根据广佛江快速通道项目受到了市本级 PPP 支出责任预算空间限制，原全段改造方案规模压缩并决定分步实施。这个项目的 PPP 模式能减轻政府债务，加快推进项目建设，提高公共产品质量，增强项目融资的便利性，提高运维管理效率。

2. PPP 模式效应

在 PPP 模式下，各参与方的合作理念是"双赢"或"多赢"，对于公共部门，政府能够以最小的财政负担加快基础设施建设及有效经营，可以提高基础设施服务水平及资金利用效率；对于私人部门，通过授予获得长期的特许经营权和收益权，保证其获取项目的有效回报，同时也能增加其业务的市场份额。PPP 模式旨在有效地分配责任、收益、提供基础设施服务，合作时，由各参与方共同承担责任和风险，而不是政府把项目的责任、融资风险转移给私人企业。PPP 模式适用于投资额大、建设及投资回收期长的大型项目。

PPP 模式可以看成是一种制度的创新,在国民经济的改革发展中存在着积极的正效应。第一,体现在减轻政府压力、提升资金使用效率,促进政府职能转变等方面。第二,政府与社会资本合作能够更好地服务社会,让大众受益,从而实现"以人为本"的整体目标。第三,可以更好地激发民间活力和创新潜力,在新常态的经济运行中为企业创造更多新的机遇。第四,为混合所有制经济的发展做好铺垫,各种类型的企业实现互补,相互学习借鉴,可以形成风险收益合理分配的经典案例,以供学习。第五,有利于契约精神的形成,构建法制化的社会环境,由于在 PPP 模式中,政府与社会资本是以平等的方式订立合约,这会对今后 PPP 模式的进一步推广产生非常好的影响。

3. PPP 模式的基本运作架构

实际的项目运行中,PPP 项目并不存在唯一的运作模式,图 5 – 4 所展示的 PPP 运作模式结构图是基于已有资料整理出来的具有一般代表性的形式,其中主要包括了以下 10 个步骤:(1)建立 PPP 项目,出资比例由政府与私人部门协商;(2)从银行等金融机构取得债权融资;(3)PPP 项目公司获得特许经营权,特许经营的期限根据不同的项目会有所区别,以 20—30 年的周期为多数,项目类型以交通基础设施、医疗等主;(4)承建商与 PPP 项目公司签订建造合同;(5)PPP 项目公司向承建商、供应商等支付相关费用;(6)PPP 项目公司与运营商签订运营维护合同;(7)PPP 项目公司向运营商支付相关费用。运营商可以获得资金回报及相应的服务回报;(8)PPP 项目公司与保险公司签

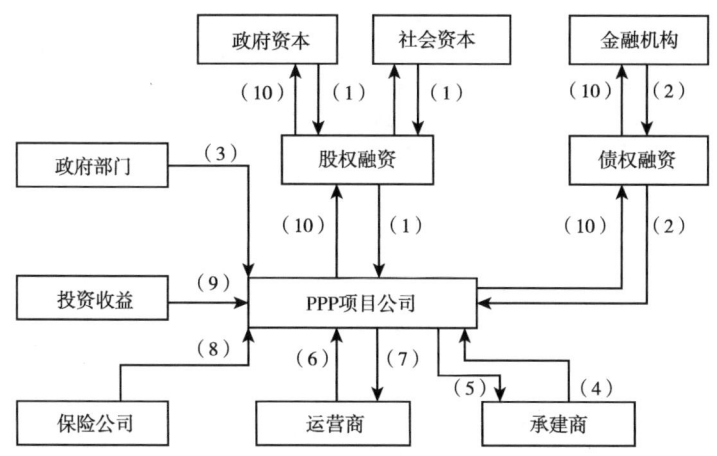

图 5 – 4　PPP 模式基本运作架构

订保险合同；（9）收益来源：使用者付费、政府购买等；（10）PPP 项目公司向股权资本和债权资本根据合同分配相应的收益。

4. 政府融资模式的比较

BOT 模式、PPP 模式以及政府直接进行债务筹资，是政府支持高速公路建设的主要融资模式。该三种政府融资模式的区别如表 5-2 所示。

表 5-2　　　　　　　　不同政府融资模式的比较

对比项		债务融资模式	BOT 模式	PPP 模式
融资主体		政府	投资企业	项目公司
融资渠道	投资主体	单一	多元化	多元化
	资金构成	财政资金、银行贷款、债券资金	股本金、银行贷款、财政补贴	股本金、银行贷款、财政补贴
融资成本		低	高	高
项目收益		要求低	要求高	要求高
融资风险	政府	大	小	小
	私人企业	—	大	小
融资程序		简单	复杂	复杂
运营主体		政府	特许经营期内，企业运营管理和维护；特许经营期结束后，无偿移交给政府或政府的指定部门	由项目公司进行运营管理和维护；政府拥有一定的控制权
附加效益		少	多	多
优点		融资成本低、资金来源可靠、便于政府管理协调	①政府财政资金压力小 ②融资渠道多，发挥私营机构的能动性与创造性，提高资源配置效率，解决建设资金的缺口 ③风险转移：政府不再为项目借款提供担保，由承包商承担项目的债务风险，减轻了政府的债务负担 ④采用先进的设计和管理方法，成熟的经营机制，提高项目资金的运作效率	①政府财政资金压力小 ②社会资本参与公共领域，拓宽融资渠道筹集建设资金 ③共同承担风险，实现共赢：政府分担一部分风险，使风险分配更合理，从而降低了融资难度
缺点		①地方政府资金压力大 ②融资渠道过窄 ③资金使用效率低和运营管理不规范	①在特许期内，项目公司负责全权建设和经营，降低了政府对项目的影响力和控制力 ②缺乏利益协调的机制，容易出现政企冲突 ③可能造成掠夺性经营	①组织形式比较复杂，增加了管理上协调的难度 ②如何设定项目的回报率会有争议

第3节 资金筹措业务的流程与关键管控点

高速公路建设的高资金需要，导致大量高速公路建设单位出现资金紧张的状况，较为强烈的资金需求使得大量企业忽略了筹资业务的内部控制，加大了筹资风险。对高速公路建设单位资金筹措业务流程和关键管控点的研究与分析，能够有效降低建设单位筹资风险，帮助企业健康发展。

一、资金筹措业务流程

在高速公路建设单位的筹资活动中，筹资活动应符合公司的发展战略要求，筹集的资金应满足业务运营要求，满足日常业务和投资需要，并且资本结构要合理安排。

（一）资金筹措业务的拟定与审批

资金筹措业务的拟定与审批环节流程如图5-5所示。首先，部门或控股子公司上报申请，然后资金市场部提出筹资方案，之后部门分管领导进行审核，部门主管签字，向上上报筹资方案，从而完成筹资方案提出环节。企业最

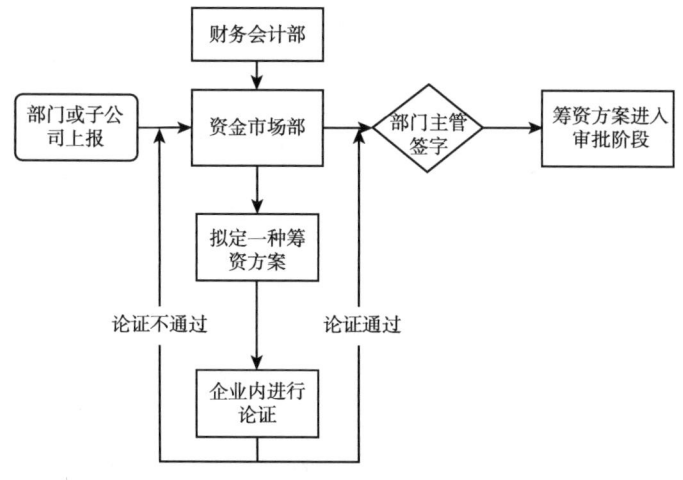

图5-5 资金筹措业务的拟定环节流程

先拟定的筹资方案应该经过充分的可行性论证，在筹资方案形成之后，一般在企业内对筹资项目进行可行性论证，这主要是由于建设单位对于筹资方案的保密与安全性十分看重，但是可行性论证是筹资方案拟定环节的重要控制措施，只在企业内进行论证是达不到控制效果的，也不能保障筹资方案的科学性。

资金筹措业务提出筹资方案的流程步骤如表 5-5 所示。提出筹资方案环节的关键控制措施在于对方案进行严密科学的论证，论证要包括进行筹资方案的战略性评估，并且在进行评估之后，会有部门主管进行审批签字，之后再逐级上报。建设单位的筹资方案提出环节的流程较为完善，但主要问题是企业在拟订筹资方案时只拟定一种筹资方案，并且筹资方案大多在企业内进行论证。筹资方案审批环节流程如图 5-6 所示，首先资金市场部上报主管审核，之后上报总经理，总经理上报董事会股东大会，股东大会董事会、高管层对筹资方案履行审批责任，经过充分审批之后才能通过。筹资方案审批环节内部控制措施是分级授权审批制度，按照规定程序审批经过可行性论证的筹资方案才可以实施。

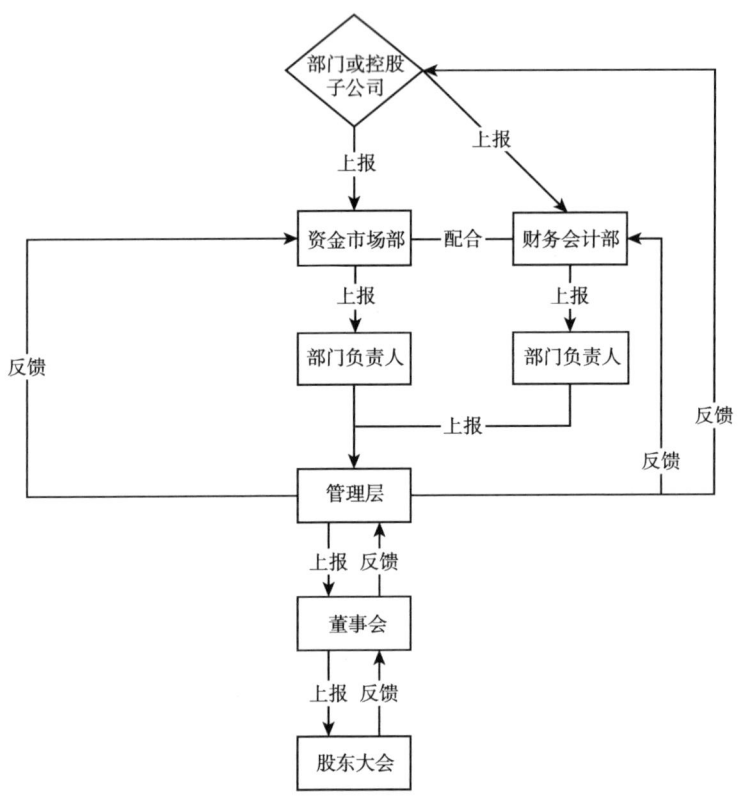

图 5-6 资金筹措业务的审批环节流程

(二) 筹资计划的确立

图 5-7 显示了建设单位筹资计划确立环节流程。根据初始拟定的筹资方案，结合当时外部市场经济环境，分析不同筹资方式的筹资成本，并且决定筹资具体的筹集资金量，确立具体的筹资计划。同时建设单位对于筹资计划审批实行职权分离制度，设立独立的审批人，使筹资计划的编制人与筹资计划的审批人适当分离。

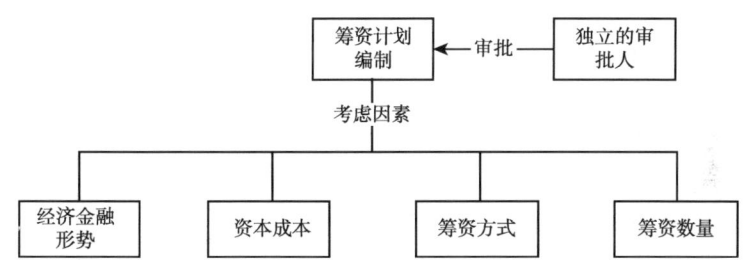

图 5-7　资金筹措计划的确立环节流程

筹资计划编制确立阶段考虑因素较多，能够根据宏观的经济形势与国家的政策来编制确立筹资计划，进而形成下一步的筹资业务，同时也能考虑到筹资金额，筹措足够的资金满足项目的开发和企业的发展。但是在实际编制确立筹资计划的过程中，常出现对于筹资成本的考量不充分，造成企业的筹资成本过高，并且企业的筹资计划虽有独立的审批人，但是偏于形式化，不能形成对筹资计划的充分监督与内部控制。

(三) 筹资业务的实施

建设单位实施筹资业务环节的流程主要有：首先严格按照筹资计划进行筹资，签订筹资协议并明确筹资顺利实施之后的权利与义务，明确各环节和各负责人的责任，做好严密的筹资记录，保管好相关的凭证与单据，并且风险审计部会对整个筹资业务的全过程进行监督。为了强化控制筹集资金的使用，建设单位应该颁布《筹集资金管理办法》，其中明确筹集资金存储、筹集资金使用和筹集资金使用管理与监督。其中为了监督筹集资金的存储，每半年全面核查筹资项目的进展情况，对筹集资金的存放与使用情况进行监督与报告，并且公司风险审计部定期对筹集资金使用情况进行检查核实，并将检查核实的情况向上上报，同时抄送给监事会以备核查。

（四）筹资业务的监督与评价

在进行筹资业务之时，企业还需要对筹资业务进行监督与评价，公司的筹资业务各项环节均有部门进行监督，主要监督项目有资金的使用和发行保管股票债券，还有对于整个业务与部门的评价。其中主要涉及的业务部门是风险审计部与财务会计部。

二、资金筹措业务的关键管控点

表 5-3 列示了建设单位在资金筹措过程中的关键控制点，以及应该采用的控制措施。

1. 在提出筹资方案时，建设单位需要进行筹资方案的可行性论证，以降低筹资风险。此时可以采用的控制措施有：（1）进行筹资方案的战略性评估，包括是否与企业发展战略相符合，筹资规模是否适当；（2）进行筹资方案的经济性评估，如筹资成本是否最低，资本结构是否恰当，筹资成本与资金收益是否匹配；（3）进行筹资方案的风险性评估，如筹资方案面临哪些风险，风险大小是否适当、可控，是否与收益匹配。

2. 在筹资方案审批阶段，为了提高建设单位选择批准最优筹资方案的可能性，需要采取以下控制措施：（1）根据分级授权审批制度，按照规定程序严格审批经过可行性论证的筹资方案；（2）审批中应实行集体审议或联签制度，保证决策的科学性。

3. 在制订筹资计划阶段，建设单位需要制定切实可行的具体筹资计划，科学规划筹资活动，保证低成本、高效率筹资。此时可以采取以下控制措施：（1）根据筹资方案，结合当时经济金融形势，分析不同筹资方式的资金成本，正确选择筹资方式和不同方式的筹资数量，财务部门或资金管理部门制订具体筹资计划；（2）根据授权审批制度报有关部门批准。

4. 在实施筹资阶段，建设单位需要保证筹资活动正确、合法、有效进行。可以采取的控制措施有：（1）根据筹资计划进行筹资；（2）签订筹资协议，明确权利义务；（3）按照岗位分离与授权审批制度，各环节和各责任人正确履行审批监督责任,实施严密的筹资程序控制和岗位分离控制;(4)做好严密的筹资记录,发挥会计控制的作用。

5. 在筹资活动评价与责任追究阶段,建设单位要保证筹集资金的正确有效使用,维护筹资信用。可以采用的控制措施为:(1)促成各部门严格按照确定的用途使用资金;(2)监督检查,督促各环节严密保管未发行的股票、债券;(3)监督检查,督促正确计提、支付利息;(4)加强债务偿还和股利支付环节的监督管理;(5)评价筹资活动过程,追究违规人员责任。

表 5 – 3 资金筹措业务的关键控制点

关键控制点	控制目标	控制措施
提出筹资方案	进行筹资方案可行性论证	(1)进行筹资方案的战略性评估,包括是否与企业发展战略相符合,筹资规模是否适当 (2)进行筹资方案的经济性评估,如筹资成本是否最低,资本结构是否恰当,筹资成本与资金收益是否匹配 (3)进行筹资方案的风险性评估,如筹资方案面临哪些风险,风险大小是否适当、可控,是否与收益匹配
筹资方案审批	选择批准最优筹资方案	(1)根据分级授权审批制度,按照规定程序严格审批经过可行性论证的筹资方案 (2)审批中应实行集体审议或联签制度,保证决策的科学性
制订筹资计划	制订切实可行的具体筹资计划,科学规划筹资活动,保证低成本、高效率筹资	(1)根据筹资方案,结合当时经济金融形势,分析不同筹资方式的资金成本,正确选择筹资方式和不同方式的筹资数量,财务部门或资金管理部门制定具体筹资计划 (2)根据授权审批制度报有关部门批准
实施筹资	保证筹资活动正确、合法、有效进行	(1)根据筹资计划进行筹资 (2)签订筹资协议,明确权利义务 (3)按照岗位分离与授权审批制度,各环节和各责任人正确履行审批监督责任,实施严密的筹资程序控制和岗位分离控制 (4)做好严密的筹资记录,发挥会计控制的作用
筹资活动评价与责任追究	保证筹集资金的正确有效使用,维护筹资信用	(1)促成各部门严格按照确定的用途使用资金 (2)监督检查,督促各环节严密保管未发行的股票、债券 (3)监督检查,督促正确计提、支付利息 (4)加强债务偿还和股利支付环节的监督管理 (5)评价筹资活动过程,追究违规人员责任

第6章　建设项目采购与资金拨付管理

第1节　建设项目的政府采购管理

一、政府采购概述

（一）政府采购及政府采购目录

1. 政府采购

政府采购是指各级国家机关、事业单位和团体组织，使用财政性资金采购各级政府依法制定的集中采购目录以内的或者采购限额标准以上的货物、工程和服务的行为。政府集中采购目录和采购限额标准由各级人民政府依照《中华人民共和国政府采购法》规定的权限制定。

政府采购，是指以合同方式有偿取得货物、工程和服务的行为，包括购买、租赁、委托、雇用等。其中：货物是指各种形态和种类的物品，包括原材料、燃料、设备、产品等；工程是指建设工程，包括建筑物和构筑物的新建、改建、扩建、装修、拆除、修缮等；服务是指除货物和工程以外的其他政府采购对象。

政府采购应当采购本国货物、工程和服务。本国货物、工程和服务的界定，依照国务院有关规定执行。但有下列情形之一的可以除外：（1）需要采购的货物、工程或者服务在中国境内无法获取或者无法以合理的商业条件获取的；（2）为在中国境外使用而进行采购的；（3）其他法律、行政法规另有规定的。

政府采购的信息应当在政府采购监督管理部门指定的媒体上及时向社会公开发布，但涉及商业秘密的除外。

2. 政府采购目录及限额标准

政府集中采购目录和采购限额标准依照《中华人民共和国政府采购法》（以下简称《政府采购法》）规定的权限制定。

政府采购限额标准：属于中央预算的政府采购项目，由国务院确定并公布；属于地方预算的政府采购项目，由省、自治区、直辖市人民政府或者其授权的机构确定并公布。

政府采购实行集中采购和分散采购相结合。集中采购的范围由省级以上人民政府公布的集中采购目录确定。属于中央预算的政府采购项目，其集中采购目录由国务院确定并公布；属于地方预算的政府采购目录，其集中采购目录由省、自治区、直辖市纳入集中采购并公布。

凡是纳入集中采购目录的政府采购项目，应当实行集中采购。

（二）政府采购方式

依照《政府采购法》的规定，政府采购采用以下方式：公开招标、邀请招标、竞争性谈判、单一来源采购、询价以及国务院政府采购监督管理部门认定的其他采购方式。其中，公开招标应作为政府采购的主要采购方式。

1. 公开招标

采用公开招标方式的，其具体数额标准，属于中央预算的政府采购项目，由国务院规定；属于地方预算的政府采购项目，由省、自治区、直辖市人民政府规定；因特殊情况需要采用公开招标以外的采购方式的，应当在采购活动开始前获得设区的市、自治州以上人民政府采购监督管理部门的批准。

2. 邀请招标

采购货物或者服务具有特殊性，只能从有限范围的供应商处采购的或采用公开招标方式的费用占政府采购项目总价值的比例过大的，可以采用邀请招标方式采购。采取邀请招标方式采购的，采购人应当从符合相应资格条件的供应商中，通过随机方式选择三家以上的供应商，并向其发出投标邀请书。

3. 竞争性谈判

符合下列情形之一的货物或者服务，可以采用竞争性谈判方式采购：（1）招标后没有供应商投标或者没有合格标的或者重新招标未能成立的；（2）技术复杂或者性质特殊，不能确定详细规格或者具体要求的；（3）采用招标所需时间不能满足用户紧急需要的；（4）不能事先计算出价格总额的。

采用竞争性谈判方式采购的，应当遵循下列程序：（1）成立谈判小组。谈判小组由采购人的代表和有关专家共三人以上的单数组成，其中专家人数不得少于成员总数的三分之二。（2）制定谈判文件。谈判文件应当明确谈判程序、谈判内容、合同草案的条款以及评定成交的标准等事项。（3）确定邀请参加谈判的供应商名单。谈判小组从符合相应资格条件的供应商名单中确定不少于三家的供应商参加谈判，并向其提供谈判文件。（4）谈判。谈判小组所有成员集中与单一供应商分别进行谈判。在谈判中，谈判的任何一方不得透露与谈判有关的其他供应商的技术资料、价格和其他信息。（5）确定成交供应商。谈判结束后，谈判小组应当要求所有参加谈判的供应商在规定时间内进行最后报价，采购人从谈判小组提出的成交候选人中根据符合采购需求、质量和服务相等且报价最低的原则确定成交供应商，并将结果通知所有参加谈判的未成交的供应商。

4. 单一来源采购

符合下列情形之一的货物或者服务，可以采用单一来源方式采购：（1）只能从唯一供应商处采购的；（2）发生了不可预见的紧急情况不能从其他供应商处采购的；（3）必须保证原有采购项目一致性或者服务配套的要求，需要继续从原供应商处添购，且添购资金总额不超过原合同采购金额百分之十的。

5. 询价

采购的货物规格、标准统一、现货货源充足且价格变化幅度小的政府采购项目，可以采用询价方式组织政府采购。

采取询价方式采购的，应当遵循下列程序：（1）成立询价小组。询价小组由采购人代表和有关专家共三人以上的单数组成，其中专家的人数不得少于成员总数的三分之二。询价小组应当对采购项目的价格构成和评定成交的标准等事项作出规定。（2）确定被询价的供应商名单。询价小组根据采购需求，从符合相应资格条件的供应商名单中确定不少于三家的供应商，并向其发出询价通知书让其报价。（3）询价。询价小组要求被询价的供应商一次报出不得更改的价格。（4）确定成交供应商。采购人根据符合采购需求、质量和服务相等且报价最低的原则确定成交供应商，并将结果通知所有被询价的未成交的供应商。

6. 其他政府采购方式

政府采购除了前述五种方式，还有定点采购、协议供货、采购卡采购和电子化采购等其他方式。

公开招标、邀请招标、竞争性谈判、询价采购和单一来源采购等五种主要的政府采购方式，在执行过程中不能并行对待，而是有优先选择次序。一般而言，首选公开招标，在公开招标不适合的情况下，再考虑邀请招标，在以上两种采购方式均不适合的情况下，再考虑竞争性谈判、单一来源采购和询价采购。

二、建设项目政府采购业务的部门职责和分工

高速公路建设单位与采购相关的部门科室主要包括各业务部门或科室、采购部门或科室、财务部门或科室；单位外部则涉及财政部门、采购代理机构、政府采购中心以及供应商等。各单位或部门在政府采购管理中承担不同的工作职责。

1. 建设项目单位的业务部门（科室）负责本单位采购预算编制工作

建设项目单位的业务部门（科室）依据本单位预算批复及实际工作需要，制订采购计划；对政府采购中心下达的采购文件进行确认，对有异议的采购文件进行调整、修订；对预中标结果进行确定；领取中标通知书，依据中标通知书与中标供应商签订合同；对采购合同、项目竣工决算文件、审计报告等文件进行备案；提出采购资金支付申请。

2. 建设项目单位的财务部门（科室）负责采购预算的审核及上传下达

建设项目单位采购预算报财政部门批准后，财务部门负责下达给各业务部门执行；审核各业务部门申报政府采购的相关资料；管理、指导和监督各部门采购工作；依据中标及业务部门申请，向财政部门提交资金支付申请。

3. 采购主管部门（或单位采购领导小组）负责对采购业务进行审核和批准

采购业务比较多的单位，应当指定采购主管部门或成立采购领导小组，负责对采购业务进行审核和批准，以及采购过程中相关文件资料的审核、登记和保管等工作。采购业务比较少的单位，可以成立临时采购业务工作组。

4. 政府相关部门履行相关审批或服务职能

各级财政部门、采购代理机构或政府采购中心等，依据政府部门职能及国家相关规定，履行政府采购管理过程中的相关审批或服务职能。

5. 合格供应商的条件和责任

依据《政府采购法》的相关规定，政府采购中的合格供应商必须具有独

立承担民事责任的能力；应该具有良好的商业信誉和健全的财务会计制度；应当具有履行合同所必需的设备和专业技术能力；应当具有依法缴纳税收和社会保障资金的良好记录；参加政府采购活动前三年内的经营活动中没有重大违法记录；满足法律、行政法规规定的其他条件。供应商根据招标公告准备标书参与投标，中标后与采购人签订采购合同，根据合同约定按时提供商品或者劳务。

三、建设项目政府采购业务的申请与执行

高速公路建设项目应按照"先预算，后计划，再采购"的工作流程组织建设项目政府采购活动。

建设单位的业务部门负责依据经过审批的建设项目预算编制并提交建设项目采购计划，财务部门负责复核各业务单位提交的采购计划与本建设项目年度预算的匹配情况，由采购部门（或岗位）编报本单位的建设项目政府采购计划。政府采购计划要应编尽编，应将所有属于政府采购范围的支出项目编入政府采购预算。采购主管部门（岗位）应对各单位提交的政府采购预算进行审核，对属于集中采购范围的支出项目而未编制集中采购预算的，应责成其重新编制。

建设单位应该按照《政府采购法》和《会计法》等相关法律法规的要求编制、取得和保存建设项目政府采购文件。

政府采购文件包括采购活动记录、采购预算、招标文件、投标文件、评标标准、评估报告、定标文件、合同文本、验收证明、质疑答复、投诉处理决定及其他有关文件、资料。采购活动记录至少应当包括下列内容：（1）采购项目类别、名称；（2）采购项目预算、资金构成和合同价格；（3）采购方式，采用公开招标以外的采购方式的应当载明原因；（4）邀请和选择供应商的条件及原因；（5）评标标准及确定中标人的原因；（6）废标的原因；（7）采用招标以外采购方式的相应记载。

建设单位应当妥善保存每一项政府采购活动的采购文件，不得伪造、变造、隐匿或者销毁。采购文件的保存期限为从采购结束之日起至少保存十五年。

四、建设项目政府采购合同的签订、变更与备案

建设项目政府采购合同适用合同法。采购人和供应商之间的权利和义务，应当按照平等、自愿的原则以合同方式约定。采购人可以委托采购代理机构代表其与供应商签订政府采购合同。由采购代理机构以采购人名义签订合同的，应当提交采购人的授权委托书，作为合同附件。

建设项目政府采购合同应当采用书面形式。

建设项目采购人与中标、成交供应商应当在中标、成交通知书发出之日起三十日内，按照采购文件确定的事项签订政府采购合同。中标、成交通知书对采购人和中标、成交供应商均具有法律效力。中标、成交通知书发出后，采购人改变中标、成交结果的，或者中标、成交供应商放弃中标、成交项目的，应依法承担法律责任。

建设项目政府采购合同履行过程中，采购人需追加与合同标的相同的货物、工程或者服务的，在不改变合同其他条款的前提下，可以与供应商协商签订补充合同，但所有补充合同的采购金额不得超过原合同采购金额的百分之十。

建设项目政府采购合同的双方当事人不得擅自变更、中止或者终止合同。建设项目政府采购合同继续履行将损害国家利益和社会公共利益的，双方当事人应当变更、中止或者终止合同。有过错的一方应当承担赔偿责任，双方都有过错的，各自承担相应的责任。

建设项目政府采购项目的采购合同自签订之日起七个工作日内，采购人应当将合同副本报同级政府采购监督管理部门和有关部门备案。

第 2 节　建设项目的资金拨付管理

一、建设项目资金拨付的发起

1. 一般资金拨付管理的要点

一般情况下，单位资金拨付的管理，首先要做到不相容岗位相分离，明确

单位内部部门和岗位职责及权限,确保办理资金业务的不相容岗位相互分离、相互制约和相互监督。确实做到资金拨付的申请与审批,资金支付的审批与执行,资金的保管与会计核算,资金的保管与盘点清查以及资金的会计记录与单位审计监督等不相容岗位相分离。

其次,资金拨付要建立合理的授权审批制度。通过建立资金拨付授权制度和审批制度,明确审批人对资金拨付的授权方式、权限额度、审批程序、审批责任以及相关控制措施。规范和规定业务经办人员在办理资金拨付业务的职责范围和工作要求。要建立和落实本单位的"三重一大"集体决策和审批制度。

再次,要建立健全支付复核机制。对资金支付申请应该建立专人复核制度,由复核人对资金支付的批准范围、审批权限、审批程序,相关手续和合同、单据、验收材料以及支付金额、支付方式、受款单位的合规性等进行全面复核。复核无误后再交由单位出纳岗位办理支付手续。

2. 高速公路建设项目资金拨付的管理要点

高速公路建设项目具有投资金额大、施工周期长、项目关联单位多、专业性强等特点。而且在我国高速公路建设项目中,多数是国有或国控单位投资兴建,建造活动和资金拨付都要严格执行国家和地方政府的相关法律法规的约束。具体来讲,高速公路建设项目资金拨付的管理要重点做好以下要点:

(1) 要建立和完善高速公路建设单位的资金支付内部控制制度,防控建设项目资金支付风险;(2) 要强化建设项目资金结算文件的合法性、规范性;(3) 要强化预算和计划职能,按项目建设进度计划和预算办理项目资金拨付;(4) 要强化合同管理,按合同约定进度付款,控制资金超付风险;(5) 要强化跟踪审计,充分发挥审计监督的保驾护航职能。

二、建设项目资金的拨付与监管

1. 建设项目资金拨付的程序

高速公路建设项目的资金拨付程序包括合同备案、资金支付申请、审核拨款材料、资金支付审批、资金支付复核、资金支付办理、银行对账七个环节。

(1) 合同备案。高速公路项目施工单位、采购招标单位与建设单位签订公路建设合同和采购合同后,应该尽快到相关部门备案。合同报备是高速公路建设项目资金拨付的重要环节。

（2）资金支付申请。高速公路建设项目施工企业根据当前工程进展情况，编制财务支付月报，并提交建设单位，要求对方支付资金。采购中标单位应当提前向审批人提交资金支付申请，注明款项用途、金额、预算、限额、支付方式等内容，并附有效原始单据或相关证明材料。

（3）审核拨款材料。高速公路建设项目，监理单位、跟踪审计单位、建设单位共同参与工程量审核，审查无误后将相关材料和结算依据提交建设单位负责人签字确认。采购中标单位送达采购合同中的物资时，由建设单位物资管理部门组织验收并填写入库单，验收合格后将入库单连同购货发票一并交由财务部门审核。

（4）资金支付审批。建设项目单位的分管领导根据其职责、权限对支付申请进行审批，审核业务的真实性、金额的准确性、票据和证明材料的合法性。对不符合规定和要件不全的资金支付申请，应当驳回申请或明示需要更正或补全的事项。

对重要的、大额的货币资金支付业务，应当实行集体决策和审批。建立责任追究制度，谁批准谁负责、防止贪污、侵占或挪用资金的行为。

（5）资金支付复核。高速公路建设单位财务部门复核岗位应当对经审批的资金支付申请履行复核程序。复核内容包括：资金支付申请的批准范围、权限、程序是否正确，手续和相关单据是否齐全，金额计算是否准确，支付方式、支付单位是否妥当等。复核无误后，将支付申请交由出纳办理支付手续。

（6）资金支付办理。单位出纳应当根据经过审批和复核后的支付申请按规定办理资金支付手续。并及时登记银行存款日记账和往来明细账。

（7）账项对账。会计人员按月编制"银行存款余额调节表"，"往来账项对账单"，确保高速公路建设单位的资金安全和往来款项结算准确。对调节不符的以及可能存在重大问题的未达账项应当及时查明原因，并按规定报单位各级领导进行相关处理。

2. 高速公路建设项目资金支付的监管

高速公路建设项目的资金支付，按照款项的经济内容可分为：建设项目前期工作费用、建设项目管理费、建设项目工程价款、工程预付款、建设项目质量保证金以及基本预备费等，在高速公路项目建设实践中，如果监管措施不到位，很容易出现资金被挪用和挤占的情况，因此加强高速公路建设中项目资金支付的监管具有重要意义。

（1）建设项目前期工作费。高速公路项目前期工作费是指在建设项目前期发生的各项费用，包括项目可行性研究、环境影响评价、地质灾害评价、矿产压覆评估、林业规划勘测、文物普勘等工作所发生的费用，以及建设项目相关的咨询费、评审费等。前期工作费必须限制在计划与批准的范围之内，要制订相关措施防范、杜绝相关部门、单位私自截留、挪用资金。

（2）建设项目管理费。高速公路建设项目管理费包括建设单位管理费、工程监理费、设计文件审查费和竣工验收试验检测费。建设单位管理费指建设单位为建设项目的立项、筹建、建设、竣工验收、总结等工作所发生的费用。必须以建筑安装工程费用总额为基数，按中华人民共和国交通部发布的《公路工程基本项目概算预算编制办法》的费率为基础，在项目中列支管理费，高速公路项目建设单位必须严格遵照规范，不得超出规定范围。

（3）工程价款。根据高速公路建设项目实际完成的工作量、施工合同、工程监理情况办理工程价款的结算和支付。高速公路建设项目的材料、设备货款须根据采购合同的规定办理货款结算和支付。工程价款结算和支付的监管应当以合同约定的具体条款为依据，不得违反合同条款办理高速公路建设项目的工程及采购价款结算和支付。

（4）工程及材料预付款。高速公路建设项目工程及材料预付款，应该在建设工程、材料或设备采购合同签订完成且供货，或施工单位提交完整、齐全的结算文件和凭证，严格遵照施工或采购合同有关条款的约定办理款项拨付。

（5）质量保证金。高速公路建设项目质量保证金应按照施工或采购合同规定的比例进行提留，在经相关部门验收合格、质量保证期满之后，再根据合同约定的条款办理价款支付。

（6）基本预备费。高速公路建设项目基本预备费是指在初步设计及概算中难以预料的费用，比如因自然灾害等不可抗力而导致的损失；在工程验收中因隐蔽工程质量鉴定而产生的工程开挖或修复费用等，若要动用基本预备费，必须向该项目的高速公路建设主管机关报批。

三、建设项目资金拨付的分析与评价

1. 高速公路建设项目资金拨付的准确性

由于高速公路建设项目投资总额大，因此，日常的工程项目款项和采购合同金额较大，业务部门在办理付款申请时务必认真仔细地核查付款手续和业务单据及付款金额的准确性，确保资金拨付的准确性，以防发生支付金额错误或对方收款单位或收款账号错误。

2. 高速公路建设项目资金拨付的及时性

高速公路建设项目和地方、区域甚至全国的交通网络联系紧密，涉及地方和区域的经济发展和政策落实等系列重大问题。高速公路从设计、论证到征地、开工建设都有严格的技术要求和时间节点要求，特别是跨越现有的公路、铁路、桥隧的新建、扩建、改建高速公路项目，各个跨越工程段需要提前和铁路、公路、河道运输管理部门沟通和申请跨越作业的时间窗口，为了确保高速公路建设项目按期完成各阶段的施工任务，建设项目的资金保障至关重要，因此，高速公路建设单位一定要千方百计筹措项目建设资金，保证高速公路建设项目资金拨付的及时性。

3. 高速公路建设项目资金拨付的进度与工程进度的匹配性

高速公路建设单位财务部门应当根据审核无误的结算和付款单据，及时进行账务处理。并及时和工程现场管理部门获取项目进度数据，定期分析高速公路建设项目资金拨付的进度与工程进度的匹配情况，既要做到及时支付工程款和采购款，保障高速公路建设项目的顺利推进，又要比对工程预算、工程进度和施工合同以及采购合同的付款约定。有理有据、结合实际、程序合规、手续完备地办理建设项目资金拨付。

第3节 建设项目采购与资金拨付业务的流程与关键管控点

建设项目采购业务是高速公路建设项目的日常重要业务，多数基建腐败和舞弊等违法行为都与建设项目采购风险管控缺失密切相关。因此，加强高速公路建设项目采购与资金拨付业务的内部控制具有极其重要的现实意义。

一、建设项目采购与资金拨付业务的控制目标

1. 采购业务的控制目标

（1）完善高速公路建设单位采购管理制度，明确单位采购主办部门（科室）和各参与部门（科室）和岗位在采购业务中的具体职责。

（2）根据经审批的业务预算编制采购预算，并依据采购预算科学安排采购计划，确保采购业务服务于项目建设需要。

（3）严格执行《政府采购法》等相关国家法律法规以及单位内部管理制度，保证应当纳入政府集中采购的项目全部执行集中采购。

（4）按照公开、公平、公正的要求规范招投标行为。

（5）采购验收程序合规，手续完备，职责明确、过程规范。

（6）采购结果符合考核要求，采购项目的价格不高于市场同类产品水平、质量不低于市场同类产品水平。

2. 资金拨付业务的控制目标

（1）确保高速公路建设单位资金安全完整，避免单位资金被盗窃、贪污和挪用等情况发生。

（2）确保资金支付相关的印章、票据管理和使用、银行账户的开立和管理符合国家法律法规的规定。

（3）保证建设项目日常资金支付的准确性和及时性。

二、建设项目采购与资金拨付的业务流程与关键管控点

（一）建设项目采购业务流程

建设项目采购业务基本流程包括采购招标、签订采购合同、验收预付款、采购业务记录与归档、采购业务质疑与答复等环节。

1. 采购招标

高速公路建设单位的计划科室（部门）依据经审批的政府采购计划委托

招标代理机构或省政府采购中心编制招标文件,招标文件经评审后,由招标代理机构或政府采购中心组织招标。开标、评标结束后,由招标代理机构或政府采购中心在相关媒体发布中标候选人公示和中标公告。采购人根据中标结果,将评标报告及时备案。

2. 签订采购合同

采购人与中标人依据招标文件约定的程序、时间及合同格式签订采购合同。采购招标的业务流程如图 6-1 所示。

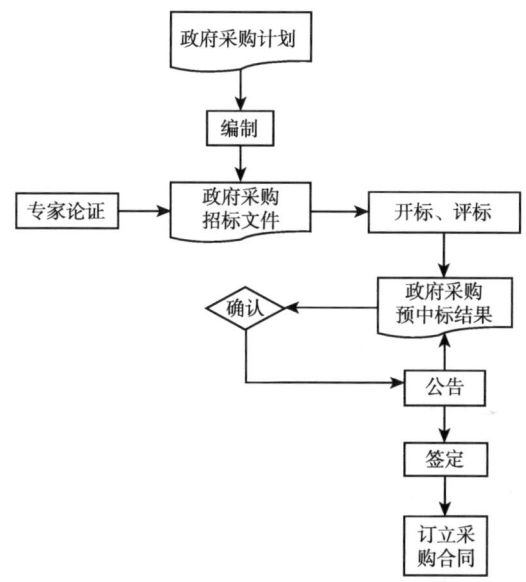

图 6-1 采购招标的业务流程图

3. 验收与付款

成立由申请单位的代表、业务科室、计划科室、相关领域的技术专家(如有需要)等组成的政府采购验收小组,根据合同协议和供应商发货单等对所购货物、服务或工程的品种、规格、数量、质量、技术要求及其他内容进行验收,参与验收工作的相关工作人员于验收工作完成后在验收单据上签署验收意见,并在验收单上加盖验收单位的公章。验收完毕后财务科室根据审批程序办理付款手续。验收与付款流程见图 6-2 所示。

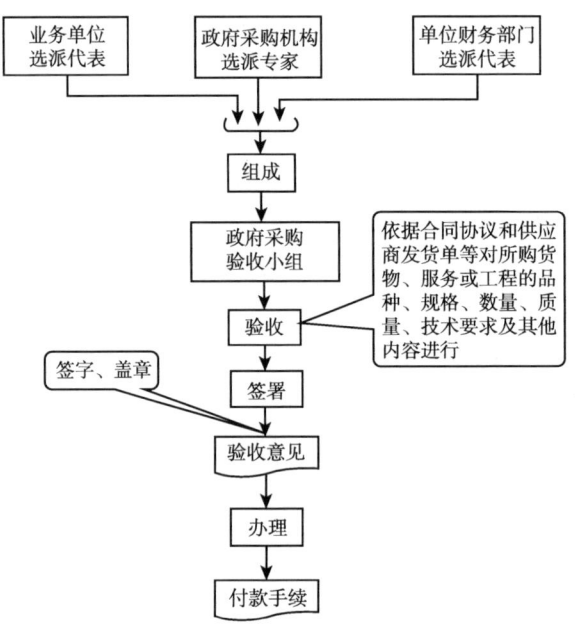

图 6-2 验收与付款业务流程图

4. 采购业务记录与归档

计划科室负责政府采购业务执行的记录工作，负责相关资料（包括政府采购预算与计划、各类批复文件、招标文件、投标文件、评标文件、合同文本、验收证明等）的收集、整理工作，及时完整地建立政府采购业务档案。政府采购业务档案需要向财务科室同时提交或按照规定应当向外部有关部门备案的，应当及时提交和备案。财务科室每季度对政府采购业务信息进行分类统计，并在单位内部通报政府采购预算的执行情况。采购业务记录与归档流程见图 6-3 所示。

5. 采购业务质疑与答复

高速公路建设单位应当成立政府采购领导小组为政府采购业务质疑投诉答复的牵头部门。根据质疑的问题不同，分别指定计划科室、办公室、业务单位、财务科室、纪检审计部门等相关部门予以答复，并对答复过程中形成的各种文件进行归档和保管。采购业务质疑与答复业务流程如图 6-4 所示。

（二）建设项目资金拨付业务流程

1. 提交资金支付申请

用款科室、单位和个人应当提前向审批人提交资金支付申请，注明款项用

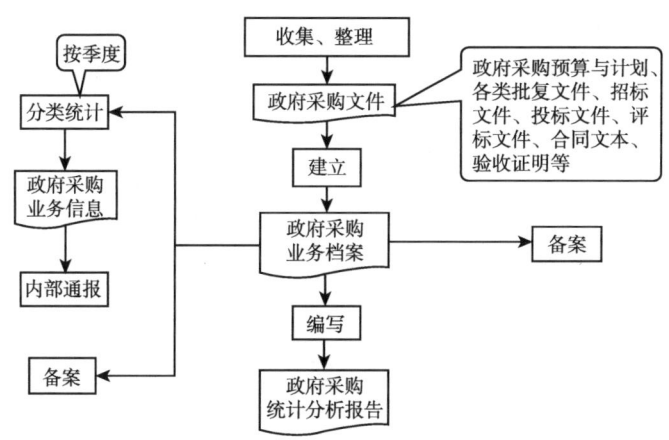

图 6-3 采购业务记录与归档流程图

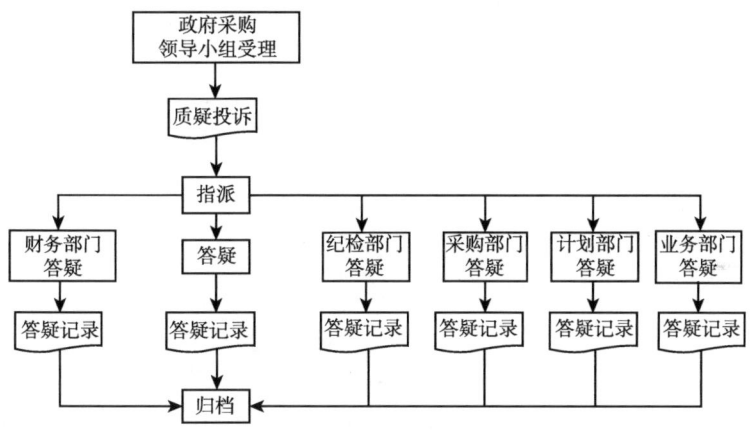

图 6-4 采购业务质疑与答复流程图

途、金额、预算、限额、支付方式等内容,并附有效原始单据或相关证明材料。

2. 资金支付审批

高速公路建设单位分管领导根据其职责、权限对支付申请进行审批,务必审核业务的真实性、金额的准确性、票据和证明材料的合法性。对不符合规定和要件不全的资金支付申请,应当驳回申请或明示需要更正或补全的事项。对重要的、大额的货币资金支付业务,应当实行集体决策和审批。建立责任追究制度,谁批准谁负责、防止贪污、侵占或挪用资金的行为。

3. 资金支付复核

财务科室复核岗位应当对经审批的资金支付申请履行复核程序。复核内容包括：资金支付申请的批准范围、权限、程序是否正确，手续和相关单据是否齐全，金额计算是否准确，支付方式、支付单位是否妥当等。

复核无误后，将支付申请交由出纳办理支付手续。

4. 资金支付办理

单位出纳应当根据经过审批和复核后的支付申请按规定办理资金支付手续，并及时登记相应的资金账户。建设项目资金拨付业务流程见图6-5所示。

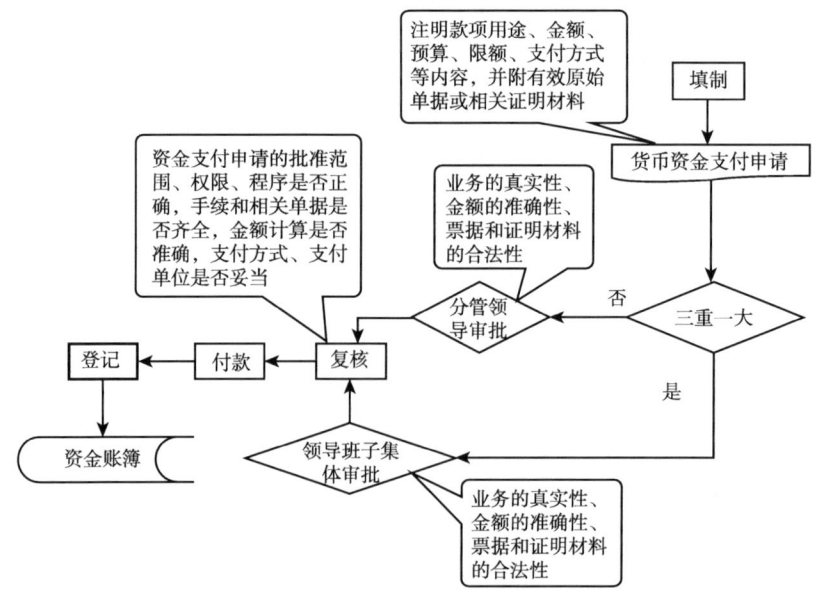

图6-5 建设项目资金拨付业务流程图

三、建设项目采购与资金拨付业务的监督检查

（一）建设项目采购业务的监督检查内容

1. 采购招标环节

重点检查高速公路建设单位的招标文件上记录的单位计划科室、招标代理机构或政府采购中心等业务执行部门和岗位的履职情况；检查中标候选人公示和中标结果公告情况；检查评标报告备案情况。

2. 签订采购合同环节

重点检查高速公路建设单位的采购合同的格式和内容是否合规、合同订立程序是否合规、合同要件是否完备等。

3. 验收付款环节

重点检查高速公路建设单位的各种验收单据上，参与验收工作的相关工作人员的验收意见、验收单位是否加盖公章等。

4. 采购业务记录与归档环节

重点检查高速公路建设单位的计划科室、财务科室等有关部门是否对采购业务档案完整地分类整理归档。

5. 采购业务质疑与答复环节

重点检查高速公路建设单位的政府采购领导小组、计划科室、财务科室、办公室、业务部门、纪检审计科室是否按规定保存各类对政府采购业务质疑投诉的答复文件。

（二）建设项目资金拨付业务的监督检查内容

1. 资金支付申请环节

重点检查高速公路建设单位各用款科室、部门提交的货币资金支付申请、有效原始单据或相关证明材料是否完整、合规合法。

2. 资金支付审批环节

重点检查高速公路建设单位分管领导、领导班子在支付申请单据上的审批意见，是否存在违规审批、越权审批，三重一大业务支付是否落实了集体审批制度。

3. 资金支付复核环节

重点检查高速公路建设单位财务科室的资金支付业务是否严格履行了复核程序，是否存在事前未复核事后补充复核的情况，复核人是否签名盖章或填写复核意见等。

4. 资金支付办理环节

重点检查高速公路建设单位财务科室的资金支付手续和资金账户以及往来账户的记录、银行对账单、往来对账存根及回单等文件。

第7章　建设项目支出与成本管理

第1节　高速公路建设项目支出范围

一、高速公路建设项目

高速公路建设项目是高速公路建设单位自行或者委托其他单位施工、建造、安装的道路及配套工程，包括路基工程、路面工程、桥隧工程、互通立交工程、机电工程、环保工程、交通安全配套设施及配套建筑物等。

高速公路建设项目投资金额大、施工周期长、涉及项目工程设计、建造施工、工程监理等多环节、各种利益关系错综复杂，也是经济犯罪和腐败案件的"高危地带"，坊间流行的"一个工程上马就有多名官员下马"就是高速公路建设项目贪腐案件频发的写照，其中不乏上任前写血书保证廉洁自爱、上任后不满一年因高速公路建设项目贪污腐败而落马的多名交通厅长。因此，加强高速公路建设项目的支出管理和成本控制意义重大。

高速公路建设项目施工技术和施工工艺复杂，涉及项目的立项可行性研究、投资审计等多类业务，正因为此建设项目管理有其独有的特点：首先，高速公路建设项目涉及的主体多，包括业主单位、建设单位、设计单位、施工单位、监理单位、招标代理机构和政府有关部门等。其次，高速公路建设项目管控的环节和内容多，主要包括建设项目立项的可行性研究、建设项目立项审批的科学合理性、相关手续的完备性、招投标的合法性、项目投资的合理性、项目资金结算的合法合规和竣工验收的完整合规等内容。

二、建设项目支出范围

高速公路建设项目支出是指公路建设单位发生的构成高速公路基本建设成本的各项施工工程、建筑工程和安装工程的全部支出，完成这些工程必须兴工动料通过基建、施工活动才能实现。

加强高速公路建设项目支出的管理和核算，对于合理、节约地使用公路基本建设资金，提高政府和社会资金投资效果，高质量完成高速公路建设任务有十分重要的意义。依据《基本建设财务规则》（财政部令第81号）和《基本建设项目建设成本管理规定》（财政部财建〔2016〕504号）的有关要求，基本建设项目建设成本总体上分为两大部分，即建筑安装工程投资支出和设备投资支出。按照《公路基本建设工程概算、预算编制办法》，高速公路建设项目预算分为线路工程和独立桥梁工程两大部分。高速公路建设项目支出范围和核算管理要和预算保持一致，以满足工程预算执行考核和工程决算的比较口径和数据采集需要。

路线工程的主要支出活动包括：（1）路基土石方。包括土方、石方、填方压实、汽车运土、纵向排水工程、防护工程、特殊路基处理等。（2）路面工程。又分为泥结碎（砾）石路面、沥青混凝土路面、水泥混凝土路面、路缘石等。（3）桥梁与涵洞工程。包括漫水工程、大、中、小桥及涵洞等。（4）交叉工程。包括互通式立体交叉、分离式立体交叉、平面交叉道、通道、人行天桥等。（5）隧道工程。包括隧道、明洞、半隧道等。（6）沿线设施和其他工程。包括清除场地、拆除旧建筑物、构筑物、管理养护设施安装、安全设施、服务设施、环境保护工程、渡口码头、改河工程、公路交工前养护费等。其中：管理养护设施安装，包括收费站设施、管理站设施、通讯系统设施、监控系统设施、供电系统设施等；安全设施包括各种护栏、隔离栅、防护网、公路标线、轮廓标、里程碑、百米桩、公路界碑、各类标志牌等；环境保护工程包括绿化工程等。（7）临时工程。包括临时轨道铺设、便道便桥、临时电力、电讯线路等。（8）管理、养护及服务房屋。管理房屋包括收费站、管理站等；养护及服务房屋包括道班房及服务房屋等。（9）施工技术装备费等。

独立桥梁工程与路面工程不同，独立桥梁工程中建筑安装工程内容可分为：桥头引道、基础、下部构造、上部构造、沿线设施、调治及其他工程、临时工程、施工技术装备费、计划利润及税金等。在公路建设项目中，确定建筑安装工程开支范围应注意的几个问题：（1）工程概（预）算中列有管理、养护、服务房屋及设施、安全设施、绿化工程等项目的，发生上述费用要依照项目概（预）算和招标文件中工程量清单列入建筑安装工程投资支出。（2）对需要安装设备所需的设备的基础、基柱等工程支出，应纳入建设项目核算范围之内；设备的安装费用应在"安装工程支出"明细科目中核算；安装设备本身的价值应在"设备投资"明细科目中核算。（3）为监理工程师提供的办公、生活设施、通讯、交通工具、实验设备、设施及其相关的服务费用，按照项目列入建筑安装工程投资支出。这部分费用应由承包商在投标时作为标书的内容。（4）建设单位自营工程所发生各项建筑安装工程费用，必须按实际支出数计入建筑安装工程支出，不能按预算价格进行结转。（5）高速公路建设项目交工验收前的养护费应计入建筑安装工程支出。（6）高速公路建设单位预付给施工单位的工程款和备料款，在未办理工程价款结算手续前只能作为往来款项处理，不能计入建筑安装工程支出。

三、建设项目支出管理

加强高速公路建设项目的支出管理，应该熟悉建设项目的具体费用组成情况，不同的费用类别费用发生特点不同、管理要求和管理要点也不同，按照中华人民共和国交通运输部发布的《公路工程建设项目概算预算编制办法》（中华人民共和国行业标准 JTG 3830——2018）的费用分类，公路建设项目的支出类别包括建筑安装工程费、土地使用及拆迁补偿费、工程建设其他费用、预备费用、建设期贷款利息等几大类。

建筑安装工程费具体包括直接费、设备购置费、措施费、企业管理费、规费、专项费用等。其中，直接费由人工费、材料费和施工机械使用费组成；措施费由冬季施工增加费、雨季施工增加费、夜间施工增加费、高原（风沙、沿海）特殊地区施工增加费、行车干扰施工增加费、施工辅助费、工地转移费等组成；企业管理费由基本费用、主副食运输补贴、职工探亲路费、职工取暖补贴、财务费用组成；规费由养老保险费、失业保险费、医疗保险费、工伤保险费、住房公积金组成；专项费用包括施工场地建设费和安全生产费。

工程建设其他费用具体包括建设项目管理费、研究试验费、建设项目前期工程费、专项评估（价）费用、联合试运转费、生产准备费、工程保通管理费、工程保险费、其他相关费用。其中，建设项目管理费由建设单位（业主）管理费、建设项目信息化费、工程监理费、设计文件审查费、竣（交）工验收试验检测费组成；生产准备费由工器具购置费、办公和生活用家具购置费、生产人员培训费、应急保通设备购置费组成。

预备费用包括基本预备费和价差预备费。

高速公路项目建设单位应当严格控制建设成本的范围、标准和支出责任，下列支出不得列入项目建设成本：（1）超过批准建设内容发生的支出；（2）不符合合同协议的支出；（3）非法收费和摊派支出；（4）无发票或者发票项目不全、无审批手续、无责任人员签字的支出；（5）因设计单位、施工单位、供货单位等原因造成的工程报废等损失，以及未按照规定报经批准的损失；（6）项目符合规定的验收条件之日起3个月后发生的支出；（7）其他不属于本项目应当负担的支出。

第2节 建设项目成本管理

一、建设项目的成本核算对象

一般来讲，高速公路建设项目的成本核算按照单位工程、分部工程和分项工程组织支出分类和成本核算。其中单位工程一般分为路基工程、路面工程、桥梁工程、互通立交工程、隧道工程、环保工程、交通安全设施、机电工程、房屋建筑工程等九类。各类工程的主要建设内容、成本费用构成各不相同。财务管理人员应该多到工程一线了解工程的主要内容、施工环节、材料消耗、主要设备使用等生产实际情况，才能核算出真实、准确的分部工程成本、分项工程成本、单位工程成本和整个高速公路建设项目的总成本。

为了便于财务管理人员熟悉和了解高速公路建设项目的单项工程、分部工程及分项工程划分以及特大斜拉桥和悬索桥为主体建设项目的单项工程、分部工程及分项工程划分情况，现将通用分类方法列示于表7-1和表7-2，在实际应用中，也可以根据本单位的管理需要，依据重要性原则对表中的分类方法进行合并和拆分。

表 7-1　　高速公路建设项目的单项工程、分部工程及分项工程划分

单位工程	分部工程	分项工程
路基工程（每10千米或每标段）	路基土石方工程（1—3千米路段）	土方路基，石方路基，软土地基，土工合成材料处治层等
	排水工程（1—3千米路段）	管节预制，管道基础及管节安装，检查（雨水）井砌筑，土沟，浆砌排水沟，盲沟，跌水，急流槽，水簸箕，排水泵站等
	小桥及符合小桥标准的通道，人行天桥，渡槽（每座）	基础及下部构造，上部构造预制、安装或浇筑，桥面，栏杆，人行道等
	涵洞、通道（1—3千米路段）	基础及下部构造，主要构件预制、安装或浇筑，填土，总体等
	砌筑防护工程（1—3千米路段）	挡土墙，墙背填土，抗滑桩，锚喷防护，锥、护坡，导流工程，石笼防护等
	大型挡土墙，组合式挡土墙（每处）	基础，墙身，墙背填土，构件预制，构件安装，筋带，锚杆，拉杆，总体等
路面工程（每10千米或每标段）	路面工程（1—3千米路段）	底基层，基层，面层，垫层，联结层，路缘石，人行道，路肩，路面边缘排水系统等
桥梁工程（特大、大、中桥）	基础及下部构造（每桥或每墩、台）	扩大基础，桩基，地下连续墙，承台，沉井，桩的制作，钢筋加工及安装，墩台身（砌体）浇筑，墩台身安装，墩台帽，组合桥台，台背填土，支座垫石和挡块等
	上部构造预制和安装	主要构件预制，其他构件预制，钢筋加工及安装，预应力筋的加工和张拉，梁板安装，悬臂拼装，顶推施工梁，拱圈节段预制，拱的安装，转体施工拱，劲性骨架拱肋安装，钢管拱肋制作，钢管拱肋安装，吊杆制作及安装，钢梁制作，钢梁安装，钢梁防护等
	上部构造现场浇筑	钢筋加工及安装，预应力筋的加工和张拉，主要构件浇筑，其他构件浇筑，悬臂浇筑，劲性骨架混凝土拱，钢管混凝土拱等
	总体、桥面系和附属工程	桥梁总体，桥面防水层施工，桥面铺装，钢桥面铺装，支座安装，搭板，伸缩缝安装，大型伸缩缝安装，栏杆安装，混凝土护栏，人行道铺设，灯柱安装等
	防护工程	护坡，护岸，导流工程，石笼防护，砌石工程等
	引道工程	路基，路面，挡土墙，小桥，涵洞，护栏等

续表

单位工程	分部工程	分项工程
互通立交工程	桥梁工程（每座）	桥梁总体，基础及下部构造，上部构造预制、安装或浇筑，支座安装，支座垫石，桥面铺装，护栏，人行道等
	主线路基路面工程（1—3千米路段）	见路基、路面等分项工程
	匝道工程（每条）	路基，路面，通道，护坡，挡土墙，护栏等
隧道工程	总体	隧道总体等
	明洞	明洞浇筑，明洞防水层，明洞回填等
	洞口工程	洞口开挖，洞口边仰坡防护，洞门和翼墙的浇（砌）筑，截水沟、洞口排水沟等
	洞身开挖	洞身开挖（分段）等
	洞身衬砌	（钢纤维）喷射混凝土支护，锚杆支护，钢筋网支护，仰拱，混凝土衬砌，钢支撑，衬砌钢筋等
	防排水	防水层、止水带、排水沟等
	隧道路面	基层，面层等
	装饰	装饰工程
	辅助施工措施	超前锚杆、超前钢管等
环保工程	声屏障（每处）	声屏障
	绿化工程（1—3千米路段或每处）	中央分隔带绿化，路侧绿化，互通立交绿化，服务区绿化，取弃土场绿化等
交通安全设施（每20千米或每标段）	标志（5—10千米路段）	标志
	标线、突起路标（5—10千米路段）	标线，突起路标等
	护栏、轮廓标（5—10千米路段）	波形梁护栏，缆索护栏，混凝土护栏，轮廓标等
	防眩设施（5—10千米路段）	防眩板、网等
	隔离栅、防落网（5—10千米路段）	隔离栅、防落网等
机电工程	监控设施	车辆检测器，气象检测器，闭路电视监视系统，可变标志，光电缆线路，监控（分）中心设备安装及软件调测，大屏幕投影系统，地图板，计算机监控软件与网络等

续表

单位工程	分部工程	分项工程
机电工程	通信设施	通信管道与光电缆线路,光纤数字传输系统,数字程控交换系统,紧急电话系统,无线移动通信系统,通信电源等
	收费设施	入口车道设备,出口车道设备,收费站设备及软件,收费中心设备及软件,IC卡及发卡编码系统,闭路电视监视系统,内部有线对讲及紧急报警系统,收费站内光、电缆及塑料管道,收费系统计算机网络等
	低压配电设施	中心(站)内低压配电设备,外场设备电力电缆线路等
	照明设施	照明设施
	隧道机电设施	车辆检测器,气象检测器,闭路电视监视系统,紧急电话系统,环境检测设备,报警与诱导设施,可变标志,通风设施,照明设施,消防设施,本地控制器,隧道监控中心计算机控制系统,隧道监控中心计算机网络,低压供配电等
房屋建筑工程	(按其专业工程质量检验评定标准评定)	
塔及辅助、过渡墩(每座)	塔基础	钢筋加工及安装,扩大基础,桩基,地下连续墙,沉井等
	塔承台	钢筋加工及安装,双壁钢围堰,封底,承台浇筑等
	索塔	索塔
	辅助墩	钢筋加工,基础,墩台身浇(砌)筑,墩台身安装,墩台帽,盖梁等
	过渡墩	
锚碇	锚碇基础	钢筋加工及安装,扩大基础,桩基,地下连续墙,沉井,大体积混凝土构件等
	锚体	锚固体系制作,锚固体系安装,锚碇块体,预应力锚索的张拉与压浆等
上部构造制作与防护(钢结构)	斜拉索	斜拉索制作与防护
	主缆(索股)	索股和锚头的制作与防护
	索鞍	主索鞍和散索鞍制作与防护
	索夹	索夹制作与防护
	吊索	吊索和锚头制作与防护等
	加劲梁	加劲梁段制作,加劲梁防护等

续表

单位工程	分部工程	分项工程
上部构造浇筑与安装	悬浇	梁段浇筑
	安装	加劲梁安装，索鞍安装，主缆架设，索夹和吊索安装等
	工地防护	工地防护
	桥面系及附属工程	桥面防水层的施工，桥面铺装，钢桥面板上防水粘结层的洒布，钢桥面板上沥青混凝土铺装，支座安装，抗风支座安装，伸缩缝安装，人行道铺设，栏杆安装，防撞护栏等
	桥梁总体	桥梁总体
引桥	（参见"桥梁工程"）	
引道	（参见"路基工程"和"路面工程"）	

表7-2　　特大斜拉桥和悬索桥为主体建设项目的单项工程、分部工程及分项工程划分

单位工程	分部工程	分项工程
塔及辅助、过渡墩（每座）	塔基础	钢筋加工及安装，扩大基础，桩基，地下连续墙，沉井等
	塔承台	钢筋加工及安装，双壁钢围堰，封底，承台浇筑等
	索塔	索塔
	辅助墩	钢筋加工，基础，墩台身浇（砌）筑，墩台身安装，墩台帽，盖梁等
	过渡墩	
锚碇	锚碇基础	钢筋加工及安装，扩大基础，桩基，地下连续墙，沉井，大体积混凝土构件等
	锚体	锚固体系制作，锚固体系安装，锚碇块体，预应力锚索的张拉与压浆等
上部构造制作与防护（钢结构）	斜拉索	斜拉索制作与防护
	主缆（索股）	索股和锚头的制作与防护
	索鞍	主索鞍和散索鞍制作与防护
	索夹	索夹制作与防护
	吊索	吊索和锚头制作与防护等
	加劲梁	加劲梁段制作，加劲梁防护等

续表

单位工程	分部工程	分项工程
上部构造浇筑与安装	悬浇	梁段浇筑
	安装	加劲梁安装，索鞍安装，主缆架设，索夹和吊索安装等
	工地防护	工地防护
	桥面系及附属工程	桥面防水层的施工，桥面铺装，钢桥面板上防水粘结层的洒布，钢桥面板上沥青混凝土铺装，支座安装，抗风支座安装，伸缩缝安装，人行道铺设，栏杆安装，防撞护栏等
	桥梁总体	桥梁总体
引桥	(参见"桥梁工程")	
引道	(参见"路基工程"和"路面工程")	

二、建设项目的成本核算方法

高速公路建设项目一般以合同段为预算和成本管控对象，成本核算遵循项目管理的要求和做法。科学、合理、详尽地划分高速公路建设工程的分项工程、分部工程和单位工程是高速公路建设过程中的重要内容；是高速公路各参建单位在分项、分部工程开工的申请和批准的依据，也是分项工程的质量控制、评定、验收和中间交工的依据；还是分部、单位工程的质量评定的依据和工程的计量支付依据，事关高速公路建设工程的全过程管理和评价。高速公路建设工程的项目管理以"三控制、两管理"为主要内容。"三控制"包括质量控制、成本控制、进度控制，"两管理"是指合同管理和信息管理。

在高速公路工程施工管理过程中，项目管理在实际管理中往往会受到各种因素的影响导致最终管理效果并不理想。因此，高速公路项目建设单位要结合实际，科学设定高速公路项目管理标准和机制，优化高速公路项目管理流程，严格管理控制标准。同时，还要结合单位各部门工作职责划分情况，在体现和强化内部控制和监督检查的条件下，减少不必要职责重叠或者遗漏的状况，提高高速公路项目管理效率和管控质量。

高速公路建设工程确定项目核算的一般原则有：（1）一般以独立编制施工图概算的单位工程作为一个项目；（2）同一"建筑施工合同"所包含的多项单位工程或主体工程与附属工程可以分开独立核算，也可以列为一个大的项目进行核算；（3）同一施工地点，开工竣工日期相近的若干单位工程，由一个项目经理负责的可以单独核算，也可作为一个大的项目进行合并核算；（4）一个单位工程由几个施工单位共同施工的，各单位负责人有不同的经济任务指标的可以将自行完成的部分作为单独项目核算；（5）规模大、工期长，或者被列为科研实验项目的工程，可按工程的不同阶段或部位作为单独的项目核算；（6）土石方、桩基工程可根据管理需要确定项目核算对象；（7）工程分包部分应与施工项目的核算保持一致；（8）分部项目的划分应体现并服务于单位各级管理层对工程管控的决策需要，要契合单位的管理意图和决策需要；（9）工程管理与核算项目一经确定，不得任意更改。

三、建设项目的成本控制与成本分析

财政部制定的《基本建设财务规则》（财政部令第 81 号）要求，项目建设单位要合理编制项目资金预算，加强预算审核，严格预算执行；要加强项目核算管理，规范和控制建设成本；要及时准确编制项目竣工财务决算，全面反映基本建设财务状况；要加强对基本建设活动的财务控制和监督，实施绩效评价。对建设项目的成本分析主要从以下几个方面进行。

（一）高速公路建设项目成本控制

高速公路建设项目成本控制是指为实现高速公路建设项目的成本管理目标，在高速公路设计、建造过程中通过对人力、物力、财力等资源的耗费和支出进行规划、指导、监督、调节、控制与纠正，以合理保各项建造支出控制在预算和规定范围内的管理活动。

1. 成本控制的原则

高速公路建设项目成本控制应坚持全面性原则、动态控制原则和责权利相结合原则。

（1）全面性原则。全面控制一要体现全员控制，建立全员参加责权利相结合的项目成本控制责任体系，项目经理以及各相关部门、施工单位、班组人员都负有成本控制的责任和权利。将成本控制业绩与工资奖金挂钩，要构建项目成本控制责任网络。二要体现全过程控制，将成本控制贯穿于项目施工过程的每一个阶段。三是所有项目相关的经济业务都要纳入成本控制范畴，经常性支出要通过例行制度来管控，不常发生的"例外支出"也要有相应的控制措施。

（2）动态控制原则。高速公路建设项目多为一次性建造活动，在项目开始之前要进行成本预测并确定目标成本、编制成本计划、制订各种消耗定额和费用开支标准；在项目施工阶段要严格执行成本计划、落实降低成本措施，实施项目成本目标管理；要建立、完善契合实际的成本管理和信息反馈系统，使相关成本责任部门和人员能及时获取工程进度和成本信息，以便适时监控成本偏差。

（3）责权利相结合原则。若想成本管控措施真正发挥作用，就必须落实责权利原则。有责无权，不能完成所承担的责任，反之有责无利就缺乏履行责任的动力。高速公路建设项目成本支出额度大、涉及面广、成本控制目标和薪酬、奖金分配挂钩、有奖有罚，才能形成覆盖项目全员的成本责任网络。

2. 成本控制的方法

（1）制度控制。制度控制是高速公路建设单位要建章立制，对公路建设项目实施建设项目总体管控，使公路项目施工过程中成本管理"有章可循"。相关制度包括《公路建设项目成本核算管理办法》《工程设备购置、使用及租赁管理办法》《公路建设项目材料采购与配送管理办法》等。

（2）定额控制。定额管理是公路建设项目成本管控的最基本方法之一，定额除了国家统一的建筑、安装工程基础定额以及市场的劳务、材料价格信息之外，多数高速公路举办企业还拥有自己的内部定额资料。定额资料是编制施工预算，签发施工任务书的重要依据，也是控制和考核工效及材料消耗的重要依据。

（3）合同控制。由于高速公路建设项目战线长、土石方、路基、路面、桥隧等项目多，进场施工的单位也多，很多分段、分部、分项工程多数以分包方式发包给不同的施工企业，所以合同控制也是高速公路建设项目成本控制的重要内容。具体包括建设单位与项目经理部签订承包合同、建设单位与劳务承包单位签订的承包合同以及建设单位或项目经理部与各承包单位签订的承包合同。只有做到各分段、分部、分项工程的合同造价不超预算，才能保证高速公路整体项目成本支出不超预算。

3. 工程项目成本控制的内容

（1）材料费的控制。材料费的控制按照"量价分离"的原则，一要控制材料用量，二要控制材料价格。

材料消耗量主要通过施工过程中"限额领料"去落实，具体有以下几个方面：①定额控制，对于有消耗定额的材料，项目以消耗定额为依据，实行限额发料制度。超过限额领用的材料，必须先查明原因，经过一定审批手续方可领料。②指标控制，对于没有消耗定额的材料，则实行计划管理和按指标控制的方法。根据上期实际耗用，结合当月具体情况节约要求，制定领用材料指标，据以控制发料。超过指标的材料，必须经过一定的审批手续方可领用。③计量控制，为准确核算项目实际材料成本，保证材料消耗准确，在各种材料进场时，项目材料员必须准确计量，查明是否发生损耗或短缺，如有发生，要查明原因，明确责任。在发生的过程中，要严格计量，防止多发或少发。

材料价格的控制主要由材料采购部门在采购中加以控制。由于材料价格是由买价、运杂费、运输费中的合同损失等所组成的，因此在控制材料价格时，须从以下几个方面进行：①买价控制，买价的变动主要是由市场因素引起的，应事先对供应商进行考察，建立合格供应商名册。采购材料时，必须在合格供应商名册中选定供应商，实行货比三家，在保质保量的前提下，争取最低买价。同时实行项目监督制度，项目部对单位采购部门采购的物资有权过问询价，对买价过高的物资，可以根据双方签订的横向合同处理。此外，采购部门对多个项目所需的物资进行分类批量采购，以降低买价。②运费控制，合理组织材料的运输，采用最经济的运输方法，以降低成本。③损耗控制，要求项目现场材料验收人员严格验收手续，准确计量，以防止将采购损耗或短缺计入工程的材料成本。

（2）人工费的控制。按照项目施工图预算计算出定额人工工日，并将安全生产、文明施工及零星用工按定额工日的一定比例一次性包干给劳务承包队伍，减少和杜绝施工期间预算外用工，达到控制人工成本目标。

(3) 机械费用的控制。机械费用主要由台班数量和台班单价两方面决定，为有效控制台班费支出，主要从以下几个方面控制：①合理安排施工生产，加强设备租赁计划管理，减少因安排不当引起的设备闲置。②加强机械设备的调度工作，尽量避免窝工，提高现场设备利用率。③加强现场设备的维修保养，避免因不正当使用造成机械设备的停工、闲置。④做好生产人员的协调与配合，提高机械台班产量。

（二）高速公路建设项目成本分析

1. 高速公路建设项目总成本分析

高速公路建设项目总成本分析重在分析项目总预算、各分项工程合同造价、项目实际总成本之间的差异。分析施工图预算和各分项工程合同造价之间的差异及其原因，分析高速公路实际总成本超支或节约的原因是某个单项工程、路段、交通设施造成的，还是多个单项工程、路段、交通设施的造价变动造成的。通过对差异原因的分析明确预算造价和合同执行差异的责任归属，并对相关责任人等提出处罚或奖励建议。如果工程成本超支存在违纪、违法行为的要依法追究相关责任人的法律责任。

2. 高速公路建设项目单项工程成本分析

对高速公路各单项工程的成本分析，首先分析该单项工程的实际成本和预算成本之间的差异，其次，要按照成本构成进行逐项分析，包括人工费用、材料费用、周转材料使用费、机械设备使用费、构建加工费、分包工程费等，不仅要分析上述各项费用的耗用量和工程预算用量的差异，也要分析各项费用的价格变化是否合理。

3. 高速公路建设项目成本比较分析

高速公路施工过程中，通常会将整个线路划分为多个路段、桥隧、设施安装等分项、分部工程进行分包和核算，因此，同类工程的不同标段之间具有一定的可比性，高速公路建设项目成本分析可以在同类工程中进行成本比较分析。此外，公路工程建设项目预算编制有国家统一标准，已有的同类地质、地形等条件下的路段施工单位成本也可以作为高速公路建设项目成本比较分析的基准。

第3节 项目支出与成本管理业务的流程与关键管控点

一、建设项目支出与成本管理业务的控制目标

建设项目支出与成本管理的控制目标主要有：

（1）建立健全建设项目相关的议事决策和审核、审批机制，避免个人单独决策或者擅自改变集体决策意见，避免舞弊、资金浪费或单位出现违纪情况；

（2）充分论证项目设计方案及项目概预算，确保建设项目质量，降低项目建设成本；

（3）依据国家有关规定组织建设项目施工招标工作，防止招标过程串通、暗箱操作或商业贿赂等舞弊行为；

（4）建立健全支出内部管理制度，确定高速公路建设单位经济活动的各项支出标准，明确支出报销流程，按照规定办理支出事项；

（5）高速公路建设单位所有项目支出全部纳入预算管理，依照开支范围及开支标准等相关规定进行支出控制与管理，降低项目建设成本；

（6）明确项目支出的内部审批权限、程序、责任和相关控制措施，避免越权审批、重复审批、审批缺失；

（7）加强支出审核控制，确保支出单据来源合法，内容真实、完整，使用准确，符合预算，审批手续齐全；

（8）加强建设项目支出的核算和归档控制，确保支出凭证及时准确登记账簿，相关档案完整归档；

（9）建立健全建设项目支出信息分析及披露制度，确保能够及时发现项目支出业务中的异常情况并采取有效措施，确保能够及时、准确、完整按照国家和单位相关规定披露建设项目支出情况。

二、建设项目支出与成本管理业务流程与关键管控点

建设项目支出与成本管理业务基本流程包括确定成本开支范围、划分成本核算对象、项目支出申请、审批与付款、项目成本核算、项目支出与成本分析等关键环节。建设项目支出与成本管理业务流程如图 7-1 所示。

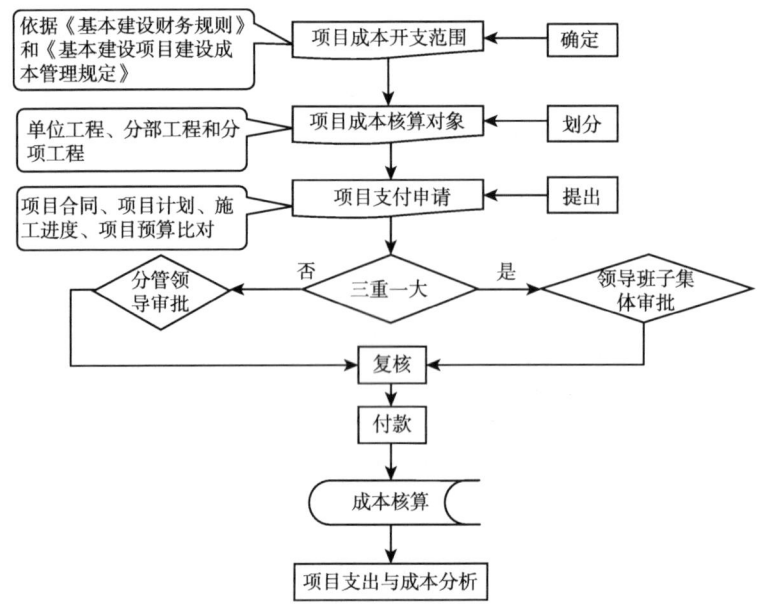

图 7-1 建设项目支出与成本管理业务流程图

1. 确定成本开支范围

依法依规确定成本开支范围是建设项目支出管理和成本控制的基础和前提。确定成本开支范围就是明确哪些支出可以依据项目预算合理合法、有理有据地列入高速公路建设项目的支出范畴，同时也明确哪些支出不能列入高速公路建设项目的支出范畴，为高速公路建设项目的支出画定红线。

2. 划分成本核算对象

由于高速公路建设项目点多、线长，一条公路的建设内容涉及土方、路基、路面、桥隧、立交、交通安全设备的安装等多类型复杂工程，因此有必要对高速公路建设项目进一步按照工程特点和施工单位及管理要求等划分为多

级、多个单位工程、分部工程和分项工程。细分成本核算对象更有利于提供成本管控和成本分析的明细成本信息。

3. 项目支出申请、审批与付款

高速公路建设项目投资额度大、工程量大、使用的大型专业设备多，单项工程、分部工程和分项工程的单一合同金额较大，有时单笔资金支出金额也很大，因此，高速公路建设单位应该建立健全支出申请和审批制度，明确大额资金的集体审批权限，确保项目资金支付的安全性，防范建设项目中的贪污和舞弊行为。

4. 项目成本核算

财务部门要领悟和理解高速公路建设单位管理层的管理理念，与管理层沟通项目成本信息的需求，结合国家对高速公路建设资金使用和绩效分析的政策要求，合理设置高速公路建设项目各核算对象的成本费用明细项目，及时准确地归集、分配和计算项目成本。

5. 项目支出与成本分析

依据高速公路建设项目成本控制的全面性原则要求，项目支出与成本分析应该包括事前项目成本目标分解、施工过程中项目进度和支出及成本匹配情况分析与控制，以及项目竣工后项目预算与决算的比较分析。

三、建设项目支出与成本管理业务的监督检查

1. 确定成本开支范围环节

重点检查高速公路建设单位是否明确了成本开支范围，检查成本开支范围明细表，同时检查高速公路建设单位是否明确了哪些支出不能列入高速公路建设项目的支出范畴，检查高速公路建设项目支出划定的红线清单。

2. 划分成本核算对象环节

重点检查高速公路建设项目单位成本账簿，查看单位工程、分部工程和分项工程划分标准和执行情况。

3. 项目支出申请、审批与付款环节

重点检查高速公路建设项目的单项工程、分部工程和分项工程的单一合同及预算，检查高速公路建设单位的支付授权制度，检查项目支出的申请文件，查阅大额资金支付是否履行了集体审批制度。

4. 项目成本核算环节

重点检查财务部门设置的高速公路建设项目成本核算明细账目,穿性测试有关费用的归集、分配情况。

5. 项目支出与成本分析环节

重点检查高速公路建设项目预算、合同、工程进度报告文件,以及项目成本目标分解文件、项目进度和支出统计分析文件、项目竣工决算文件等。

第8章 建设项目竣工决算与资产交付管理

第1节 建设项目竣工财务决算管理

一、高速公路工程项目竣工决算的管理

（一）高速公路工程项目竣工决算的含义

高速公路建设项目竣工决算，又称高速公路基本建设竣工决算，是建设项目完工后，由建设单位（业主）的财务及有关部门，以竣工结算等相关资料为基础，按一定的格式和要求编制的，反映整个建设项目从筹建到工程竣工验收、交付使用全过程各项资金的使用情况和设计概算执行的结果，是综合反映竣工公路建设项目的建设成果和财务情况的总结性文件。它是高速公路建设项目竣工验收报告的重要组成部分。

高速公路建设项目竣工决算为确定建设项目从筹建到竣工验收实际发生的全部建设费用而编制的财务文件。它综合反映建设项目实际造价和投资经济效果，是办理交付和使用验收的依据。所有竣工验收的项目，在办理验收手续之前，都应认真清理财产和物资，编制好竣工决算。

（二）高速公路工程项目竣工决算的意义和作用

认真编制好高速公路工程项目竣工决算，对总结基本建设过程中的财务管理工作，检查竣工项目设计概算和基本建设计划的执行情况，发现投资使用和管理中的问题，考核投资效果，降低工程造价，积累技术资料等具有重要意义和作用。

1. 竣工决算是考核基本建设计划和概（预）算执行情况，分析投资效果的重要依据

公路工程项目竣工决算不仅用货币指标来反映竣工项目自开始建设到建成为止的全部建设成本和财务情况，而且还用实物指标来反映建设工期、设计生产能力以及各项技术经济指标等。利用竣工决算所反映的数据和资料，同基本建设计划和基本建设概（预）算进行比较，同主要物资的概算进行比较，不仅可以全面掌握基本建设计划、设计文件和项目概算的执行情况，而且为分析投资效果和为以后制订计划、修改概算定额、改进设计、推广先进技术、降低建设成本、加强基本建设管理提供重要依据。

2. 竣工决算是办理交付使用资产的依据

公路工程项目竣工决算详细反映了竣工项目交付使用资产的全部价值，包括建筑安装工程、设备器具等固定资产和流动资产的价值。建设单位据此同使用单位办理验收手续。经过批准的竣工决算中的资产价值是建设单位和使用单位办理移交和转移的依据。

3. 认真编制公路工程项目竣工决算是经济责任划分的重要环节

竣工决算是建设单位向主管部门和拨款单位报账的书面材料。国家规定，建设项目在全部工程竣工后，要认真做好各项账务、物资以及债权债务的清理结算工作，做到工完账清。对各种材料、设备、施工机具等，要逐项清点核实，妥善保管，按照国家规定进行处理，不准任意侵占。在没有编报竣工决算、清理结束前，机构不得撤销，有关人员不得调离。凡是符合验收条件的工程，如不及时办理验收手续，其一切费用不准从基建投资中支付。清理回收的结余资金，基建投资借款单位应用来归还借款，基本投资拨款单位应通过银行上交或退回原拨款单位。因此，竣工决算是经济责任划分的重要环节。

（三）高速公路工程项目竣工决算的主要内容

竣工决算是由建设单位编制的反映建设项目实际造价和投资效果的文件。竣工决算的内容包括从项目策划到竣工投产全过程的全部实际费用。具体由竣工财务决算说明书、竣工财务决算报表、工程竣工图和工程造价对比分析四个主要部分组成。其中，竣工财务决算说明书和竣工财务决算报表又合称为竣工财务决算，它是竣工决算的核心内容。

1. 竣工决算报告情况说明书

竣工决算报告情况说明书主要反映竣工工程建设成果和经验，是对竣工决算报表进行分析和补充说明的文件，是全面考核分析工程投资造价的书面总结。

2. 竣工财务决算报表

竣工财务决算报表根据报告大、中型建设项目和小型建设项目分别制定。

3. 建设工程竣工图

建设工程竣工图是真实地记录各种地上、地下建筑物、构筑物等情况的技术文件，是工程进行交接验收、维护改建和扩建的依据，是建设项目的重要技术档案。

4. 工程造价比较分析

批准的概算是考核建设工程造价的依据。在分析时，可先对比整个项目的总概算，然后将建安工程费、设备工器具费和其他工程费用逐一与竣工决算表中所提供的实际数据和相关资料及批准的概算、预算指标、实际工程造价进行对比分析，以确定竣工项目总造价是节约还是超支，并在对比的基础上，总结先进经验，找出节约和超支的内容和原因，提出改进措施。

（四）竣工决算编制与管理的基本要求

1. 竣工决算的编制要求

（1）成立专门组织，配备专门人员。一般应包括工程技术、计划、财务、物资、统计等有关人员共同完成竣工决算报告的编制工作，并安排专门的领导负责。

（2）支出合规合法。支出的合法性、合规性不仅是国家政策的要求，更是会计核算信息准确性的要求。因此，编制决算过程中应对照国家不同时期有关基本建设财务管理的相关规定全面审核各项支出的合法性和合规性，对于不符合规定的支出应从决算中剔除出去，确保竣工决算的正确性。

（3）时间及时，数字准确，内容完整。时间及时是指决算编制应严格按照国家规定的时间完成，新制度规定，凡已竣工的建设项目，原则上应于竣工后最长 3 个月内编制出财务竣工决算。数字准确是指在决算编制过程中，数字的加总与结转必须准确无误,数据之间的各项钩稽关系正确。内容完整是指不得遗漏应纳入决算的内容,并结清债权债务,核实各类资产或支出的准确金额。

(4)造价要实事求是。由于财务决算是公路工程项目财务活动的最终总结,因此,决算的编制一定要严肃认真、实事求是。特别是工程造价部分,直接影响到新建公路资产及其附属物的价值确定,以及与施工单位的工程款结算,因此,建设单位一定要按照规定的程序进行审核认定并将审定后的数字列入竣工决算。

2. 竣工决算的管理要求

(1)建设单位编制的竣工决算报告在审计部门提出审计意见后,方可组织竣工验收。未经竣工验收委员会认定的竣工决算报告不得上报。

(2)中央级大中型基本建设项目,其项目竣工决算报告经省级交通运输主管部门或部属一级单位签署意见后报交通运输部备案。

(3)竣工决算报告在竣工验收委员会审查同意后3个月内报出。

(4)竣工验收合格的基本建设项目其正式交付使用时间由竣工验收委员会确定。

二、高速公路工程项目竣工财务决算的管理

(一)国家财政部门对建设项目竣工决算的要求

竣工财务决算是财政部提出的概念。2016年财政部颁布了《基本建设项目竣工财务决算管理暂行办法》(财建〔2016〕503号),要求建设单位及其主管部门应在项目完工可投入使用或者试运行合格后3个月内及时编报竣工财务决算。特殊情况确需延长的,中小型项目不得超过2个月,大型项目不得超过6个月。

(二)竣工财务决算的主要财务文件

项目竣工财务决算的主要财务文件包括:竣工财务决算封面及目录、竣工财务决算说明书、竣工财务决算报表及相关资料。

1. 竣工财务决算说明书

竣工财务决算说明书主要包括以下内容：

（1）项目概况；

（2）会计账务处理、财产物资清理及债权债务清偿情况；

（3）建设资金计划及到位情况，财政资金支出预算、投资计划及到位情况；

（4）建设资金使用、结余资金处理情况；

（5）预备费动用情况；

（6）尾工工程投资及预留费用情况，应包含竣工财务决算基准日至上报日期间尾工工程投资及预留费用安排使用、债权债务清理等变化情况；

（7）概（预）算执行情况及分析，竣工实际完成投资与概算差异及原因分析；

（8）建设管理制度执行情况、政府采购情况、招投标情况、合同履行情况；

（9）主要技术经济指标的分析、计算情况；

（10）征地拆迁补偿情况、移民安置情况；

（11）历次审计、检查、审核、稽察意见及整改落实情况；

（12）管理经验、主要问题和建议；

（13）需说明的其他事项。

2. 竣工财务决算报表

项目竣工财务决算报表主要包括以下内容：基本建设项目概况表、基本建设项目竣工财务决算表、基本建设项目资金情况明细表、基本建设项目交付使用资产总表、基本建设项目交付使用资产明细表、基本建设项目尾工工程投资及预留费用表、基本建设项目待摊投资明细表、基本建设项目待核销基建支出明细表和基本建设项目转出投资明细表。

以设备购置、房屋及其他建筑物购置为主且附有部分建筑安装工程的，只须编制基本建设项目概况表、基本建设项目竣工财务决算表、基本建设项目资金情况明细表、基本建设项目交付使用资产明细表。

(1) 基本建设项目概况表的基本格式如表 8-1 所示。

表 8-1　　　　　　　　　　基本建设项目概况表

建设项目（单项工程）名称			建设地址				项目	概算批准金额	实际完成金额	备注
主要设计单位			主要施工企业				建筑安装工程			
占地面积（平方米）	设计	实际	总投资（万元）	设计	实际	基建支出	设备、工具、器具			
							待摊投资			
新增生产能力	能力（效益）名称			设计	实际		其中：项目建设管理费			
							其他投资			
建设起止时间	设计	自　年　月　日至　年　月　日					待核销基建支出			
	实际	自　年　月　日至　年　月　日					转出投资			
概算批准部门及文号							合计			
完成主要工作量	建设规模					设备（台、套、吨）				
	设计		实际			设计		实际		
尾工工程	单项工程项目、内容		批准概算		预计未完部分投资额		已完投资额		预计完成时间	
	小计									

(2) 基本建设项目竣工财务决算表的基本格式如表 8-2 所示。

表 8-2　　　　　　　　　基本建设项目竣工财务决算表

项目名称：　　　　　　　　　　　　　　　　　　　　　　　　　　　单位：

资金来源	金额	资金占用	金额
一、基建拨款		一、基本建设支出	
1. 中央财政资金		（一）交付使用资产	
其中：一般公共预算资金		1. 固定资产	
中央基建投资		2. 流动资产	
财政专项资金		3. 无形资产	
政府性基金		（二）在建工程	
国有资本经营预算安排的项目资金		1. 建筑安装工程投资	
2. 地方财政资金		2. 设备投资	
其中：一般公共预算资金		3. 待摊投资	
地方基建投资		4. 其他投资	
财政专项资金		（三）待核销基建支出	
政府性基金		（四）转出投资	
国有资本经营预算安排的项目资金		二、货币资金合计	
二、部门自筹资金（非负债性资金）		其中：银行存款	
三、项目资本		财政应返还额度	
1. 国家资本		其中：直接支付	
2. 法人资本		授权支付	
3. 个人资本		现金	
4. 外商资本		有价证券	
四、项目资本公积		三、预付及应收款合计	
五、基建借款		1. 预付备料款	
其中：企业债券资金		2. 预付工程款	
六、待冲基建支出		3. 预付设备款	
七、应付款合计		4. 应收票据	
1. 应付工程款		5. 其他应收款	
2. 应付设备款		四、固定资产合计	
3. 应付票据		固定资产原价	
4. 应付工资及福利费		减：累计折旧	
5. 其他应付款		固定资产净值	
八、未交款合计		固定资产清理	
1. 未交税金		待处理固定资产损失	
2. 未交财政结余资金			
3. 未交基建收入			
4. 其他未交款			
合计		合计	

补充资料：基建借款期末金额：　　　　　　　　基建结余资金：
备注：资金来源合计扣除财政资金拨款与国家资本、资本公积重叠部分。

(3) 基本建设项目资金情况明细表基本格式如表 8-3 所示。

表 8-3　　　　　　　　基本建设项目资金情况明细表

项目名称：　　　　　　　　　　　　　　　　　　　单位：

资金来源类别	合计		备注
	预算下达或概算批准金额	实际到位金额	需备注预算下达文件
一、财政资金拨款			
1. 中央财政资金			
其中：一般公共预算资金			
中央基建投资			
财政专项资金			
政府性基金			
国有资本经营预算安排的基建项目资金			
政府统借统还非负债性资金			
2. 地方财政资金			
其中：一般公共预算资金			
地方基建投资			
财政专项资金			
政府性基金			
国有资本经营预算安排的基建项目资金			
行政事业性收费			
政府统借统还非负债性资金			
二、项目资本金			
其中：国家资本			
三、银行贷款			
四、企业债券资金			
五、自筹资金			
六、其他资金			
合计			

补充资料：项目缺口资金：
缺口资金落实情况：

(4) 基本建设项目交付使用资产总表基本格式如表 8-4 所示。

表 8-4 基本建设项目交付使用资产总表

项目名称： 单位：

序号	单项工程名称	总计	固定资产				流动资产	无形资产
			合计	建筑物及构筑物	设备	其他		
	合 计							

交付单位： 负责人： 接收单位： 负责人：
盖 章： 年 月 日 盖 章： 年 月 日

（三）竣工财务决算的编制依据

高速公路建设项目竣工财务决算编制依据主要包括：

（1）国家有关法律、法规、文件；

（2）经批准的可行性研究报告、初步设计、施工图设计、设计变更、概（预）算调整等文件；

（3）招投标文件、政府采购文件、合同（协议）、工程结算等管理资料；

（4）历年下达的年度投资计划、支出预算；

（5）会计核算、年度财务决算及财务管理资料；

（6）竣工验收证书、廉政合同、质量监督报告及工程监理报告等其他有关资料。

（四）竣工财务决算的编制

高速公路建设项目竣工财务决算的编制应当遵循以下程序：

1. 制定竣工财务决算编制方案

竣工财务决算编制方案中应明确以下事项：

（1）组织领导和职责分工；

（2）竣工财务决算基准日；

（3）竣工财务决算编制的具体内容；

（4）计划进度和工作步骤；

（5）技术难题和解决方案。

2. 收集整理与竣工财务决算相关的资料

编制竣工财务决算应收集与整理以下主要资料：

（1）会计凭证、账簿和报告；

（2）内部财务管理制度；

（3）工程设计文件、设计变更文件、预备费动用相关资料；

（4）年度投资计划、预算（资金）文件；

（5）招投标、政府采购合同（协议）；

（6）工程量和材料消耗统计资料；

（7）征地与拆迁补偿、移民安置实施及其资金使用情况；

（8）工程结算资料；

（9）竣工验收、成果及效益资料；

（10）审计、财务检查结论性文件及整改材料。

3. 竣工财务清理

竣工财务清理主要包括：

（1）合同（协议）清理

①按照合同（协议）编号或类别列示合同（协议）清单；

②在工程进度款结算的基础上，根据施工过程中的设计变更、现场签证、工程量核定单、索赔等资料办理竣工结算，对合同价款进行增减调整；

③清理各项合同（协议）履行的主要指标，包括合同金额、累计已结算金额，预付款支付、扣回、余额，质量保证金扣留、支付、余额，履约担保、预付款保函（担保）等；

④确认合同（协议）履行结果；

⑤落实尚未执行完毕的合同（协议）履行时限和措施。

（2）债权债务清理

①核对和结算债权债务；

②清理坏账和无法偿付的应付款项；

③将债权债务清理形成的损益计入待摊投资。

（3）剩余工程物资清理

①确定剩余工程物资的账面价值、变价收入、变现费用和变现净值；

②将剩余工程物资的变现净值计入待摊投资。

（4）结余资金清理

①结余资金＝建设资金来源的合计数－基本建设支出合计数；

②结余资金应按照建设资金来源中财政拨款占比确定财政拨款形成的结余资金，并按规定缴回同级财政。

（5）应移交的资产清理

①按照核算资料列示移交资产账面清单；

②工程实地盘点，形成移交资产盘点清单；

③分析比较移交资产账面清单和盘点清单；

④调整差异，形成应移交资产目录清单。

4. 确定竣工财务决算基准日

竣工财务决算基准日应依据资金到位、投资完成、竣工财务清理等情况确定，一般应确定在月末。与建设成本、交付使用资产价值以及其他基本建设支出相关联的会计业务应在竣工财务决算基准日之前全部入账。

5. 概（预）算与核算口径的对应分析

会计核算口径与概（预）算口径有差异的，在编制竣工财务决算时，应依据概（预）算的口径，调整会计核算指标，形成对应关系。

6. 计列尾工工程投资及预留费用

待摊投资支出按合理比例分摊计入交付使用资产、转出投资价值和待核销基建支出。能够确定由某项资产或某项支出负担的待摊投资，应直接计入。不能确定负担对象的待摊投资，应分摊计入受益的资产成本或待核销基建支出。构成交付使用资产的无须安装的设备投资不分摊待摊投资。

7. 分摊待摊投资

项目建设单位应根据不同情况，分别选择概算分配率或实际分配率分摊待摊投资。

概算分配率的计算公式如下：

概算分配率＝（概算中各待摊投资的合计数－其中可直接分配部分）÷（概算中建筑工程、安装工程、在安装设备投资和待核销基建支出合计）×100%

实际分配率的计算公式如下：

实际分配率 = 待摊投资明细科目余额 ÷（建筑工程明细科目余额 + 安装工程明细科目余额 + 在安装设备投资明细科目余额 + 待核销基建支出科目余额）× 100%

8. 确定建设成本

9. 编制竣工财务决算报表

10. 编写竣工财务决算说明书

（五）竣工财务决算审核与报批

项目竣工财务决算审核、批复管理职责和程序要求由同级财政部门确定，财政部门和项目主管部门对建设单位编制的项目竣工财务决算实行先审核、后批复的办法，可以委托预算评审机构或者有专业能力的社会中介机构进行审核。对符合条件的，应当在6个月内批复。

1. 竣工财务决算审核

基本建设项目竣工财务决算审核对提高竣工财务决算的质量，正确评价投资效益、改善建设项目管理有着重要的意义。项目建设单位上报竣工财务决算应包括以下资料：

（1）申请报批的文件；

（2）竣工财务决算；

（3）竣工财务决算审核意见及审核表（见表8-5）；

（4）竣工验收证书；

（5）审批单位要求提供的其他资料。

2. 竣工财务决算审批部门审核的重点内容主要包括：

（1）工程价款结算情况。主要包括工程价款是否按有关规定和合同（协议）进行结算；是否存在多算和重复计算工程量、高估冒算建筑材料价格等问题；单位、单项工程造价是否在合理或国家标准范围内，是否存在严重偏离当地同期同类单位工程、单项工程造价水平问题。

（2）核算管理情况。主要指执行《基本建设财务规则》及相关会计制度情况。具体包括：

表 8－5　　　　　　　　基本建设项目竣工财务决算审核汇总表

项目名称：

序号	工程项目及费用名称	批准概算		送审投资		审定投资		审定投资较概算增减额	备注
		数量	金额	数量	金额	数量	金额		
	按批准概算明细口径或单位工程、分部工程填列								
	总计								
一	建安工程投资								
	……								
二	设备、工器具								
	……								
三	工程建设其他费用								

项目单位：　　　　负责人签字：　　　　评审机构：　　　　评审负责人签字：
　　　　　　　　　　年　月　日　　　　　　　　　　　　　　　年　月　日

①建设成本核算是否准确。是否存在超过批准建设内容发生的支出、不符合合同（协议）的支出、非法收费和摊派，无发票或者发票项目不全、无审批手续、无责任人员签字的支出，以及因设计单位、施工单位、供货单位等原因造成的工程报废损失等不属于本应当负担的支出等情况。

②待摊费用支出及其分摊是否合理合规。

③待核销基建支出有无依据、是否合理合规。

④转出投资有无依据、是否已落实接收单位。

⑤竣工财务决算报表所填列的数据是否完整，表内和表间钩稽关系是否清晰、正确。

⑥竣工财务决算的内容和格式是否符合国家有关规定。

⑦竣工财务决算资料报送是否完整、决算数据之间是否存在错误。

⑧与财务管理和会计核算有关的其他事项。

（3）资金管理情况

①资金筹集情况。建设资金筹集，是否符合国家有关规定。

②资金到位情况。财政资金是否按批复的概算、预算及时足额拨付建设单位；自筹资金是否按批复的概算、计划及时筹集到位。

③资金使用情况。财政资金是否按规定专款专用，是否符合政府采购和国

库集中支付等管理规定；结余资金在各投资者间的计算是否准确；应缴回财政的结余资金是否在竣工验收合格后 3 个月内按照预算管理制度有关规定缴回财政；是否存在擅自使用结余资金的情况。

(4) 基本建设程序执行及建设管理情况

①基本建设程序执行情况。审核决策程序是否科学规范，立项、可行性研究、初步设计及概算和调整是否符合国家规定的审批权限等。

②建设管理情况。审核竣工财务决算报告是否反映了建设管理情况；建设管理是否符合国家有关建设管理制度要求，是否建立和执行法人责任制、工程监理制、招投标制、合同制；是否制定相应的内控制度，内控制度是否健全、完善、有效；招投标执行情况和建设工期是否按批复要求有效控制。

(5) 概（预）算执行情况。主要包括是否按照批准的概（预）算内容实施，有无超标准、超规模、超概（预）算建设现象，有无概算外和擅自提高建设标准、扩大建设规模、未完成建设内容等问题；在建设过程中历次检查和审计所提的重大问题是否已经整改落实；尾工工程及预留费用是否控制在概算确定的范围内，预留的金额和比例是否合理。

(6) 交付使用资产情况。主要包括形成资产是否真实、准确、全面反映，计价是否准确，资产接受单位是否落实；是否正确按资产类别划分固定资产、流动资产、无形资产、公共基础设施；交付使用资产实际成本是否完整，是否符合交付条件，移交手续是否齐全。

对财务决算重点审核应以国家有关基建方针、政策、设计文件和工程概（预）算为依据，审核历年来决算所列资料是否与竣工决算总列数相符；审核核对竣工项目是否属于批准的计划内基本建设项目，工程内容有无增减变动；修改变更设计等要附有批件。审核竣工项目中有无虚报工程量、提高取费标准、高套定额等现象；审核计划外项目和违反规定与兴建楼堂馆所等问题。

3. 竣工财务决算报批

(1) 中央项目竣工财务决算，由财政部制定统一的审核批复管理制度和操作规程。

(2) 中央项目主管部门本级以及不向财政部报送年度部门决算的中央单位的项目竣工财务决算，由财政部批复。

(3) 其他中央项目竣工财务决算，由中央项目主管部门负责批复，报财政部备案。国家另有规定的,从其规定。

(4) 地方项目竣工财务决算审核批复管理职责和程序要求由同级财政部门确定。

(5) 经营性项目的项目资本中,财政资金所占比例未超过 50% 的,项目竣工财务决算可以不报财政部门或者项目主管部门审核批复。项目建设单位应当按照国家有关规定加强工程价款结算和项目竣工财务决算管理。

4. 及时办理资产交付手续

项目竣工后项目建设单位应当及时办理资金清算和资产交付手续,并依据项目竣工财务决算批复意见办理产权登记和有关资产入账或调账。

第 2 节　建设项目资产交付管理

按照《基本建设财务规则》(中华人民共和国财政部令第 81 号)的规定,建设项目竣工后,项目建设单位应当及时办理资金清算和资产交付手续,并依据项目竣工财务决算批复意见办理产权登记和有关资产入账或调账。加快项目竣工决算,及时办理竣工验收及资产移交,可以节约工程建设成本,使得资本及时转化为资产,不仅可以使高速公路建设项目早日服务于社会,还能及时将基建投资转化为运营实体,及时产生经济效益。

高速公路建设项目资产交付管理主要包括确定资产交付种类、确定资产交付的时间节点、办理资产交付和相关账务调整等程序。

一、确定资产交付种类

资产交付是指项目竣工验收合格后,将形成的资产交付或者转交生产使用单位的行为。一般完工项目资产交付工作由建设单位组织实施。

按照交付使用资产的流动性,项目交付使用的资产包括流动资产、固定资产、无形资产等。

项目流动资产指的是由建设单位购置并交付生产使用单位低于固定资产标准的各种工具、器具、家具等。

项目固定资产，是指使用项目预算所购买的，使用期限较长，单位价值高，并且在使用过程中保持原有实物形态的资产。包括已经完成购置建造过程，并交付生产、使用单位的符合固定资产标准的各种房屋、建筑物和设备。

项目无形资产是指由建设单位购置并单独交付生产单位的不具实物形态的资产，包括高速公路公路收费经营权、土地使用权、专利权、专有技术等。

高速公路建设单位交付的资产中，固定资产所占比重很大，分布面广，种类繁多，具体又可按经济用途、使用状况和隶属关系分类。

（1）固定资产按经济用途分类，分为经营性固定资产和非经营性固定资产。经营性固定资产具体包括：①公路及附属设施；②收费设施；③通信设施；④监控设施；⑤安全设施；⑥供配电设施；⑦机械设施；⑧车辆；⑨房屋及构筑物；⑩其他直接服务于生产经营的固定资产。

非经营性固定资产具体包括不直接服务于生产经营的职工宿舍、招待所、食堂、医务室等房屋、设备类固定资产。

（2）固定资产按使用状况分类，分为使用中的固定资产；未使用的固定资产；出租的固定资产；不需用（封存的）固定资产等。

（3）固定资产按隶属关系分类，分为自有固定资产和融资租入的固定资产。

二、确定资产交付的时间节点

高速公路建设完工交付使用时间判断标准：（1）该标段工程已竣工验收并备案完毕；（2）该标段所在工程全线竣工并验收备案；（3）具备通车条件。

同时具备上述三个条件，该工程全线则可移交公路建设方和运营管理方，接收完成的时间即为规定的交付使用时间，其资产亦从此时起入账。

资产交付具体涉及公路基础设施的移交、需要安装设备和不需要安装设备的移交、房屋建筑物的移交等。

（一）公路基础设施的移交

公路基础设施属于高速公路建设项目的主体工程，包括公路及构筑物和安全设施等。公路及构筑物具体涉及路面工程、路基工程、桥隧工程、防护工程等。对于公路基础设施这部分资产的移交是高速公路资产移交管理环节的重点，公路基础设施应当在通过交工验收后规定期限内由建设主体与运营管理主体办理移交手续，以保证运营管理主体在高速公路面向社会开通试运营后能够履行运营管理的职责。

建设主体需要对各项移交的资产，包括路基、路面、桥梁、涵洞、隧道、防护工程、护网、护栏、灯具、灯杆等资产进行逐项清理、形成移交清单，在清理过程中对存在的问题由建设主体落实施工单位进行限期整改并组织复查。运营管理主体应对交工验收先期交付试运营的资产认真进行清点，编制"预交付使用资产清册"，在清册中明确资产的明细名称、数量、规格、型号、面积和长度，在双方确认签字后作为竣工验收正式办理"交付使用资产"的依据，同时应严格按照交通运输部相关规定，健全技术档案和统计档案，准确掌握资产的数量、性能和状态，做好账务移交工作，为竣工验收提供全面精准的财务资料。

（二）需要安装设备

需要安装设备中一部分与高速公路正常使用有关，如收费设施（包括电子收费设施、计重收费设施、与收费相关的其他电子设备等）、与收费有关的监控设施等，需要在安装调试完毕并验收合格后，在通车前按照规定程序移交给运营管理主体。

（三）不需要安装的设备

不需要安装的设备，包括车辆、业务用计算机、管理用打印机和复印机、摄像设备、录音设备等，应当根据合同的约定和实际需要分别在高速公路通车前或通车后办理移交手续。

（四）房屋建筑物

房屋建筑物，包括服务区房屋建筑物、管理用房屋、职工宿舍等。房屋建筑物的移交需要按照有关规定，通过验收后进行。房屋建筑物的验收，可结合国务院和交通运输部的规定，其交工验收也可视为其单项工程的竣工验收，在通过单项工程的竣工验收后移交给运营管理主体投入使用，然后作为全部工程的一部分进行竣工验收。

房屋建筑物的验收需要符合国家有关规定。验收具体涉及房屋建筑物的墙体、墙面、照明、给排水管道、供热供冷系统、电气管线、电梯设备、消防设备等。

执行企业财务会计核算制度的运营管理主体,在收到建设主体移交的建成资产后,应及时将对应资产的价值入账,并作为计提固定资产折旧的依据。

三、资产交付的程序及相关账务调整

《基本建设财务规则》(中华人民共和国财政部令第81号)第四十二条规定,项目竣工验收合格后应当及时办理资产交付使用手续,并依据批复的项目竣工财务决算进行账务调整。

(一)资产交付的程序

高速公路竣工资产交付基本程序如图8-1所示。

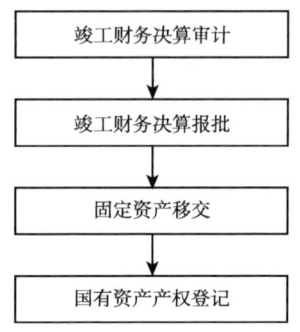

图8-1 资产交付流程图

工程竣工验收后办理固定资产交付手续,其具体流程如下:

(1)施工单位向建设单位提交工程竣工报告,申请工程竣工验收。

(2)建设单位收到工程竣工报告后,对符合竣工验收要求的工程,组织勘察、设计、施工、监理等单位和其他有关方面的专家组成验收组,制定验收方案。

(3)建设单位应当在工程竣工验收7个工作日前将验收的时间、地点及验收组名单通知负责监督该工程的工程监督机构。

（4）建设单位组织工程竣工验收。包括审阅建设、勘察、设计、施工、监理单位提供的工程档案资料；查验工程实体质量；对工程施工、设备安装质量和各管理环节等方面作出总体评价，形成工程竣工验收意见，验收人员签字。如有质量问题提出整改意见。

（5）施工单位按照整改意见及《责令整改通知书》进行整改，整改完毕后，写出《整改报告》，经建设、监理、设计、施工单位签字盖章确认后送质监站，对重要的整改内容，监督人员参加复查。

（6）验收合格后五日内，监督机构将监督报告送交通运输部（或住建部）。建设单位按有关规定报交通运输部（或住建部）备案。

（二）资产交付时相关项目账务调整

项目竣工后应当及时办理资金清算和资产交付手续，并依据项目竣工财务决算批复意见办理产权登记和有关资产入账或调账。项目资产交付工作由建设单位组织实施，在办理交工验收和资产移交营运单位管理之前，必须根据计划合约部门计量支付台账与各标段施工单位的最终结算价与财务账面归集的在建工程实际成本数进行全面核对，并结合由工程部门配合计划部编制的可预计未完工工程成本暂估入账计算完工工程总成本，并将需分摊的待摊基建投资部分向各资产项目进行合理分摊后编制资产估价入账表。财务部门据以结转固定资产，待竣工决算批复后再进行调整。

《基本建设财务规则》区分经营性项目和非经营性项目的资产交付时，如何进行相关账务处理：

（1）经营性项目资产交付时的账务处理。经营性项目发生的项目取消和报废等不能形成资产的支出，以及设备采购和系统集成（软件）中包含的交付使用后运行维护等费用，按照国家财务、会计制度的有关规定处理。

经营性项目为项目配套建设的专用设施，包括专用铁路线、专用道路、专用通信设施、专用电力设施、地下管道、专用码头等，项目建设单位应当与有关部门明确产权关系，并按照国家财务、会计制度的有关规定处理。

（2）非经营项目资产交付时的账务处理。非经营性项目发生的江河清障疏浚、航道整治、飞播造林、退耕还林（草）、封山（沙）育林（草）、水土保持、城市绿化、毁损道路修复、护坡及清理等不能形成资产的支出，以及项目未被批准、项目取消和项目报废前已发生的支出，作为待核销基建支出处理；形成资产产权归属本单位的，计入交付使用资产价值；形成资产产权不归属本单位的，作为转出投资处理。

非经营性项目发生的农村沼气工程、农村安全饮水工程、农村危房改造工程、游牧民定居工程、渔民上岸工程等涉及家庭或者个人的支出，形成资产产权归属家庭或者个人的，作为待核销基建支出处理；形成资产产权归属本单位的，计入交付使用资产价值；形成资产产权归属其他单位的，作为转出投资处理。

非经营性项目为项目配套建设的专用设施，包括专用道路、专用通信设施、专用电力设施、地下管道等，产权归属本单位的，计入交付使用资产价值；产权不归属本单位的，作为转出投资处理。

非经营性项目移民安置补偿中由项目建设单位负责建设并形成的实物资产，产权归属集体或者单位的，作为转出投资处理；产权归属移民的，作为待核销基建支出处理。

此外，《基本建设项目竣工财务决算管理暂行办法》第二十条规定，项目建设单位经批准使用项目资金购买的车辆、办公设备等自用固定资产，项目完工时按下列情况进行财务处理：

（1）资产直接交付使用单位的，按设备投资支出转入交付使用。其中，计提折旧的自用固定资产，按固定资产购置成本扣除累计折旧后的金额转入交付使用，项目建设期间计提的折旧费用作为待摊投资支出分摊到相关资产价值；不计提折旧的自用固定资产，按固定资产购置成本转入交付使用。

（2）资产在交付使用单位前公开变价处置的，项目建设期间计提的折旧费用和固定资产清理净损益（即公开变价金额与扣除所提折旧后设备净值之间的差额）计入待摊投资，不计提自用固定资产折旧的项目，按公开变价金额与购置成本之间的差额作为待摊投资支出分摊到相关资产价值。

在通过竣工验收后的规定期限内根据批复确定的资产价值办理资产账目的移交。在账务移交方面往往存在工程资料不完整、资产明细清单不准确等问题，因此在进行高速公路资产移交管理时，应首先做好资产移交清单的管理工作。按照交涉施工和采购合同建立资产合同台账，然后根据资产的分类按合同决算审计结果建立详细的资产清单。

结合交通运输部项目竣工档案管理要求，完工高速公路建设项目应该提供完整的竣工档案，包括设计图、竣工图、征地图、国有资产土地使用权证、房屋所有证、征用土地一览表、通车里程对照表、竣工决算资料等，同时移交编制整齐的竣工电子文档。资产管理部门应根据前期资产清理情况，对现有的财产重新进行清理造册，并与财务的资产明细账核对，对发现不符的及时查明原因，对报废、毁损的资产依据其价值大小报相关部门进行审批。财务人员根据批准结果进行相应的账务调整，保证账实相符，同时编制资产明细表，为编制财务竣工决算和资产移交管理工作做好准备，并根据审计批复的竣工决算调整资产价值。

第3节　建设项目竣工决算与资产交付业务的内控流程与关键管控点

一、建设项目竣工决算与资产交付业务的控制目标

高速公路建设项目竣工决算和资产交付环节的主要风险是竣工验收不规范、最终把关不严，可能导致工程交付使用后存在重大隐患；虚报项目投资完成额、虚列建设成本或者隐匿结余资金，未经竣工财务决算审计，可能导致竣工决算失真等风险。

高速公路建设项目竣工决算和资产交付的业务管控目标是，建立健全项目竣工验收和决算程序，避免移交项目存在重大隐患，防止虚列项目建设成本或者隐匿结余资金等舞弊行为。加强本项工作的规范性管理，对于严格控制高速公路建设成本，规避工程结算风险，顺利办理资产移交，巩固高速公路建设成果，完善高速公路建设工程投资后评价有着重要的作用。

二、建设项目竣工决算与资产交付业务的内控流程与关键管控点

高速公路建设项目竣工决算与资产交付业务的基本流程主要有工程交工验

收、竣工结算、竣工决算、工程竣工验收、资产移交和项目档案管理等环节组成。具体流程见图8-2所示。

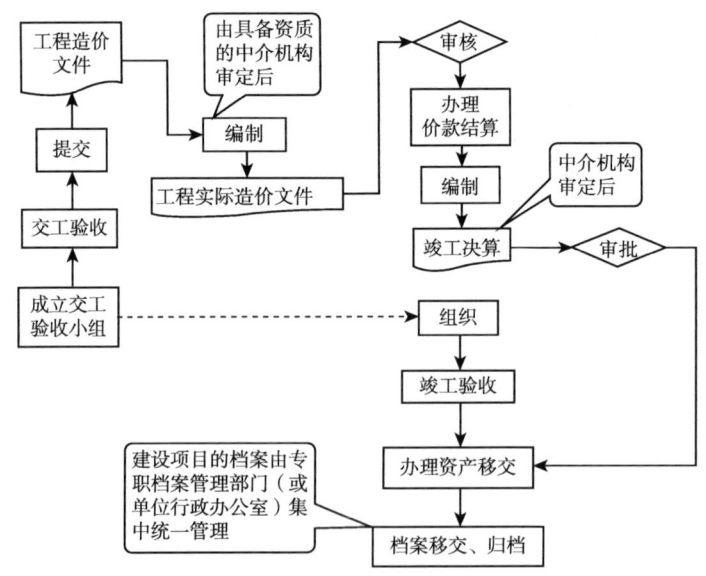

图8-2 建设项目竣工决算与资产交付业务流程图

1. 工程交工验收。建设项目完工后，由高速公路建设单位的业务部门负责组织成立交工验收小组，对建设项目进行交工验收。

2. 竣工结算。工程交工并经验收合格后，由高速公路建设单位计划部门负责委托具有相应资质的社会中介机构对合同工程造价进行审定，编制确定工程实际造价并作为最终结算工程价款的经济文件交由财务部门审核后按规定办理价款结算。

3. 竣工决算。高速公路建设单位财务部门应当按照规定的时限及时编制竣工决算并委托具有相应资质的社会中介机构对竣工决算进行审计出具竣工决算报告。经审计后项目竣工决算报告由单位负责人审批后逐级上报主管部门审批。

4. 工程竣工验收。建设项目竣工后，由高速公路建设单位计划部门及时组织设计、施工、监理等有关单位成立工程竣工验收小组，对建设项目进行竣工验收。

5. 资产移交。项目验收合格和竣工决算审批通过后，计划部门和财务部门及时编制财产清单，办理资产移交手续。

6. 项目档案管理。建设项目的档案由高速公路建设单位专职档案管理部门（或单位行政办公室）集中统一管理。建设项目档案的归档应当与项目建设同步，各有关部门、机构及工作人员应当在各自职责范围内做好建设项目文件、材料的收集、整理、归档、保管工作。

（1）计划科室负责收集整理建设项目相关文件，如各种立项文件、审批文件等。

（2）勘察、设计机构负责收集整理勘察、设计文件，并于任务结束后向计划科室移交设计基础材料和设计文件。

（3）项目施工单位负责收集整理与项目施工建设相关的文件材料，建设项目实体完成后向计划科室移交。

（4）项目监理机构负责收集整理项目监理文件，建设项目实体完成后向计划科室移交。

（5）专职档案管理部门（或单位行政办公室）对建设项目相关的文字材料、图纸、电子文件等进行全部收集、分类、整理，报上级主管档案部门审查验收。

三、建设项目竣工决算与资产交付业务的监督检查

1. 工程交工验收

重点检查高速公路建设单位是否成立了验收小组，以及建设项目交工验收文件上业务科室、交工验收小组的成员签名和签署意见情况。

2. 竣工结算

重点检查高速公路建设单位竣工项目的工程实际造价文件，检查是否委托了具有相应资质的社会中介机构对合同工程造价进行审定，以及出具的具体审计意见。

3. 竣工决算

重点检查高速公路建设单位竣工决算是否委托具有相应资质的社会中介机构对竣工决算进行审计并出具竣工决算审计报告。检查竣工决算报告是否经由各相关单位和负责人及单位领导班子签字。

4. 工程竣工验收

重点检查高速公路建设单位的计划科室、工程竣工验收小组及设计、施工、监理等有关单位是否在竣工验收文件上签署意见，以及签署的详细意见内容。

5. 资产移交

重点检查高速公路建设单位的计划科室和财务科室在财产清单、资产移交手续中经办人处的签名情况。

6. 项目档案管理

重点检查高速公路建设单位的各项建设项目的工程档案是否完整、齐全，是否经相关科室、项目施工单位、项目监理机构等相关单位的经办人员和负责人签字确认。具体资料包括：勘察、设计文件，设计基础材料和设计文件，与项目施工建设相关的文件材料，项目监理文件以及与建设项目相关的其他文字材料、图纸、电子文件等。

第9章 高速公路建设单位审计目标和职能

第1节 审计目标

审计目标是指监督、确认和鉴证审计对象所要达到的目的要求和最终结果,是指导审计工作的方向。一般审计目标可分为总体审计目标和具体审计目标。总体审计目标是审计工作所要达到的最终目的和要求;具体审计目标是总体审计目标的具体化。在不同社会环境下,审计目标是随着审计主体、审计对象以及经济发展对审计工作要求的变化而变化。

一、国家审计的审计目标

国家审计的审计范围是对公共资金的使用情况进行审查,对政府和有关政府机关负责并报告工作,依据《中华人民共和国审计法》(修正草案2021),国家审计的目标是对被审计单位的财政收支、财务收支和有关经济活动的真实性、合法性、效益性的情况,依法进行审计监督。这里的被审计单位主要指国家机关、人民团体、国家的事业组织、国有和国有资本占控股地位或者主导地位的企业(含金融机构),其他管理、分配和使用公共资金、国有资产、国有资源的单位。

国家审计的总体目标包括:真实性目标、合法性目标、效益性目标。

真实性目标是指审计机关审查被审计事项的真实性,确定财政财务收支活动是否真实存在、是否已经发生、有无虚假舞弊行为,各种信息是否客观、真实地反映了实际的财政、财务收支状况和经营成果,政府各项经济责任是否如实履行,向社会公众公布的信息是否真实无误。

合法性目标是指审计机关审查被审计事项的合法性,确定各项财政、财务收支活动是否合乎法律和规章制度的规定,如会计处理是否遵循了会计准则和相关会计制度。

效益性目标是指审计机关审查被审计事项的效益性，效益性包括经济性、效率性、效果性，其中，经济性是指经营行为要符合节约原则，一项经营活动，在保证质量的前提下，将其资源的消耗量降到最低水平；效率性是指经营产品、服务等要做到以一定的投入实现最大的产出，或实现一定的产出使用最小的投入；效果性是指计划、预算和经营目标的实现程度，是将一项活动的实际效果与预期效果相比较，衡量其实现的程度。

随着高速公路管理体制改革，我国高速公路建设单位的性质目前大部分属于国有性质，因此对于高速公路建设单位的审计业务，主要由国家审计机关完成。按照《审计机关政府投资建设项目审计准则》规定，审计机关在安排政府投资建设项目审计时，确定建设单位（含项目法人）为被审计单位，与政府投资建设项目直接有关的建设、勘察、设计、施工、监理、采购、供货等单位的财务收支，应当接受审计机关的审计监督。

国家审计机关对于高速公路建设单位的审计，其审计总目标是对高速公路建设单位与政府投资建设项目直接有关的建设、勘察、设计、施工、监理、采购、供货等单位的财务收支以及有关经济活动的真实性、合法性和效益性进行审计监督。

具体审计目标是总目标的具体化，根据建设项目的审计内容，其具体审计目标有：

（1）审计机关应当对政府投资建设项目总预算或者概算的执行情况、年度预算的执行情况和年度决算、项目竣工决算的真实、合法、效益情况，进行审计监督。

（2）审计机关对政府投资建设项目的建设程序、资金来源和其他前期工作进行审计时，应当检查建设程序、建设资金筹集、征地拆迁等前期工作的真实性和合法性。

（3）审计机关对建设资金管理与使用情况进行审计时，应当检查建设资金到位情况和资金管理与使用的真实性和合法性。

（4）审计机关根据需要对政府投资建设项目的勘察、设计、施工、监理、采购、供货等方面招标投标和工程承发包情况进行审计时，应当检查招标投标程序及其结果的合法性，以及工程承发包的合法性和有效性。

（5）审计机关根据需要对与政府投资建设项目有关的合同进行审计时，应当检查合同的订立、效力、履行、变更和转让、终止的真实性和合法性。

（6）审计机关对政府投资建设项目设备、材料的采购、保管、使用进行审计时，应当检查设备、材料核算的真实性、合法性和有效性。

（7）审计机关对国家建设项目概算执行情况进行审计时，应当检查概算审批、执行、调整的真实性和合法性。

（8）审计机关对政府投资建设项目债权债务进行审计时，应当检查债权债务的真实性和合法性。

（9）审计机关对政府投资建设项目税费进行审计时，应当检查税费计缴的真实性和合法性。

（10）审计机关对建设成本进行审计时，应当检查建设成本的真实性和合法性。

（11）审计机关对政府投资建设项目基本建设收入、节余资金进行审计时，应当检查其形成和分配的真实性和合法性。

（12）审计机关根据需要对工程结算和工程决算进行审计时，应当检查工程价款结算与实际完成投资的真实性、合法性及工程造价控制的有效性。

（13）审计机关对政府投资建设项目的交付使用资产进行审计时，应当检查交付使用资产的真实性和合法性。

（14）审计机关对政府投资建设项目尾工工程进行审计时，应当检查未完工程投资的真实性和合法性。

（15）审计机关对建设单位会计报表进行审计时，应当检查年度会计报表、竣工决算报表的真实性和合法性。

（16）审计机关根据需要对政府投资建设项目的勘察、设计、施工、监理、采购、供货等单位进行审计时，应当检查项目勘察、设计、施工、监理、采购、供货等单位与政府投资建设项目直接有关的收费和其他财务收支事项的真实性和合法性。

（17）审计机关根据需要对政府投资建设项目工程质量管理进行审计时，应当检查勘察、设计、建设、施工和监理等单位资质的真实性和合法性，以及对工程质量管理的有效性。

（18）审计机关根据需要对政府投资建设项目投资效益进行审计时，应当依据有关经济、技术及社会、环境指标，评价政府投资建设项目投资决策的有效性，分析影响投资效益的因素。

二、内部审计的审计目标

（一）内部审计目标

《中国内部审计准则》关于内部审计的定义，内部审计是一种独立、客观的确认和咨询活动，它通过运用系统、规范的方法，审查和评价组织的业务活动、内部控制和风险管理的适当性和有效性，以促进组织完善治理、增加价值和实现目标。

根据内部审计定义，将内部审计的目标界定为，促进组织完善治理、增加价值和实现目标。进一步明确了内部审计在提升组织治理水平、促进价值增值以及实现组织目标中的重要作用。

审计署《关于内部审计工作的规定》（2018）中将内部审计定义为对本单位及所属单位财务收支、经济活动、内部控制、风险管理等方面实施独立、客观的监督、评价和建议，以促进单位完善治理、实现目标的活动。因此，其审计目标定位为促进单位完善治理、实现单位经营管理目标。

由此可以看出，《中国内部审计准则》和审计署《关于内部审计工作的规定》二者关于内部审计目标定位基本一致。具体包括：（1）确认资源使用的效率与效果；（2）确认法律、法规、制度、合同的遵循；（3）确认资产的安全；（4）确认经营报告的完整与可靠；（5）确认组织目标的实现。

高速公建设单位的主要业务就是高速公路的路、桥、隧及配套设施的建造、施工和安装等工作，因此，高速公路建设单位内部审计的主要依据是《内部审计实务指南——建设项目内部审计》。

（二）建设项目审计的总体目标

建设项目审计的总体目标，是通过对建设项目建设全过程各项技术经济活动进行监督和评价，确认建设项目建设与管理活动的真实性、合法性和效益性，促进项目建设质量、工期、成本等建设目标顺利实现，促进提升项目绩效，增加建设项目的经济价值和社会价值。

（三）建设项目审计的具体目标

1. 规范建设管理

内部审计机构以促进项目管理机构和参建单位提升管理水平，理顺建设项目内外部关系，规范建设行为，提升项目质量和效益为目标。一是要确认建设项目与国家法律法规和行业规范的符合程度；二是要确认项目管理机构和参建单位对本组织内部控制体系的符合程度；三是要确认项目建设中对各项建设设计和施工技术规程、规范以及本项目的设计文件的符合程度；四是要确认项目财务信息、进度信息、投资完成信息的真实性，关注工程数量、质量、建设内容和过程的真实性。同时，审计还应当关注财经制度和廉政纪律执行情况，协助促进反腐倡廉机制建设。

2. 揭示建设风险

内部审计机构关注建设项目在建设各阶段，包括工期、质量、成本、安全、环境等管理中可能存在的薄弱环节、偏差和风险，协助项目管理单位查找漏洞和缺陷，促进规范管理和风险防范。

3. 提升建设项目绩效

内部审计机构在审计中应当检验建设目标实现程度，提升项目效益，从而增加项目投资人的回报。一是确认项目进度目标任务是否实现。项目按期交付使用，就能尽早实现投资效益。二是确认建设项目质量、安全控制目标是否实现。建设项目的质量、安全风险同时也是审计关注的重要风险。三是确认项目投资控制及绩效目标是否实现。通过对项目造价控制提出切实可行的审计意见和建议，完成阶段性或单项工程造价审计，能直接节约投资，提高项目绩效。

三、注册会计师审计的审计目标

注册会计师审计组织接受客户委托，对约定事项进行审核评价，向委托人负责并报告审计结果。高速公路建设工程作为国家基础设施投资的重点领域，其外部审计监督主要是由国家审计机关履行监督职责。对于高速公路建设单位的审计业务，如果是国家审计机关委托给会计师事务所，那么其审计目标要遵循国家审计的审计目标。如果是属于建设单位的内部审计业务，而由内部审计外包给会计师事务所，那么其审计目标则要遵循内部审计的审计目标。

第2节 审计职能

审计的职能是指审计工作本身所固有的功能，它取决于社会经济的客观需要，并随着社会经济的发展而发展，不由人的主观意愿所决定。所以，审计职能不是一成不变的，它是随着经济发展和公司治理要求提高而发展变化的。一般认为，审计具有经济监督、经济评价和经济鉴证职能。这三种职能相互联系、相互促进、相互制约，构成一个完整的职能体系。国家审计、社会审计、内部审计都具备这三种基本职能。此外，内部审计由于它服务内向性特征，因此，内部审计还具备确认与服务职能。

一、经济监督职能

监督即监察和督促，是指监察和督促被审计单位的经济活动在规定的范围内，在正常的轨道上运行，不发生偏离行为。审计产生和发展的历史告诉我们只有当审计组织享有充分的独立性和权威性时，审计才能切实发挥监督作用，审计的效果才好；反之，审计监督就会流于形式。我国宪法规定国家设立审计机关，审计法也规定了政府审计的职责和权限。因此，国家审计的经济监督权力明显大于内部审计和社会审计。在我国，国家审计机关开展财政财务审计、财经法纪审计都体现了审计的经济监督职能。

社会审计组织，代理审计委托者（如股东等）通过对被审计单位经济活动的公允性和合法性的审查来实施经济监督。

经济监督也是内部审计最基本的职能。无论是早期的查错防弊，还是现代的各种检查和评价活动，都蕴含着监督的职能。内部审计要对本部门、本单位的经济活动进行检查，依照法规或标准加以评价和衡量，明辨是非，揭发违法违纪和不经济行为，追究受托经济责任，这些都是其执行经济监督职能的具体体现。内部审计的经济监督主要包括以下三个方面的内容：

（1）监督单位各种经营业务活动开展的合法性和合规性。例如，对单位的生产、供销、分配、计划、决策、人事等活动进行检查，从宏观着眼，从微观入手，督促单位遵守国家政策、方针、法规和制度。

（2）监督单位内部各种经济活动的有效性和经济性。例如，检查单位经济活动是否与经营目标保持一致；检查单位内部各部门人员是否忠于职守，履行其所承担的职责；检查各部门的经济活动是否有较高的效率，是否取得预期的成果，是否厉行节约。

（3）监督经济活动资料的真实性和可靠性。例如，对单位的会计资料进行检查，了解其内容是否真实、可靠，账实是否相符，承包单位完成的责任指标是否真实，有无水分等。

必须注意的问题是，内部审计监督职能的履行，在很大程度上取决于单位领导的支持情况，体现在单位内部是否以行政文书明确内部审计的权限、是否制定内部审计制度、是否有配套的组织安排等，这些都是内部审计、审查权力有效履行的保证。

二、经济评价职能

评价即评定和建议，经济评价是指通过审核检查，评定被审计单位的经济决策、计划、预算和方案是否先进可行，经济活动是否按既定的决策和目标进行，经济效益是高还是低，以及内部控制和内部管理是否健全、有效等，从而有针对性地提出意见和建议，以促使其改善经营管理，提高经济效益。建议则是审计人员围绕所发现的问题，分析问题形成的原因，提出改进经济管理工作、提高效率的办法和途径。

在我国，开展对党政干部和企业法人的经济责任审计和对国有企业的经济效益审计主要行使的是政府审计的评价职能。

社会审计评价职能主要表现在注册会计师接受委托对被审计单位经济活动的合法性和公允性进行审查，发表审计意见的同时，针对被审计单位内部控制及管理活动的薄弱环节主动提出改进和完善建议，以便更好地维持客户关系。

内部审计的评价是指内部审计人员依据一定的审计标准对所检查的活动及其效果进行合理的分析和判断。单位为实现组织目标所从事的一切生产、经营、管理活动,都是评价的对象。例如,决策、计划、方案的制定是否符合实际;各种活动是否依据授权并遵照了既定的程序和标准;是否达到了预期的效果,实现了既定的目标;各种信息是否真实、准确和完整,以及处理信息的方法是否恰当;各种资源是否得到了经济、有效地使用等。

三、经济鉴证职能

鉴证即鉴定和证明,是指通过对被审计单位的会计报表及有关经济资料所反映的财务收支和有关经济活动的公允性、合法性的审核检查,确定其可信赖的程度,并作出书面证明,以取得审计委托人或其他有关方面的信任。

经济鉴证职能是随着市场经济的发展而出现的一项职能,且得到了社会的重视而日益强化。

经济鉴证是指通过对被审计单位的经济活动和有关经济资料及其所反映的财务收支和有关经济活动的真实性、合法性、效益性进行检查,确定其可信赖的程度并作出书面证明,以取得社会公众或代表社会公众利益的权力机关的信任。如我国的政府审计公告制度就有经济鉴证的性质,国务院职能部门自2010年开始的"三公"经费公开,即出国(境)费、车辆购置及运行费、公务接待费要公开。

内部审计人员对被审计部门或单位的财务状况、财务成果及经济活动加以鉴定和证明,据以提出审计结论。鉴证必须在审查的基础上进行,因此,审查与监督是进行鉴证的前提,鉴证是审查与监督的结果。

内部审计人员通过对单位内部的经济业务及相关活动进行审查,不仅可以及时发现和揭露单位在内部控制与管理方面存在的弊端和薄弱环节,同时还能够对单位内部各部门的生产经营活动绩效的真实性、正确性、效益性作出鉴证,为落实单位管理层的经济责任和在内部各部门贯彻激励与约束机制,刺激落后、鼓励进步,提供客观依据。高速公路建设单位的工程审计具备鉴证职能,能对工程信息是否真实作出合理的判断。通过审计,可以判断建设项目的建设成本是否真实、可靠,在投资中有无随意扩大建设规模,挪用、挤占建设资金,盲目采购造成浪费的情况等。

四、确认与服务职能

通过审计鉴证和审计监督来预防单位舞弊是传统审计的基本职能,而通过审计检查发现单位的管理缺陷并提出加强单位管理的建设性意见,是传统审计发展成现代审计的一个重要标志,内部审计也一样。因此,内部审计人员在履行其职责时,不仅可以对单位的经济活动进行制约与控制,而且可以加强管理,促进被审计单位的制度建设。

内部审计要从单位的组织结构、管理体制、经营方针、政策和方法等多方面进行审核、分析与评价,揭示被审计单位经营过程中存在的弊病或薄弱环节,兴利除弊,扬长避短。其目的是要协助单位高层管理者寻找提高财务活动、经营管理活动的效率、效果,提高资源配置经济性的可能途径。内部审计机构和审计人员在单位内部应该享有相对独立的地位,为其能提出比较全面、中肯、可行的建议提供基本条件,从而更好地服务于促进单位的全面管理。

第 10 章　高速公路建设单位审计组织

第 1 节　审计组织模式

一、审计机构设置原则

（一）权威性原则

内部审计机构要有一定的权威，才能顺利开展工作。内部审计的权威性主要体现在内部审计机构的组织地位和设置层次上，组织地位和设置层次越高，权威性越大，内部审计作用的发挥也就越充分。内部审计机构在建立时，必须独立于各职能部门，领导应该明确授予审计人员独立地进行审计的权力。单位的领导要根据《审计署关于内部审计工作的规定》，使内部审计人员明确其具体任务和职权，并在本单位通报，宣告内部审计机构的成立，宣传内部审计机构的职权，使内部审计机构具有权威性，以便后续开展各项审计工作。至于内部审计机构建立以后是否能保持较高的权威性，还取决于其人员是否认真踏实地工作，是否进行客观公正的评价，以及是否对本单位改善经营管理、提高工作效率和经济效益做出贡献。

（二）独立性原则

独立性是指内部审计机构和人员在进行内部审计活动时，始终处于不存在影响内部审计客观性的利益冲突的状态。为了保持这种状态，设立内部审计机构必须遵循审计独立性的原则，以保证内部审计机构在组织上和业务上的独立地位。独立性可使内部审计师作出公正的、不偏不倚的判断，这对业务工作的恰当开展而言是必不可少的。独立性与客观性是审计监督区别于其他监督形式的主要特征，失去了独立性，审计也就改变了性质。与外部审计相比，内部审计的独立性主要以"内部计机构在组织中的地位"为基础保障。内部审计机构、组织形式的设计，一定要结合公司本身规模、管理层次、股权结构等状况，保证内部审计机构和人员能够独立地开展工作，并发挥相应作用。

（三）效率性原则

审计监督机制应本着效率性的原则进行设计，这样可使审计监督机制依分权的层次，自上而下形成有机整体，内部审计机构也不例外。单位监事会、审计委员会和内部审计机构在组织中应该既有明确分工，又有上下衔接与合作，充分发挥整体运作效能。内部审计应围绕股东大会、董事会、高级经理层和职能部门这样一个完整的代理链而形成一个有层级的组织体系，使内部审计工作紧紧围绕单位内部的所有利益相关者而充分展开。

单位在设置内部审计部门时应考虑：一是审计机构内部组织的小组、工作室数量不宜过多、过杂，因为这种多并不代表强大和权威，切忌因人设岗，而应因事设岗；二是审计机构中审计人员的配备要适度，要根据单位的日常审计工作量的多少和特殊工作要求进行定额配备。如果审计机构没有专业或者必备的小组，没有高素质的专业人员，就会显著影响甚至降低审计部门的威信和工作质量，影响审计工作的开展。另外，内部审计机构也应该是单位中专门从事审计工作的独立部门，主要发挥专业监督职能，应该设置专职工作岗位。内部审计机构不直接参与单位的日常经营活动，不直接承担经营责任，不能替代单位的其他部门经管业务、财物及账目。只有在形式和实质上都置身于具体的业务之外，才能保持内部审计的客观公正地位，维护审计工作的独立性，其审计工作成果才能被单位管理层和其他部门、科室认可。

（四）适应性原则

内部审计机构设置要与国家政策环境、组织历史沿革、组织自身的架构、组织管理层对内部审计的认知、组织从领导到基层职工对内部审计的期望相适应，滞后会削弱内部审计的作用，而超前又会造成一定程度上的管理混乱，反而会阻碍内部审计的发展。

二、内部审计模式及主要类型

随着我国整体经济的飞速发展，全国各地的高速公路建设项目也在纷纷立项上马、快速推进，高速公路建设项目的工程建设是否顺利、运营管理是否顺畅，都离不开内部审计作用的发挥。内部审计与监督必须与高速公路建设项目的可研、立项、施工、验收、交付等环节紧密结合。内部审计机构建设是确保高速公路内部审计工作顺利开展的基础保障，良好的审计工作成果都离不开超然独立的内部审计机构设置。

内部审计机构应该在高速公路系统内部独立开展各项审计职能。高速公路组织的性质有单一法人单位和高速公路集团单位，内部审计机构的设置根据不同性质的组织，设置也存在不同的模式。

（一）单一法人企业内部审计模式

从单一法人组织形式看，内部审计机构的设置主要有五种模式：（1）隶属于高管层；（2）隶属于财务部门负责人；（3）隶属于纪委书记（或纪检组长）；（4）隶属于董事会和高管层；（5）隶属于监事会和高管层。

1. 隶属于高管层

高管层是单位的最高层管理人员，拥有专业的管理知识和经验，熟知单位的日常经营业务，对单位的最高决策机构（董事会/党政领导班子）负责。这种模式下，内部审计机构根据单位高管层的要求开展工作，并将审计结果直接向其报告。这种模式有利于及时、快捷地向经营管理者提供决策建议，直接为日常经营决策服务，在单位内部控制体系中更好地发挥确认与咨询职能，有利于企业管理人员根据审计结果采取改善经营管理、提高经济效益的措施。

内部审计机构是组织的一个组成部分，各部门的很多活动是在单位负责人的授意下进行的，内部审计机构对这些部门的检查可能会在一定程度上受到阻碍，内部审计机构只能从事日常的内部审计工作，难以对单位的财务人员和单位负责人的经济责任、业绩等进行独立有效的评价和监督，在高度敏感的问题上，不能很好地保持独立性和客观性，使得审计范围相对狭窄，审计工作受到一定限制。

2. 隶属于财务部门负责人

内部审计机构设置在财务部门之中，内部审计机构的负责人向财务部负责人报告内部审计工作。20世纪80年代初，在内部审计的起步阶段，我国大多数设置了内部审计机构的单位选择了这种组织模式。后来，随着内部审计的发展，这种组织模式逐渐被其他模式所取代，理由是内部审计的主要对象是本单位的财务会计，内部审计机构设在财务部门之下会严重影响其独立性。

但如果存在这样两个条件，这种组织模式还是具有一定优势的：即单位是一个集团单位，集团下设若干分支机构；集团的财务审计由外部会计师事务所完成，各分支机构的财务审计以"上审下"的方式由集团层面的内部审计人员完成。

从保持内部审计独立性的角度分析，不应选择这种组织模式，但如果受条件限制无法改变组织模式的话，单位也可以实行这种"上审下"内部审计制度。

3. 隶属于纪委书记（或纪检组长）

这种组织模式的实质是纪检、监察、审计三种职能融为一体，相关职能机构合署办公。纪检部门是党口的办事机构，而审计部门归属于行政监督机构，因此，合署办公易造成党政不分、政企不分的职能混乱。当然，此种定位将内部审计当作纪检、监察部门办案和监察工作的延伸和补充，有助于提高纪检、监察与审计合署办公的效率。

从职能对应的角度来看，应该将审计与纪检、监察分署办公，如果纪检、监察部门需要审计协作的话，审计可以给予适度的帮助；如果单位现有的组织模式难以更改，则需要在纪检、监察、审计部门内部对人员按照工作属性进行分工，设专门的内部审计人员，并至少由一位单位领导直接负责审计工作。

4. 隶属于董事会和高管层

内部审计机构由高管层和董事会双重管理，内部审计机构负责人向高管层和董事会双重报告内部审计工作。董事会是公司制企业的最高权力机构，内部审计机构隶属于董事会，其组织地位能与其重大使命相适应，能够很好地体现内部审计的独立性。

5. 属于监事会和高管层

监事会是公司的监督机构，由股东代表和职工代表组成，其主要职责是对董事会、高管层进行监督。这种双重领导模式下，内部审计机构负责人向高管层和监事会报告内部审计工作。在这种模式下，能够最大限度地实现内部审计的独立性。如果选择这种组织模式，必须在组织制度中明确内部审计机构和监事会的分工，监事会主要监督高管层及董事会履行代理职责的情况及重大的决策行为，内部审计重点审计高管层以下层级管理者负责的经营和管理活动，并向监事会报告。

（二）集团型单位内部审计机构设置与模式选择

集团型单位一般实行集权与分权相结合的领导体制。目前，集团型单位中内部审计管理模式主要有如下几种类型。

1. 垂直管理与分级管理相结合模式

这种模式是各层级根据需要设置内部审计机构，各层级内审机构对本级管理层负责。集团总部根据下级单位的分布情况设置区域派驻机构，对集团总部负责。这种体制的主要特征是"上审下"和"同级审"并存。这种体制是现在国资委和审计署在大型中央企业中比较推崇的内部审计管理体制，也是目前现代内部审计模式的发展趋势。一方面，这种体制对于下级内审机构来说，在业务上受到集团总部内部审计机构的指导和监督，具有较好的适应性、灵活性和针对性；另一方面，对于集团总部派驻的内审机构，因其具有较高的独立性，所以能够站在集团整体的高度，对单位体制机制建设方面提出全局性建议。

2. 集中管理与分级管理相结合模式

这种模式是在集团总部设立一个功能完善的审计中心，审计中心审计力量强大，人员较多，职能细化，分工明确，下属各级管理层根据需要设置审计机构。审计中心对下级审计机构的审计计划实行统筹管理，统筹配置审计资源。其主要优点包括：上级审计机构对下级审计机构的业务指导具有较强的力度，上级审计机构对其所属成员单位的内部审计具有较高的控制能力。缺点包括：审计工作调控集中在集团，不利于及时了解和发现所属成员单位经营发展中的矛盾和问题。

一些省份的交投集团内部审计机构的设立采取了该种模式，集团成立板块分中心，分中心是中心的下属单位，按业务板块分布。分中心主任由集团任命，遵循集团的统一管理。分中心人员，一部分骨干由集团审计中心派遣，一部分由所属板块二级企业选拔，较好地解决了审计中心编制过于庞大的问题。

每个板块设立一个分中心，推进了审计的专业化进程。分中心人员着重研究本板块的审计业务，实时监控板块的经济活动，承担版块内三级公司的内部审计工作，也解决了二级单位对三级单位监督力度不够的问题。分中心作为板块业务审计对口单位，上传下达，能够有效贯彻集团的审计政策。分中心也扩展了审计人才流动的空间，审计中心资深人员可以到分中心任职，年轻同志也可以到分中心锻炼。各分中心还可以建立竞争机制，实行绩效考评、开展劳动竞赛，充分激发审计人员的主观能动性。在成立分中心的同时，集团审计中心也开始转变自身职能，缩减编制，把工作重点放在二级单位的经济责任审计和内部控制评价上，逐渐向管审分离迈进。

3. 分级管理与垂直管理相结合模式

这种模式是在总部和各二级单位都设置审计机构，二级单位内部审计机构执行总部 80% 以上的审计任务。各二级单位的审计机构向本级管理层负责，并且根据需要对三级单位实行派驻制，或设置审计联络员，三级及以下单位基本不设置审计机构。

其主要优点包括：通过二级单位审计力度的加大，能够较好地体现对三级单位内部审计独立性的要求。缺点包括：三级单位配合不积极，审计成本提高，审计效率降低。同时，反馈到总部的审计信息也存在扭曲的可能性。

4. 分级管理模式

这种模式是指单位各管理层级根据自己的需要设立内部审计机构，各级内部审计机构向本级管理层负责，各级审计机构所配置的审计人员，其人事、行政、经费都由本级管理层管理，在审计业务上，以本级管理层管理为主，上级审计机构可以有一定的指导作用。其优点包括：集团内各层级单位的内部审计活动具有较好的适应性、灵活性和针对性。缺点包括：内部审计机构受本级单位领导，内部审计的独立性较差，内部审计信息可能背离单位总体发展目标和管理要求。

三、高速公路建设单位内部审计机构设置

近几年，高速公路经营管理单位的主体性质正在逐步转换，其中，有"事企分开""事业转企业"的体制转变，也有强强联合的兼并重组。我国高

速公路系统组织改制的结果是，既有单一法人企业，也有集团企业。内部审计采用何种模式需结合高速公路系统的实际情况和组织管理需要，积极探索行之有效的审计组织体系和管理方式，努力推进审计管理体制的创新，构建专职和兼职相结合的内部审计体系。

高速公路集团公司内审计机构是应该集中管理还是分级管理，要根据实际情况而定。对于一个新组建的集团公司，内审计机构先实行集中管理很有必要，有利于统一思想、规范工作、集中力量、培养人才。在集团公司业务和管理稳定之后，审计管理可以考虑逐步向分级管理过渡。管审分离、抓大放小是集团公司审计机构未来发展的方向。

审计署《关于内部审计工作的规定》（2018）中关于内部审计机构和人员管理部分明确指出：国有企业应建立总审计师制度。要求进一步健全有利于保障内部审计独立性的领导机制。在新的形势下，内审工作被赋予了新的历史使命，但同时也对内审机构和人员工作能力提出了更高的要求。着眼于提高内部审计工作的有效性，创新监督方式；坚持统筹整合，加强国家审计与内部审计协同，打造"大审计监督体系"，推进审计全覆盖。

高速集团内部审计机构以及履行内部审计职责的机构应当在高速集团党组、董事会（或者主要负责人）直接领导下开展内部审计工作。建立总审计师制度，配备总审计师并将其列为企业的高级管理人员，协助党组、董事会（或者主要负责人）管理内部审计并报告工作。

总审计师的职责和权限主要有：参与集团业务指标制定与绩效考核，参加"三重一大"的评审；参与内部控制的制度建立及执行评估，参与经营风险评估；组织建立和完善内部审计监督体系、审计制度建设；组织制定审计工作中长期战略发展规划；督促、指导内部审计机构加强审计监督工作，并对审计工作质量负总责；组织领导内部审计机构制定年度工作计划，并督促实施；审定公司内部审计报告，负责组织审计成果运用的落实和检查工作；负责协调外部审计机构的审计工作，探索建立与国资委审计机构、国家审计机关的协同机制；推进审计全覆盖，打造集团内部审计、国资委主管部门审计、国家机关审计"大审计监督体系"；提升审计总体能力，以质量、效率、效果为目标，创新推进以"风险清单督导"为重点的协同机制建设；建立健全内部审计资料备案、成果利用机制及与主管部门的协作配合机制等。

第 2 节　审计机构管理

内部审计机构的管理，是指内部审计机构对内部审计人员和内部审计活动实施的计划、组织、领导、控制和协调工作。为保证审计质量，提高审计效率，《第 2301 号内部审计具体准则——内部审计机构的管理》对内部审计机构的管理工作作出了具体规定。

一、内部审计机构管理的目的

内部审计机构的管理主要包括下列目的：
（1）实现内部审计目标；
（2）促使内部审计资源得到充分和有效的利用；
（3）提高内部审计质量，更好地履行内部审计职责；
（4）促使内部审计活动符合内部审计准则的要求。

二、内部审计机构管理的方式及内容

内部审计机构应当接受组织董事会或者最高管理层的领导和监督，内部审计机构负责人应当对内部审计机构管理的适当性和有效性负主要责任。高速公路集团公司党组、董事会（或者主要负责人）应当定期听取内部审计工作汇报，加强对内部审计工作规划、年度审计计划、审计质量控制、问题整改和队伍建设等重要事项的管理。

内部审计机构应当制定内部审计章程，对内部审计的目标、职责和权限进行规范，并报经董事会或者最高管理层批准。内部审计章程主要内容包括：内部审计目标；内部审计机构的职责和权限；内部审计范围；内部审计标准；其他需要明确的事项。

三、内部审计机构管理的层次

内部审计机构的管理可以分为部门管理和项目管理。内部审计机构管理的

内容主要包括：审计计划；人力资源；财务预算；组织协调；审计质量；其他事项。

（一）内部审计机构的部门管理

内部审计机构部门管理主要包括内部审计机构运行过程中的一般性行政管理。具体内容和方法有：

(1) 审计计划。内部审计机构应当根据组织的风险状况、管理需要及审计资源的配置情况，编制年度审计计划。

(2) 人力资源。内部审计机构应当根据内部审计目标和管理需要，加强人力资源管理，保证人力资源利用的充分性和有效性，主要包括：内部审计人员的聘用；内部审计人员的培训；内部审计人员的工作任务安排；内部审计人员专业胜任能力分析；内部审计人员的业绩考核与激励机制；其他有关事项。

(3) 财务预算。内部审计机构负责人应当根据年度审计计划和人力资源计划编制财务预算。编制财务预算时应当考虑下列因素：内部审计人员的数量；内部审计工作的安排；内部审计机构的行政管理活动；内部审计人员的教育及培训要求；内部审计工作的研究和发展；其他有关事项。

(4) 组织协调。内部审计机构应当根据组织的性质、规模和特点，编制内部审计工作手册，以指导内部审计人员的工作。内部审计工作手册的内容主要包括：内部审计机构的目标、权限和职责的说明；内部审计机构的组织、管理及工作说明；内部审计机构的岗位设置及岗位职责说明；主要审计工作流程；内部审计质量控制制度、程序和方法；内部审计人员职业道德规范和奖惩措施；内部审计工作中应当注意的事项。

内部审计机构和内部审计人员应当在组织董事会或者最高管理层的支持和监督下，做好与组织其他机构和外部审计的协调工作。

内部审计机构应当接受组织董事会或者最高管理层的领导和监督，在日常工作中保持有效的沟通，向其定期提交工作报告，适时提交审计报告。

(5) 审计质量。内部审计机构应当制定内部审计质量控制制度，通过实施督导、分级复核、审计质量内部评估、接受审计质量外部评估等，保证审计质量。

（二）内部审计机构的项目管理

内部审计机构的项目管理主要包括内部审计机构对审计项目业务工作的管理与控制。具体内容和方法有：

（1）项目审计计划。内部审计机构应当根据年度审计计划确定的审计项目，编制项目审计方案并组织实施，在实施过程中做好审计项目管理与控制工作。

（2）内部审计机构负责人与项目负责人职责。在审计项目管理过程中，内部审计机构负责人与项目负责人应当充分履行职责，以确保审计质量，提高审计效率。内部审计机构负责人在项目管理中应当履行下列职责：选派审计项目负责人并对其进行有效的授权；审定项目审计方案；督导审计项目的实施；协调、沟通审计过程中发现的重大问题；审定审计报告；促被审计单位对审计发现问题的整改；其他有关事项。

审计项目负责人应当履行的职责包括：编制项目审计方案；组织审计项目的实施；对项目审计工作进行现场督导；向内部审计机构负责人及时汇报审计进展及重大审计发现；组织编制审计报告；组织实施后续审计；其他有关事项。

（3）管理辅助手段。为完善和改进项目管理工作，保证审计项目管理与控制的有效性，内部审计机构可以采取相关的辅助管理工具：审计工作授权表；审计任务清单；审计工作底稿检查表；审计文书跟踪表；其他辅助管理工具。

（4）审计档案管理制度。内部审计机构应当建立审计项目档案管理制度，加强审计工作底稿的归档、保管、查询、复制、移交和销毁等环节的管理工作，妥善保存审计档案。

第 11 章　高速公路建设单位审计职责和权限

高速公路建设多为政府投资项目,属于公共资源。公共资源的所有权属于国家或社会公众,通常情况下由政府机关或事业单位受托管理、使用、支配公共资源。公共受托责任构成了高速公路建设项目审计的客观基础。审计机关代表公共资源所有者检查、监督受托公共责任的履行情况,审计机关主要审查、监督高速公路建设单位的财政收支、财务收支以及有关经济活动的真实性、合法性、效益性,与国家建设项目直接有关的建设、勘察、设计、施工、监理、采购、供货等单位的财务收支,应当接受审计机关的审计监督。

第 1 节　国家审计机关的审计职责与权限

一、国家审计机关的职责

我国《审计法》和《审计机关国家建设项目审计准则》对审计机关审计职责和权限作出了具体规定。审计职责具有法定性和排他性的特点,法定性是指审计机关必须认真执行相关法律法规,不得擅自扩大、缩小审计职责,更不能任意推卸审计职责。排他性是指相关法律赋予由审计机关履行的相应职责,其他单位、团体无权行使审计监督职责。

(一) 财务收支审计职责

国家审计机关应对高速公路建设项目的预算执行、决算以及有关建设情况进行审计监督。

1. 审计机关应检查高速公路建设项目总预算或者概算的执行情况、年度预算的执行情况和年度决算、项目竣工决算的真实、合法、效益情况;检查项目概算审批、执行、调整的真实性和合法性;检查工程价款结算与实际完成投资的真实性、合法性及工程造价控制的有效性；检查高速公路建设单位年度会计报表、竣工决算报表的真实性和合法性。检查建设资金到位情况和资金管理与使用的真实性和合法性。根据需要对专项建设资金的征集、管理与使用情况和与国家建设项目有关的重要事项或者倾向性问题进行专项审计或者专项审计调查。

2. 审计机关应检查高速公路项目建设程序、建设资金筹集、征地拆迁等前期工作的真实性和合法性。主要包括：检查招标投标程序及其结果的合法性，以及工程承发包的合法性和有效性；检查与高速公路建设项目有关的合同订立、效力、履行、变更和转让、终止的真实性和合法性；检查设备、材料核算的真实性、合法性和有效性；高速公路建设项目设备、材料的采购、保管、使用进行审计时，应当检查设备、材料核算的真实性、合法性和有效性；审计机关根据需要对国家建设项目工程质量管理进行审计时，应当检查勘察、设计、建设、施工和监理等单位资质的真实性和合法性，以及对工程质量管理的有效性。

3. 审计机关应检查高速公路建设项目绩效情况。审计机关根据需要对高速公路建设项目投资效益进行审计时，应当依据有关经济、技术及社会、环境指标，评价高速公路建设项目投资决策的有效性，分析影响投资效益的因素。审计机关根据需要对高速公路建设项目环境保护情况进行审计时，应当检查环境保护设施与主体工程建设的同步性以及实施的有效性。

（二）审计机关对高速公路建设单位的主要负责人，在任职期间履行经济责任的情况进行审计监督

（1）决策部署执行责任。审查建设项目主要责任人是否按政府职能部门的发展规划，落实高速公路建设项目的决策部署。检查主要责任人任期内经济责任指标完成情况，对以往审计中发现的问题是否整改到位。（2）经济决策责任。重大建设项目决策机制是否健全、重大经济决策程序是否合法、合规，重大决策部署是否保质保量完成，重大项目决策的执行效果。（3）经济管理责任。项目建设单位内部控制的健全性和有效性，预算执行和财政财务收支的真实、合法、效益情况，财政财务收支指标的完成情况，国有资产的采购、管理、使用和处置情况。（4）高速公路建设单位领导干部个人廉洁责任审计。

领导干部本人遵守廉洁从政有关规定的情况，所在单位领导班子及成员遵守廉洁从政有关规定的情况。

（三）通报审计情况和审计结果职责

向高速公路建设受托单位的上级主管部门通报审计情况；提交高速公路建设项目预算执行情况的审计结果报告，提交高速公路建设单位预算执行情况和其他财政财务收支审计工作报告。

二、国家审计机关的权限

国家审计机关或内部审计机构要完成法律法规赋予的使命，必须要拥有一定的权限，审计权限是完成审计职责的重要保证，审计机关履行审计职责需要具备相应的审计职责，《审计法》及相关法律法规赋予审计机关的权限包括如下几个方面。

（一）要求报送资料权

要求报送资料权是指审计机关有权要求高速公路建设单位及时、准确、完整提供项目资料、财务会计资料以及与其履行职责有关的业务、管理等资料的权利。要求报送资料权是审计机关最基本的权利，也是履行审计监督职责的前提条件。

审计机关有权要求高速公路建设单位提供的资料主要包括：可行性研究报告、项目概预算、资金来源、财务收支计划、预算执行情况、竣工工程概况表、招投标文件、高速公路建设相关的合同、竣工财务决算表及说明书、工程量清单、监理工作日志、人工考勤登记表、金融机构开立账户的情况、社会审计出具的审计报告等资料，同时，还包括管理、储存、处理和应用的电子数据和有关文档。高速公路建设单位不得拒绝、拖延、谎报，不得制定限制向审计机关提供资料的规定。单位负责人对本单位提供资料的及时性、真实性和完整性负责。

（二）检查权

检查权是指审计机关有权检查高速公路建设单位的建设项目资料、财务会计资料以及与其履行职责有关的业务、管理等资料,有权检查被审计单位的资产和信息系统。检查权是审计权限的核心,是审计机关享有的重要权利。审计机关依法行使检查权时,高速公路建设单位不得拒绝,不得转移、隐匿、篡改、毁弃相关资料。检查对象为电子数据资料时,高速公路建设单位应当配合审计机关实施网络互联,提供本单位信息系统配置标准化数据接口,为审计机关进行电子数据分析提供必要的工作环境和条件。审计机关通过网络互联行使检查权的,应当遵守国家有关安全和保密规定。

(三) 调查取证权

调查取证权是指审计机关有权向与审计事项有关的单位和个人进行调查,并取得审计证据的权利。调查取证权具体包括:审计机关调查取证时,有关单位和个人应当支持、协助审计机关工作,如实向审计机关反映情况,提供有关证明材料;审计机关经县级以上审计机关(含省级以上审计机关的派出机构)负责人批准,有权查询被审计单位在金融机构的账户;审计机关有证据证明高速公路建设单位以个人名义存储公款或者有证据证明高速公路建设单位管理、分配和使用的公共资金违反国家规定流向其他单位、个人在金融机构的账户的,经县级以上审计机关(含省级以上审计机关的派出机构)主要负责人批准,有权查询有关单位、个人的相关账户。

(四) 采取强制措施权

采取强制措施权是指审计机关对高速公路建设单位违反审计法和相关法律法规规定的行为采取临时性强制性措施的权利。

审计机关采取强制措施权的主要情况和方式包括:对高速公路建设单位转移、隐匿、篡改、毁弃与审计事项有关资料的行为,有权予以制止;必要时,经县级以上审计机关(含省级以上审计机关的派出机构)负责人批准,有权封存有关资料和违反国家规定取得的资产;对其中在金融机构的有关存款需要予以冻结的,应当向人民法院提出申请。审计机关对正在进行的违反国家规定的财政收支、财务收支行为,有权予以制止;制止无效的,经县级以上审计机关(含省级以上审计机关的派出机构)负责人批准,通知财政部门和有关主管部门暂停拨付与违反国家规定的财政收支、财务收支行为直接有关的款项,已经拨付的,暂停使用。需要注意的是,审计机关采取强制措施不得影响被审计单位的正常生产经营和管理活动。

(五) 建议纠正处理权

建议纠正处理权是指审计机关发现高速公路建设单位的财务收支、人员的经济责任履行的违法违规行为,应当建议有关主管部门纠正。有关主管部门不予纠正的,审计机关应当提请有权处理的机关依法处理。这项权利的规定有利于发挥审计在促进规章制度建设中的作用,有利于发挥审计对宏观管理的影响作用。

(六) 提请协助权

提请协助权是指审计机关在开展审计工作遇到困难时,可请求有关职能部门予以协助的权利。高速公路建设项目涉及论证立项、规划设计、招采、施工建设、竣工决算等多个环节,同时利益相关者涵盖勘察、设计、施工、监理、采购、供货等单位,所以,高速公路建设项目资金体量大,利益关系错综复杂。审计机关在履行审计监督职责时,不可避免地需要就一些关键事项向公安、法院、财政、税务、海关、工商行政管理等职能部门验证核实,以便更高效、高质量完成审计工作。

第2节　内部审计的审计职责与权限

一、内部审计的审计职责

内部审计职责决定了内部审计定位,界定了内部审计的工作范围。审计署第11号令《审计署关于内部审计工作的规定》于2018年3月1日起施行,对内部审计机构或者履行内部审计职责的内设机构应履行的职责作出规定。首先,高速公路建设项目绝大多数属于政府投资项目,依法属于审计机关的审计监督对象,所以,高速公路建设单位的内部审计工作适用《审计署关于内部审计工作的规定》。其次,高速公路建设项目具有工期长、资金占用量大、施工管理复杂等特点，使得项目多存在投资超预算、投资运营效益差、债务负担重、贪污腐败等问题。所以，高速公路建设单位应结合高速公路项目特点和难题确定内部审计机构或者履行内部审计职责的内设机构的审计职责。

高速公路建设单位内部审计机构或者履行内部审计职责的内设机构应当按照国家有关规定和本单位的要求，履行下列职责：

（1）对本单位及所属单位贯彻落实国家重大政策措施情况进行审计。高速公路担负改善沿线地区交通条件，促进周边地区经济社会发展的重要使命，同时，高速公路还具有很强的政治与军事属性，高速公路是经济发展的大动脉、是救灾应急的生命线、是文明的标志。不同高速公路肩负不同的使命，高速公路建设是否符合国家发展战略部署，需要审计部门根据具体情况进行审查核实。

（2）对本单位及所属单位发展规划、战略决策、重大措施以及年度业务计划执行情况进行审计。高速公路建设项目施工复杂，受社会、经济、环境等多方面因素影响，工程论证立项、设计规划、资金筹集等重大事项决策关系项目能否顺利完成。另外，高速公路建设项目工期长，项目月底、季度、年度计划的完成是项目如期完成的基础，所以，内部审计机构应对本单位及所属单位发展规划、战略决策、重大措施以及年度业务计划执行情况进行审计。

（3）对本单位及所属单位财政财务收支进行审计。高速公路建设所需资金体量大，资金往来的相关方众多，并且资金主要来源于财政拨款，资金使用需要符合政府预算管理规定。高速公路建设项目施工方参差不齐，工程物资种类多样，项目管理难度大，存在严重的跑冒滴漏严、超预算问题。所以，内部审计部门应对本单位及所属单位财政财务收支进行审计。

（4）对本单位及所属单位的自然资源资产管理和生态环境保护责任的履行情况进行审计。高速公路设计、施工、运营会导致一系列环境问题，如选线不当破坏沿线生态环境，防护不当造成水土流失，高速公路运营造成大气污染、噪音污染等。交通部2006年发布《公路建设项目环境影响评价规范》要求对高速建设项目进行社会环境和生态环境影响评价，并对施工运营期声环境、景观环境、地表水环境、空气污染防治、事故污染风险防止等方面给出明确规定。所以，内部审计机构有责任监督、评价高速公路建设单位在设计、施工、运营等不同阶段生态环境保护责任的履行的情况，并提出改进建议。

(5)对本单位及所属单位经济管理和效益情况进行审计。高速公路建设项目业务复杂,工程参与方众多,不同来源、层级的主体经济管理难度大。高速公路建设项目多由政府财政投资建设。中共中央、国务院正式印发《关于全面实施预算绩效管理的意见》,明确提出"花钱必问效、无效必问责"。所以,高速公路建设项目必须综合考量其效益情况。高速公路建设项目效益包括经济效益、社会效益、环境效益等多方面。

(6)对本单位及所属单位内部控制及风险管理情况进行审计。内部控制与风险管理是内部审计的根基,是内部审计日常工作的重要抓手。内部控制通过流程化管理模式,解决高速公路建设单位内部面临的共性问题。风险管理则主要解决高速公路建设单位在不断变化的经济社会环境下,有效应对战略风险、财务风险、市场风险、法律风险等各种风险。内部控制与风险管理将内部审计从一个点延伸到整个面,将短期目标与长远目标相结合,有利于促进被审计单位运用内部控制与风险管理体系建设系统解决财政财务收支、经济活动中存在的突出问题,避免屡审屡犯。

(7)对本单位内部管理的领导人员履行经济责任情况进行审计。高速公路建设工程项目复杂、资金投入量大,一个建设项目由若干个子项目构成,各子项目涉及不同层级和性质的人员,有国家公职人员、高速公路不同级别工作人员、各类子工程承包、分包人员等多个管理层级,管理难度大,贪污腐败问题频发,高速公路建设单位各领导层级的经济责任审计至关重要。经济责任审计中对财政财务收支状况、重大经济决策、个人廉政等问题进行审计监督,对领导干部具有威慑力,促进其认真履行职责、自觉遵守和执行财经法纪,提高各管理层级领导干部认真履行经济管理职责的能力,为领导干部考核、任用提供依据。

(8)协助本单位主要负责人督促落实审计发现问题的整改工作。当前内部审计部门不是单纯的"警察"身份,更多地是协助本单位发现项目建设过程中存在的问题,结合项目实际情况,多角度分析问题产生的原因,进而提出有针对性的改进措施,促进组织目标的实现。

(9)对本单位所属单位的内部审计工作进行指导、监督和管理。对本单位所属单位的内部审计工作进行指导、监督和管理。高速公路建设单位多采用项目制管理,一个建设项目通常可以分为若干个单项工程、单位工程、分部工程和分项工程，所以高速公路建设单位下属单位或分支结构较多。另外，高速公路建设涉及土石方、路基工程、路面铺装、隧道工程、排水排污管网、隔离防护等，各类工程项目差异较大，运作管理难点各有特色，多隶属于不同的高速公路管理局各二级单位。所以，高速公路管理局设局级内部审计机构，各局属二级单位分设内部审计机构，接受局级内部审计机构的指导、监督和管理。《审计署关于内部审计工作的规定》第十五条规定："下属单位、分支机构较多或者实行系统垂直管理的单位，其内部审计机构应当对全系统的内部审计工作进行指导和监督。系统内各单位的内部审计结果和发现的重大违纪违法问题线索，在向本单位党组织、董事会（或者主要负责人）报告的同时，应当及时向上一级单位的内部审计机构报告。"

（10）国家有关规定和本单位要求办理的其他事项。

二、内部审计的权限

为确保内部审计机构履行审计职责，内部审计机构或者履行内部审计职责的内设机构应有下列权限：

（1）要求被审计单位按时报送发展规划、战略决策、重大措施、内部控制、风险管理、财政财务收支等有关资料（含相关电子数据，下同），以及必要的计算机技术文档。

（2）参加单位有关会议，召开与审计事项有关的会议。

（3）参与研究制定有关的规章制度，提出制定内部审计规章制度的建议。

（4）检查有关财政财务收支、经济活动、内部控制、风险管理的资料、文件和现场勘察实物。

（5）检查有关计算机系统及其电子数据和资料。

（6）就审计事项中的有关问题，向有关单位和个人开展调查和询问，取得相关证明材料。

（7）对正在进行的严重违法违规、严重损失浪费行为及时向单位主要负责人报告，经同意作出临时制止决定。

（8）对可能转移、隐匿、篡改、毁弃会计凭证、会计账簿、会计报表以及与经济活动有关的资料，经批准，有权予以暂时封存。

(9) 提出纠正、处理违法违规行为的意见和改进管理、提高绩效的建议。

(10) 对违法违规和造成损失浪费的被审计单位和人员，给予通报批评或者提出追究责任的建议。

(11) 对严格遵守财经法规、经济效益显著、贡献突出的被审计单位和个人，可以向单位管理层提出表彰建议。

第 12 章　高速公路建设单位审计监督的主要内容

第 1 节　高速公路建设项目审计

一、高速公路建设项目审计概述

（一）高速公路建设项目审计范围

高速公路建设项目审计内容主要包括：建设项目前期决策审计、建设项目内部控制与风险管理审计、建设项目采购审计、建设项目工程管理审计、建设项目工程造价审计、建设项目财务审计等。当具体到单独审计项目时，审计内容视开展审计的时间和项目建设进展情况而有所不同。目前，我国高速公路建设项目建设程序分为前期阶段审计、实施阶段审计、竣工阶段审计三个主要阶段，详见图 12 - 1 所示。

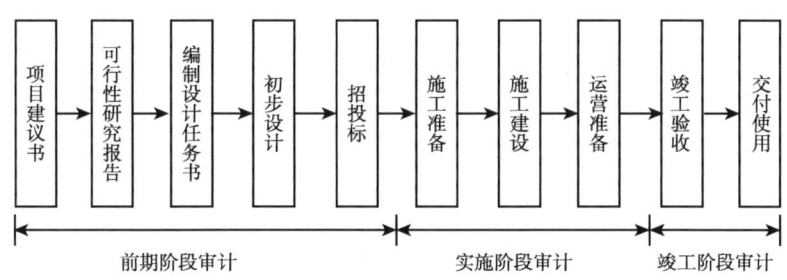

图 12 - 1　高速公路建设项目基本程序

（二）高速公路建设项目审计组织模式

高速公路建设项目审计的组织模式主要包括两种：一是内部审计机构自主审计，二是委托外部机构审计。内部审计机构自主开展高速公路建设项目审计时，审计组应尽可能配齐工程技术、工程造价、工程管理、工程经济等专业人员，部分人员也可以外聘或从其他部门借用。

委托外部机构开展高速公路建设项目审计时，内部审计机构仍需要对委托审计项目的质量承担责任，因此需对拟选择的受托机构的执业能力和质量进行必要的调查，对审计目标和具体要求提出清晰明确的意见，对受托机构派出的审计组人员组成和专业结构以及审计实施方案审核把关，对受托机构的审计实施工作加强业务督导和检查，对受托机构的质量控制体系进行抽查，对受托机构出具的审计报告进行复核和完善。

（三）高速公路建设项目审计特点

与其他专业审计相比，高速公路建设项目审计有其自身固有的特点，主要表现在以下几个方面：

（1）审计过程具有阶段性。高速公路建设项目活动具有投资消耗大、建设周期长的特点。一般来说，高速公路建设项目少则三五年，多则七八年，建设过程主要分为施工前期阶段、施工阶段、竣工阶段三部分。

（2）审计方法具有灵活性。高速公路建设是现代科学技术成果的综合反映，其建设内容、结构、施工方式都具有独特性，这要求对高速公路建设项目进行审计时，需采用可行性研究与评估、工程勘测及设计、施工组织管理、工程概（预）算审核等经济技术方法，以便实施更有效的监督。

（3）审计内容具有复杂性。高速公路建设涉及领域广泛，建设项目审计的内容较为复杂。它不仅要审计投资计划安排是否符合国家的投资政策，同时也要审计投资的资金来源是否正当合理；不仅要审计投资的使用是否符合有关财经纪律和概算标准，同时要审计投资活动是否能够获得经济效益；不仅要审计投资建设项目的设计方案是否合理，同时要审计投资建设项目的建设标准是否符合有关的规定。

二、高速公路建设项目审计内容

（一）高速公路建设项目前期阶段审计

高速公路项目前期阶段的审计主要是对开工前项目的前期准备工作审查其

是否符合有关规定，并对资金来源情况进行监督。前期阶段审计主要包括了项目立项、论证、审批、报建等一系列复杂的工作，涵盖了项目投资决策，单位按照规定的建设程序，以及根据所在组织的宏观战略要求，结合拟建项目相关情况，通过多方面的技术经济分析、综合分析，选择拟建项目是否投资以及投资的位置。高速公路建设项目前期阶段审计主要内容包括如下几个方面。

1. 基本建设程序的规范性

高速公路基本建设程序主要包括项目建议书、可行性研究报告、编制设计任务书、建设准备阶段、建设实施阶段、竣工验收阶段、后评价阶段等，具体阶段划分和审批要求视高速公路项目投资大小以及是否使用财政资金等条件各有不同。审计时要按照高速公路投资管理相关规定，审查项目立项决策的程序，确定项目论证是否充分合理，有无违反高速公路建设管理程序虚报项目和投资等问题。一方面，审计投资决策程序是否完整，是否做到了前后一致；另一方面，审计建设项目投资决策程序是否符合项目的建设要求，是否与项目的建设程序相一致。例如，审计高速公路建设项目是否具备可行性研究报告书，可行性研究报告书的编批程序是否符合国家要求，有无先报批、后论证的行为发生等问题。如果审计人员在建设期或者项目竣工后对建设项目投资决策进行审计的话，则应注意审计前期的决策方案是否得到了严格的执行，高速公路建设质量以及建设项目的综合效益是否达到了前期投资决策中所预期的目标和标准。

2. 项目前期文件的真实性、科学性和完整性

高速公路建设项目投资估算、概算来自前期工作形成的设计文件。因此，前期文件的真实性、编制的科学性，直接决定了该项目能申请到的建设资金数额，因此审计人员在审计过程中应当给予重点关注。同时，项目前期文件中提到的内外部建设条件是否落实、对项目建成后效益的预测是否科学等，也是审计的重要内容。

3. 前期工作成果的有效性

前期阶段审计除了关注合规性外，也应更多关注前期工作成果的有效性。审计人员要通过对高速公路初步设计以及施工图纸设计的复核，发现在设计工作中可能存在的错误。

4. 项目资金来源的可靠性

高速公路建设项目建设资金来源审计，一是审计银行贷款及资本金是否合理，应重点检查建设资金是否专户专储，资金使用手续是否规范，资金能否满足当年完成建设进度所需的成本；二是对于全额政府投资的高速公路项目一般主要依据投资计划，审计资金到位的及时性，主要查处不按承诺筹集、安排配套建设资金，导致工程建设资金严重不足，从而造成建设内容大幅缩水等问题；三是对于融资建设的项目审计中要详细审核融资条件，确认利率和相关约束性条款是否存在高于当时的市场平均水平的问题；四是对于使用了股权融资方式的项目，需要依据相关法律法规审核股权发起、转让的合规性。

5. 工程承发包过程的规范性和合同签订的合法性

高速公路工程采用招标投标等方式确定供应商之后，工程建设甲乙双方应当按照招标结果签订承包合同。审计人员在审计在这一阶段时应当注意以下三点问题：一是有没有按招标结果签订合同。包括建设单位招标范围或金额小、合同范围或金额大、单位无正当理由未按评标委员会推荐顺序选择中标人、单位违反招标文件实质性约定与中标单位签订补充协议等。二是违规转分包及挂靠。业主单位违法发包，违规指定工程施工分包单位和物资供应单位等，由关联或者关系单位及人员操控工程，谋取利益造成工程建设成本增高、资金流失；承包单位非法转、分包及挂靠，层层截留建设资金，导致建设资金的流失以及工程质量的降低。三是合同不完善。工程在签订承发包合同时，不确定单价，或者采取暂定单价，为在工程价款结算中留下人为操作空间；以"原设计漏项、赶工、提高工程质量"等为由，通过设计变更增加工程量或改变原施工处理方式，以提高工程造价。

（二）高速公路建设项目实施阶段审计

高速公路施工实施阶段的审计是指项目建成前项目的建设、设计、施工和决算的审计，主要是对财务收支方面的审计。此外，要做好与建设项目前期审计的联系和延伸，一方面是对资金筹措计划进度与建设资金到位情况是否相吻合进行检查；另一方面是对资金流向及预算情况是否合理合法的检查。建设期审计的主要内容包括如下几个方面。

1. 工程管理的规范性和有效性

对工期、质量、安全管理进行审计是高速公路建设项目审计的重点和难点。首先，审计建设项目是否按计划编制工期及施工组织设计并有效执行，是否存在各种因素影响项目工期进展情况；其次，审计项目是否按规定执行各项工程质量控制和验收规范、规程、标准，做好质量管理工作；最后，审计项目是否贯彻落实各项安全管理规定，落实安全生产责任等内容。

2. 工程结算的真实性与规范性

审计工程月度和年度结算的编制情况。首先，审计高速公路工程造价管理是否规范，各类资料是否齐全，结算办理制度是否完整，结算程序是否规范；其次，审计月度、年度结算工程量和费用内容是否真实，计算方法是否正确；最后，审计结算办理的依据是否齐全，内容是否真实，重点关注合同完工结算和变更签证的真实性。

3. 资金管理和会计核算的真实性与合规性

审计高速公路建设项目建设资金来源情况。与项目可行性研究报告、初步设计概算等批复文件中规定的资金来源进行对比分析，审查项目是否按批复文件要求进行资金筹集。

审计建设项目各类建设资金到位情况。重点关注项目资本金到位情况，有无挤占挪用其他项目资金；获取或编制上级拨入资金明细表，与有关明细账、总账和报表相核对，审查上级资金拨入情况；审查其他资金到位情况。

对于高速公路建设资金的管理和使用，主要审计重点是建设资金的分配和日常建设单位的管理费用。审计人员应着重审计高速公路建设项目会计账簿和财务报告的核算和披露是否真实、合法。通过对相关财务资料的检查，进而发现各类建设业务的有无不合理支出的问题。高速公路建设的过程常常伴随着大量采购工作，采购对象包括工程以及与工程建设有关的货物、服务。对采购工作开展审计的重点在于工程建设所需的工程、货物或服务的采购方式的选择及其运用情况，如是否按规定履行招标投标或询价等采购程序，是否保证所采购工程、货物、服务的成本、供货周期和质量。

4. 建设项目工期管理审计

审计建设项目进度管理计划编制情况。审查各合同文件、施工方案关于工期和项目进度的规定是否一致，是否建立了进度计划管理的体系和制度，进度计划编制是否以安全生产、厉行节约为前提，满足合同相关要求。

审计建设项目进度管理计划执行情况。检查建设单位和监理进度检查报告、施工组织设计、各种进度管理计划、已完工程量统计表等资料，审查进度计划的落实情况；审查计划变更的原因是否属实，变更后的进度计划是否合规、完整、可行，进度计划变更是否按规定程序通过相关部门审批。

5. 建设项目质量管理审计

首先，审计建设项目参建单位质量管理职责履行情况。审查各参建单位确定的质量管理事项是否落实；监理工作、合同管理以及分包合同管理是否符合国家相关法律法规和行业规范；检查项目变更的审批程序、索赔申报与审批程序等约定是否明确及得到履行。其次，审计建设项目质量事故处理过程。审查相关机构是否对质量事故的原因进行调查分析；审查质量事故的技术处理方案是否严格执行了相应的工程质量标准，事故处理技术方案是否切实可行、经济合理。最后，审计建设项目施工过程验收。审查施工单位是否落实施工工序的质量自检工作；抽查检验批质量验收记录，抽查检验批验收程序是否符合规定，主控项目和一般项目的质量经抽样检验是否合格；抽查各层级质量验收记录，重点跟踪验收中出现的不合格情况的处理记录，检查施工过程质量验收不合格的处理是否符合规定。

6. 建设项目安全管理审计

首先，审计建设项目安全生产责任制执行情况。审查安全管理组织的建立情况、安全管理岗位的设置情况、安全生产制度建立和落实情况，以上各个环节的设立和执行是否符合国家相关法律法规和行业规范要求；审查项目建设过程中是否发生过安全生产责任事故，对事故的调查、分析和处理是否及时、合规，是否贯彻了"事故原因分析不清不放过，事故责任者和群众没有受到教育不放过，没有采取切实可行的防范措施不放过"的原则。其次，审计建设项目现场安全管理情况。抽查项目负责人、安全管理人员及特种作业人员是否持有相应资格证书，是否进行全员安全教育，安全管理制度和岗位安全操作规程的培训是否及时；检查安全设备材料的使用是否符合国家法律法规、行业规范以及合同规定；审查是否制订安全事故的技术处理方案，技术处理方案是否切实可行、经济合理。最后审计建设项目安全防护、文明施工措施费用管理使用情况。审查检查安全防护、文明施工措施费用实际提取金额与应提取金额是否一致；审查安全生产费用提取金额、会计处理和会计报表的反映是否正确；审查落实安全生产费用的具体使用范围是否符合规定。

(三) 高速公路建设项目竣工阶段审计

竣工阶段审计是指从项目完工报告完成到交付的审计。在工程完工结算和竣工验收阶段，审计工作主要围绕承包单位编制的完工结算的真实性和业主单位编制的竣工决算的真实性、合规性，开展工程造价审计和工程财务审计。审计内容主要包括如下几个方面。

1. 工程竣工结算的真实性

审计竣工结算中是否存在虚列工程、不实签证、高估冒算等现象，如竞争性费用是否按合同约定计价、非竞争费用是否按法规政策计取等；审计合同文件与招投标文件中的计价约定是否存在实质性不一致等；审计竣工结算中的计价事项有无需要进一步优化的情况，如设计变更不必要、施工方案偏保守等。

2. 工程财务竣工决算的真实性和完整性

依据财务账表和工程竣工报告、竣工图及竣工验收单、施工合同、各种施工签证或施工记录和国家或地区颁布的有关规定，审计工程财务竣工决算编制依据是否符合国家有关规定，资料是否齐全，手续是否完备，对遗留问题处理是否合规。

3. 竣工验收的真实性和规范性

审计完成决算的依据主要是检查相关工程和剩余问题的处理是否合理合法，程序是否完善，数据保留是否完整。应重点审计竣工验收报告是否真实、完整、合法、有效，相关单项验收资料是否经有关主管单项验收部门的认可，工程立项文件、财务资料、合同资料、现场签证资料、结算资料和竣工验收资料是否完整，竣工验收程序是否符合规定，验收委员会会议记录和签字是否完整等。

4. 投资效益的真实性

依据项目立项和可行性研究报告，对照项目各项建设目标，逐项审计项目建成后投资效益是否真实达成。建设目标随项目各异，但通常至少包括施工成本、进度、质量三大目标，各大目标又都可以分解成若干小目标。对这些目标的实现程度，需要逐项核实。

5. 对遗留工程的审计

对遗留工程的审计主要是审查未交付工程在总工程的进度是否合理、投资是否真实合法。

三、高速公路建设项目审计程序

（一）开展审前调查，编制项目审计方案

在开展具体高速公路建设项目审计之前，审计人员应当通过搜集项目基本情况报告、审批过程资料、财务报告、投资完成情况报表等资料，对建设项目首先建立初步认识，其次对项目审计工作量、工作重点做出合理评估判断，并作为审计资源调配的依据。根据审前调查的结果，编制项目审计方案。审计方案应当报经内部审计机构负责人审定，必要时还应当报组织内部分管审计工作的领导批准，指导审计项目开展。审计过程中该方案可以根据审计发现的问题作出必要调整，调整时应当履行规定程序。

（二）制定并送达审计通知书

根据审前调查结果，审计项目负责人应当抽调相关专业审计人员组成审计组，并将审计范围、审计起始时间、审计组成员和组长人选等信息加以明确，列入审计通知书，经规定程序签发后，发送至被审计建设项目管理机构。必要时，审计通知书可抄送审计工作可能涉及的其他部门和参建单位。

（三）收集资料和了解情况

审计组按照审计通知书规定时间开展审计工作后，首要任务是全面了解被审计高速公路建设项目的现状。审计人员应当按照审计方案进行适当分工，分别收集前期审批、工程施工管理、物资管理、合同结算、财务会计和相关内部控制方面的文件资料，对工程施工管理和物资管理中的重要环节，还应当收集实物资料或影像资料。对收集到的资料进行认真阅读和分析，是审计工作的必要程序。全面了解被审计的建设项目后，审计人员即可按照审计分工，开展符合性测试和实质性测试程序。

（四）检查并测试内部控制

审计人员应当根据高速公路建设项目管理特点，收集与项目相关的各项制度：包括进度管理、质量管理、安全管理和投资控制等方面的内部控制制度；

施工管理、设计管理、物资材料管理等重要环节的操作规程规范；建设项目人员的培训管理、廉政管理、日常办公等制度。根据审计分工，分别开展内部控制制度符合性的测试，目的是发现是否存在制度缺失、制度未执行或执行不严格等现象，为下一步重点审计提供方向。内部控制调查和内部控制测试经常是结合进行的，该过程一般包括以下三个步骤：

（1）描述内部控制制度。审计人员可以通过调查问卷、流程图或文字表达的方式来描述高速公路建设项目内部控制制度。包括建设项目的承建方式描述、建设与管理的组织系统描述、现场管理制度描述、授权制度描述、财务管理制度描述、材料与设备采购制度描述等。内部控制制度描述能够进一步说明建设项目的建设与管理质量情况，使审计人员能够对建设项目有一个完整的认识。

（2）测试内部控制制度。对内部控制制度进行测试。需要经过穿行测试和小样本测试两个主要阶段。其中，穿行测试是从控制点的分析开始的，审计人员针对项目建设活动中的控制点，对项目建设活动分层进行测试。穿行测试可以通过两种途径达到：一是"凭证穿行测试"，即根据组织的记录来追踪整个活动过程；二是"程序穿行测试"，即由审计人员对活动的每一步进行一到两次的测试。小样本测试的实质是选择少量的行为活动进行测试，其目的是检查内部控制制度实施的有效性程度，即实际活动效果是否达到了预期的目标。

（3）完成对上述内部控制制度的描述和测试之后，审计人员立即对建设项目的内部控制情况进行评价，然后，调整审计方案或进行扩大测试。

（五）执行审计程序并获取证据

审计实施是对各项业务的真实、合法、效益情况进行审计，并获取相关证明材料，以便得出审计结论的过程。主要审计方法包括审核、观察、监盘、访谈、调查、函证、计算和分析程序等。获取证据的主要原则，是应当保证证据的相关性、可靠性和充分性。审计组开展项目审计应当依据高速公路项目特点、审计所需证据和项目审计各环节的审计目标选择恰当的审计方法，以保证审计质量和审计资源的有效配置。在审计过程中，审计人员应当努力发挥专业特长，以灵活多样的方式为项目和组织提供意见和建议，协助改善建设项目实施管理，加强项目内部控制和风险管理，提高项目效益。在项目审计中，获取的证据如果是实物证据，如现场观察得到的证据，应当尽量转化为影像证据、证明材料等书面证据，以便保存和管理。

（六）编制审计工作底稿

依据内部审计准则，在实施审计工作的同时，审计人员应当编制审计工作底稿，记录审计程序，归纳审计证据，形成审计结论。审计人员填制审计工作底稿时，应做到：

（1）内容完整、真实、重点突出。比如要完整地反映审计计划、审计方案制订及其实施情况，包括与形成和发表审计意见有关部门的所有重要事项，以及审计人员的专业判断。审计工作底稿不得被擅自删减或修改。

（2）观点明确、条理清楚、用词恰当、字迹清晰、格式规范、标识一致。审计工作底稿应有索引编号和顺序编号；审计工作底稿中载明的事项、时间、地点、当事人、数据、计量及计算方法和因果关系必须准确无误，前后一致；相关的证明资料如有矛盾，应当予以鉴别和说明。

（3）应充分考虑建设项目审计的性质、目的和要求，使审计工作底稿繁简适当，充分体现审计工作底稿的简明性和适用性。

（4）相关的审计工作底稿之间应有一定的钩稽关系，相互引用时要注明索引编号。

（5）审计工作底稿中由被审单位、其他第三者提供或代为编制的资料，审计人员除应注明资料来源外，还应实施必要的审计程序，形成相应的审计记录；审计工作底稿所附的审计证明材料应当经过被审计单位或其他提供资料的单位进行认定鉴证，如果有特殊情况无法认定或鉴证的，应当由审计组作出书面说明。

（七）出具并报送审计报告

依据项目审计中获取的证据和形成的审计工作底稿，审计组应当在实施必要的审计程序后，出具审计报告。编制审计报告前，审计人员应当就审计概况、审计中所发现的问题和审计意见、建议等事项与被审计单位进行沟通，有些必要的事项，如工程造价审计发现涉及合同价款结算调整时，应当征求当事第三方参建单位和其他利益相关方的意见。编制审计报告应做到客观、完整、清晰、及时。审计报告应当包括审计概况、审计依据、审计结论、审计发现、审计意见、审计建议等内容。

(八) 后续审计

高速公路建设项目后续审计是指内部审计机构为跟踪检查被审计单位针对建设项目审计发现的问题所采取的纠正措施及其改进效果，而进行的审查和评价活动。后续审计应当结合项目建设进程，对审计意见落实情况、对审计促进项目质量、成本、进度管理，提升项目整体效益的情况作出客观评价，对整改工作存在的不足提出改进意见。后续审计的主要内容包括：

(1) 把原审计结论、处理决定中所提出问题的落实执行情况列为后续审计的重要内容。检查被审计单位有无认真采取整改措施、改正或处理有关人和事，以及效果如何。对于尚未得到采纳、执行的有关问题，要认真分析、查明原因；对于因故拖延不改或措施不力的，要督促其尽快采取措施解决；对于故意推托延迟，拒不执行，应责令其在限期内改正。

(2) 检查上一次审计时已审出的问题有无重犯的情况，特别要深查那些隐埋较深、上次审计时因某种原因（如时间仓促、人力有限、线索不够）未能见底的问题。例如挪用转移建设资金，挤占建设成本等。

(3) 检查上一次的审计质量和审计报告的质量。回顾工作中有无不妥或失误之处，审计决定有无不够客观，不够准确，或者操作不便的情况。通过自我复审，有利于改进工作，提高审计质量，树立审计的权威性。

后续审计是审计工作程序不可缺少的重要组成部分，是强化审计监督职能，深化审计内容，加快实现审计工作制度化、规范化的有效途径。内部审计人员应在报送审计报告后，经过合理的一段时间，对被审计部门进行复查，看其是否采取了合适的纠正措施并取得了理想的效果。

第 2 节 高速公路建设项目内部控制审计

一、内部控制与内部控制审计的概述

(一) 内部控制的概念

内控控制是指企业为实现其目标，由管理层、全体员工共同实施计划、组

织控制、评价等一系列方法、措施和程序的过程。相应地，高速公路建设项目内部控制是建设单位为实现工程建设质量、进度和投资控制目标，由全体工程管理人员实施各项工程管理活动的过程。

高速公路建设项目内部控制概念的理解需要注意以下三点：

（1）高速公路建设项目内部控制是一个全员参与的过程。工程管理人员及建设项目中的每个施工人员都对内部控制负有相应责任，都会受到内部控制的影响。

（2）高速公路建设项目内部控制是一个动态的过程。高速公路建设项目施工复杂，工期长，面临的施工环境处于不断变化过程中，高速公路建设项目的内部控制是一个不断发现问题和解决问题的循环往复的过程。

（3）内部控制因其自身的局限性，仅能为实现目标提供合理保证，不能提供绝对保证。

2008年，财政部等五部委《企业内部控制基本规范》提出企业内控控制五要素应包括内部环境、风险评估、控制活动、信息与沟通和内部监督。五要素相互联系，构成企业内控体系。内部环境是内部控制的基础，决定着其他要素能否有效运行；风险评估是采取控制活动的依据；控制活动是组织达到目的的手段；内部监督是内控体系不断改进完善的必然要求；信息与沟通是连接内部环境与其他要素的桥梁。

（二）内部控制审计

高速公路建设项目内部控制审计指内部审计机构通过对建设单位内部控制制度的审查、分析、测试和评价，确定单位内部控制有效性的过程，包括确认和评价单位内部控制设计、运行缺陷和缺陷等级，分析缺陷形成原因，提出改进内部控制的建议。

高速公路建设项目内部控制审计分为全面内部控制审计和专项内部控制审计。全面内部控制审计是针对高速公路建设项目合同管理、造价管理、施工管理、质量管理等所有业务活动的内部控制，包括内部环境、风险评估、控制活动、信息与沟通、内部监督五个要素的全面审计。专项内部控制审计是针对高速公路建设单位内控控制的某个要素、某项业务活动或者业务活动某些环节的内部控制进行审计。全面内部控制审计和专项内部控制审计是一个相对的概念,与高速公路建设单位内部审计机构的设置模式相关。

二、内部控制审计的内容

高速公路建设项目内部控制包括整体层面的控制和业务层面的控制,所以,内部控制审计分为单位层面的内部控制审计和业务层面的内部控制审计。

(一) 单位层面的内部控制审计

1. 内部环境审计

(1) 组织机构与岗位设置及其权责分配。高速公路建设项目是否实行项目法人制,法人单位是否实质性上对建设项目实施管理。建设单位是否根据实际情况设立了必要的管理部门,分析管理部门设置是否合理,部门职责是否明确。建设单位是否制定了管理规章、制度和权限指引表,关注"三重一大"业务中的权限设置。

(2) 人力资源政策及员工胜任能力。访谈人力资源管理人员,了解是否针对重点岗位,如技经管理岗、合同管理岗、施工管理岗、物资采购管理岗等,制定特定招聘和培训政策。访谈重点岗位人员,判断其工作经验是否满足岗位需要,了解其是否有机会与行业内的同事交流和接受培训。

(3) 内部审计。高速公路建设单位是否设立内部审计机构,内部审计人员是否具备独立性和客观性。内部审计人员是否具备工程造价、工程财务、项目管理等方面的知识和经验。

(4) 建设项目管理理念和文化。与相关管理人员座谈,了解企业文化建设工作情况。观察员工日常言行举止,了解其精神面貌。查阅主要管理者主持的座谈会、培训会和群众性活动资料,判断建设单位是否着力营造良好的管理文化。

2. 风险评估审计

(1) 风险识别。高速公路建设单位是否根据建设项目目标充分识别项目前期评审、勘察设计、工程施工、初步验收等全建设周期的内外部风险,并评价建设单位对风险的承受能力。

(2) 风险分析。项目建设单位进行风险识别和评估适用的技术方法是否适当，对风险发生可能及影响的判断是否合理。

（3）风险应对。建设单位对影响其目标实现的风险如何进行管理，评价风险承受度与风险应对策略是否匹配。企业制定的风险应对策略是否符合成本效益原则。

3. 控制活动审计

（1）不相容职务控制。各关键不兼容职责是否在不同部门、不同岗位、不同人员分离设置，并设置了防火墙等。典型的不相容职责应当包括项目建议和可行性研究与项目决策、概预算编制与审核、项目实施与价款结算、工程款结算与支付、工程结算和决算编制与审计等。

（2）授权审批控制。审查高速公路建设单位的授权批准体系建立情况，评价各关键岗位的授权范围、审批程序及相应职责权限是否明确，是否考虑了非常规情况下的特别授权审批。

（3）会计系统控制。评价建设单位是否配备了充足的具备专业胜任能力的会计人员，是否严格按照现行会计准则及相关会计制度进行核算处理，会计记录是否真实完整。

（4）财产保护控制。评价建设单位是否对工程物资进行适当管理和保护。

（5）重大风险预警及突发事件应急处理控制。评价建设单位是否建立了项目重大风险预警与突发事件应急处理制度，并定期评估该制度是否能够应对不断变化的新情况、新问题。

4. 信息与沟通审计

评价建设单位是否制定工程信息收集、分析和传递的管理制度；是否有专人负责相应信息的收集、分析和传递工作及信息收集、传递的真实性、完整性和及时性，并对不同信息系统产生的信息进行相互印证，对信息系统安全性、有效性进行审查和评价。高速公路建设项目审计中的信息主要包括项目工程图纸等文件中包含的设计信息，施工组织方案和施工日记等文件中包含的施工过程信息，材料设备存储收发和检验检测文件中包含的物资管理信息，工程管理统计等工作中形成的投资信息，会计账目报表等文件中包含的财务信息等。

5. 内部监督审计

评价建设单位各级管理层是否对内部控制实施持续有效运行的监督，开展专项监督的范围与频率是否适当,是否存在内部控制缺陷的上报机制。内部审计机构是否在报告期内对建设项目人员管理、物资采购、工程施工、验收等重要工作程序的内部控制实施审计。

(二) 业务层面的内部控制审计

高速公路建设项目业务层面的内部控制审计主要以项目合同执行、投资完成、工程结算、资金拨付为主线,对各个业务循环所制定的管理制度进行梳理,评价各项具体建设活动控制措施的设计和运行情况,发现并提示可能存在的管控风险。

1. 业务流程架构

审查建设项目是否搭建业务流程架构,业务流程架构是否健全、完整。查阅、分析项目管理制度,评价管理制度所规范的业务活动是否与业务流程架构相适应 (见表 12 - 1)。

表 12 - 1　　　　　　　某高速公路建设项目业务流程

一级流程	二级流程	三级流程
项目前期管理	项目决策管理	项目 (预) 可研管理 项目核准管理
计划与统计管理	项目前期费用管理 计划管理 统计管理	年度 (季度) 投资计划编制与审批 统计资料编制与上报
设计与概预算管理	初步审计及概算管理 施工图设计 竣工图设计	初步设计及概算编制与审批 执行概算编制与审批 施工图文件设计与审查 审计交底与图纸会审 施工图预算编制与审批 设计变更管理 竣工图设计与审查
采购与招标管理	采购计划管理 采购文件管理 采购实施管理	招标采购计划管理 询价采购计划管理 招标采购文件管理 询价采购文件管理 招标采购实施管理 询价采购实施管理 直接采购实施管理

续表

一级流程	二级流程	三级流程
合同管理	合同审查与签订管理 合同执行管理	合同变更管理 合同款审批与支付管理 合同结算管理
物资管理	物资催交监造管理 物资现场管理	物资催交管理、物资监造管理 物资代保管、物资到货验收与入库管理、物资出库管理、物资退库管理、物资仓储管理、设备缺陷管理、包装物回收管理
施工管理	施工组织设计与开工管理 施工进度管理 施工质量管理 施工安全管理	施工组织设计管理 开工管理
财务管理	资金与预算管理、费用管理、票据管理、资产管理、税务管理、会计核算管理、竣工决算管理、会计档案管理	
综合管理	办公行政管理 人力资源管理 党群管理	

2. 业务流程图、风险与控制

审查高速公路建设单位是否梳理规范了所有基建业务并形成了清晰、具体的业务流程图，业务流程图要素是否完备。参考业务层面风险与控制的主要内容，结合行业和专业特点，判断是否识别出重要的风险，并在业务流程中的关键环节设置相应的风险控制措施，是否制定风险控制文档或类似文件对风险和控制措施进行系统、规范的描述。高速公路建设项目需要重点审查的内部控制流程如表12-2、表12-3、表12-4、表12-5、表12-6所示。

第 12 章　高速公路建设单位审计监督的主要内容

（1）工程立项阶段

表 12 – 2　　工程立项阶段重点审查的内部控制流程

内容	审查评价重点
编制项目建议书	A. 高速公路建设单位在投资分析和项目建议书编制评审方面是否有明确的职责分工，包括牵头组织部门、人员调配，专业机构的选择条件和评审方式等 B. 高速公路建设单位是否对项目所处行业和地区的相关政策规定进行了全面、深入分析；是否结合实际建设条件和经济环境变化趋势，客观分析并确定工程投资意向 C. 高速公路建设单位是否对工程质量标准、投资规模和进度计划等进行分析论证，做到协调平衡 D. 高速公路建设单位是否对项目建议书进行集体审议或委托专业机构进行评审；评审任务与项目建议书编制是否坚持不相容职务相分离原则 E. 高速公路建设项目应当报批的项目建议书，是否及时报批并取得有效批文
可行性研究	A. 高速公路建设单位是否根据国家和行业有关规定以及本企业实际，确定可行性研究报告的内容和格式，明确编制要求 B. 委托专业机构进行可行性研究的，应当审查专业机构的选择标准，如专业资质、业绩声誉和人员素质等 C. 评价高速公路建设单位是否做到投资、质量和进度控制的有机统一
项目评审与决策	A. 评审组成员是否熟悉工程业务，并具有广泛的代表性；评审业务是否与可行性研究实现分离 B. 项目评审资料的来源和取得途径是否真实、可靠 C. 建设单位是否按照规定的权限和程序对建设项目进行决策；检查决策过程的书面记录及决策责任追责机制

（2）工程审计阶段

表 12 – 3　　工程审计阶段重点审查的内部控制流程

内容	审查评价重点
初步设计	A. 建设单位是否根据项目特点，采用招标方式选聘具有相应资质和经验的设计单位 B. 工程设计合同中设计单位的权利和义务是否明确、具体 C. 建设单位是否建立严格的初步设计审查和批准制度 D. 初步审计规模是否与可行性研究报告、设计任务书一致，有无夹带项目、超规模、超面积和超标准的问题
施工图设计	A. 项目概预算编制是否符合国家、行业和地方政府建设和造价管理规定和标准，概预算编制是否经过适当层级的审核，并重点审查编制依据、项目内容、工程量计算、定额套用等资料是否真实、完整、准确 B. 建设单位是否建立严格的施工图设计管理制度和交底制度 C. 设计变更是否符合规定的程序，设计变更损失的分析处理是否符合规定 D. 建设单位是否按照国家法律法规和本单位管理要求，切实履行各项设计报批手续

(3) 工程招标阶段

表 12-4　　工程招标阶段重点审查的内部控制流程

内容	审查评价重点
招标	A. 建设单位的招投标管理制度是否符合《招标投标法》《工程建设施工招标投标管理办法》等法律法规和本单位实际情况，具体包括工程项目范围、招标方式、招标程序，以及投标、开标、评标、定标等环节 B. 项目招标方式、标段划分等是否经建设单位招标决策机构集体审议 C. 建设单位标段划分是否科学、合理 D. 招标公告编制是否公开、透明，是否严格根据项目特点确定投标人的资格要求 E. 建设单位是否根据项目特点决定标底的编制。需要编制标底的，标底编制过程和标底是否有相应的保密措施。不编制标底采用工程量清单模式编制招标控制价的，招标控制价是否及时公布
投标	A. 建设单位是否建立投标人保密制度，防止投标人串通舞弊 B. 建设单位是否履行了完备的标书签收、登记和保管手续 C. 建设单位是否按照招标公告对投标人进行实质性资格审查
开标	A. 开标过程是否邀请所有投标人或其代表出席，是否委托公证机构进行检查和公证 B. 依法组建的评标委员会是否具备招标项目专业知识和丰富经验 C. 评标报告中是否详细说明了每位成员的评价意见和集体评审结果 D. 中标候选人有两个或两个以上时，建设单位的决策机构是否按规定程序确定中标人
签订合同	A. 建设单位是否有规范的工程合同管理制度 B. 各类工程合同是否参照相应的合同范本签订、是否对招标文件的实质性内容作出了变更、标段界定和甲供乙供材料划分是否明确等 C. 建设单位是否建立合同台账，专人登记、维护合同信息

(4) 工程建设阶段

表 12-5　　工程建设阶段重点审查的内部控制流程

内容	审查评价重点
工程进度、质量、安全管理	A. 工程进度管理控制 ①建设单位是否建立工程进度控制体系，并明确相关程序、要求和责任 ②施工单位是否编制详细的分阶段或分项进度计划，进度计划是否与施工现场实际情况和工程物资供应计划相适应。工程进度调整是否报经批准 ③建设单位是否按月对投资完成情况进行统计、分析和对比 B. 工程质量管理控制 ①施工单位是否按照工程设计图纸和施工技术标准，建立了全面的质量控制制度 ②施工单位是否按合同约定，对材料、工程设备及工程所有部位及施工工艺过程进行质量检查和检验。是否定期编制工程质量报表 ③监理单位是否对工程工艺进行检查验收

续表

内容	审查评价重点
工程进度、质量、安全管理	C. 工程安全管理控制 ①施工单位是否建立安全生产管理机构，制定安全生产、文明施工管理制度。各项安全防范措施和操作办法是否落实到位，特种作业人员是否经过专门的安全技术培训。是否对建设工程进行定期和专项安全检查，并做好安全检查记录 ②工程监理单位和人员是否按照法律、法规和工程建设强制性标准实施监理。对不同类别安全事故隐患的处理是否符合规定
合同及合同变更管理	A. 建设单位是否建立严格的工程变更审批制度，重大变更事项是否有集体商议审批制度 B. 审查工程变更指令的落实情况 C. 人为原因的工程变更是否有相应的追责机制 D. 单项工程报废是否经过有关部门鉴定、批准 E. 是否建立工程变更价款的授权审批制度，变更文件是否齐备，变更工程量的计算是否经过建立单位和建设单位的复核确认
工程物资采购	A. 重大设备和大宗材料的采购，是否采用招标方式 B. 工程物资是否符合设计标准和合同要求 C. 工程物资出入库管理手续、单据是否齐备，出库物资是否合理、必要和准确，财务部门是否及时进行账务处理 D. 是否建立涉密采购项目的保密管理机制 E. 建设单位是否重点跟踪重要供材的现场使用情况 F. 财务管理部门是否对工程物质做好原始核算记录，并定期进行稽核清查
工程进度款结算与资金支付管理	A. 资金筹集与使用是否与工程进度协调一致 B. 监理单位和建设单位计划管理部门是否对施工单位的工程进度报表进行审核 C. 建设单位是否根据施工合同，按照规定的审批权限和程序办理工程价款结算 D. 工程成本突破项目概预算时，建设单位的应对措施和程序是否恰当

(5) 工程竣工阶段

表 12-6　　工程竣工阶段重点审查的内部控制流程

内容	审查评价重点
工程竣工	A. 建设单位是否建立竣工验收各项管理制度，是否有明确的竣工验收条件、标准、程序、组织管理和责任追究等 B. 竣工验收是否经过施工单位初检、监理机构审核、正式竣工验收程序 C. 建设单位对完工后剩余物资管理是否到位，具体包括工程竣工后，对节约的材料、设备、机械工具是否清点核查，妥善处理。变价处理的库存物资是否采用公开变价方式处理 D. 建设单位是否按规定及时办理工程竣工结算，竣工结算报告是否经中介机构审计，并按规定的层级上报

三、内部控制审计的程序和方法

高速公路建设项目内部控制审计程序与内部审计业务基本相近,主要包括审计计划阶段、审计实施阶段、审计报告阶段和后续审计阶段。

(一)审计计划阶段

内部控制审计计划阶段主要制订项目审计方案、组建审计工作组。

1. 制订项目审计方案

内部审计人员应根据工程项目目标,制订内部控制审计方案,明确审计业务的目的、范围、标准、进度安排和审计资源配置等内容。内部控制审计范围的确定遵循风险导向,以自上而下的原则来确定需要进行审计评价的重要项目分部、重点业务领域或流程环节。

2. 组建审计工作组

企业内部审计部门应根据批准的审计方案,挑选具备独立性、业务胜任能力和职业道德素养的人员,组成内部控制审计工作组。审计工作组成员也可以吸收单位内部相关机构熟悉情况、参与日常监督的业务骨干参加,但是应注意审计工作组成员对本部门的内部控制审计工作实行回避制度。

(二)审计实施阶段

1. 实施现场审查

内部控制审计应按照审计方案的进度安排,充分全面了解工程项目组织机构设置、职责分工、工程分部、工程环节等情况的基础上,确定审计重点、工作组成员分工、审查评价的关键控制点。内部控制现场审计一般分为四个步骤:一是调查了解内部控制,并作出相应记录;二是对内部控制进行初步评价,评价控制风险;三是实施内部控制测试;四是对内部控制进行再评价。

(1)调查了解内部控制,并作出相应记录

①访谈询问法。根据检查评价需要,对建设项目管理人员进行单独访谈、询问,了解项目内部控制制度、关键控制流程。具体可采用面对面访谈、电话沟通等口头方式。

②检查。通过审查和翻阅建设项目相关文件、报告、项目管理制度或手册、信息系统的技术文档和操作手册等，对高速公路建设项目内部控制进行了解。

③观察。在项目建设现场，通过观察项目建设活动及其安全、质量等有关内部控制的执行情况，加深对项目内部控制的了解。

④追踪业务的处理过程。常用于工程投资控制活动中，工程结算环节的控制测试。审计人员可以通过追踪一笔或者多笔工程结算的处理过程，了解高速公路建设项目投资的控制环节，或印证已经知晓的对内部控制的了解是否正确。此外，这种方法还可能获取部分内部控制运行有效性的审计证据。

审计人员对于被审计单位内部控制的调查结果，应该以书面形式记录或描述出来，常用的方法有文字说明法、调查表法和流程图法。

（2）对内部控制进行初步评价，评价控制风险。审计人员在完成了对建设项目内部控制的调查了解之后，要对内部控制作出初步评价。初步评价的内容包括健全性和合理性两个方面：健全性评价主要评价建设项目内控控制是否齐全、完备，各主要业务流程和高风险领域是否都建立了内部控制，内部控制系统有无缺失环节。合理性评价主要评价内部控制的设计是否符合建设项目的具体情况，有无多余的和不必要的控制；控制职能是否进行了划分，人员分工和职责分离是否恰当；是否因分工过细影响了工作效率。需要注意的是内部控制并不是越多越严密越好，还应符合成本效益原则的要求。

（3）内部控制测试。审计人员在完成了对高速公路建设项目内部控制的调查了解之后，可以通过检查、询问、观察、重新操作等方法对内部控制设计和运行有效性进行测试。

内部控制测试可以采取两种方式：一是业务程序测试，即选择若干具体的典型业务，沿着业务处理过程检查业务处理程序中的各项内部控制是否得到执行。这种测试常被看成是一种纵向的内部控制测试。二是功能测试，即针对某项控制的某个控制环节，选择若干时期的同类业务进行检查，查明该控制环节的处理程序在被审计期内是否按规定发挥了作用。这种测试常被看成是一种横向的内部控制测试。高速公路建设项目内部控制测试的范围要兼顾审计证据的充分性、适当性，又要考虑审计效率和审计成本因素。

2. 认定控制缺陷

审计工作组应根据现场测试获取的内部控制有效性的审计证据，判断内部控制是否存在缺陷、缺陷的类型与严重程度以及应采取的应对措施。内部控制缺陷是指内部控制在设计或运行方面存在弱点或不足，使得内部控制无法合理保证目标实现，按内部控制缺陷的性质和影响程度，分为重大缺陷、重要缺陷与一般缺陷。重大缺陷是指一个或者多个控制缺陷的组合，可能导致组织严重偏离控制目标。重要缺陷是指一个或者多个控制缺陷的组合，其严重程度和经济后果低于重大缺陷，但仍有可能导致组织偏离控制目标。一般缺陷是指除重大缺陷、重要缺陷之外的其他缺陷。理想化、没有任何瑕疵的内部控制是不存在的，对内部控制缺陷的识别及严重性水平的判断应基于对内控目标的影响程度。

如何评估内部控制缺陷严重性程度是理论界和实务界关注的焦点和难点。《内部控制评价指引》指出，具体认定标准由企业根据实际情况自行确定，具体应结合工程项目特点、风险偏好、可容忍风险度、施工环境等。通常情况下，实务界以偏离目标的可能性和偏离目标的程度作为衡量缺陷严重性的标准。评价方法可以是定性的方法，也可以是定量的方法。定性方法是直接用文字描述偏离目标的可能和偏离目标的程度，例如，可能性分为"不可能""不太可能""可能""很可能""非常可能"；偏离目标可分为"极低""低""中等""高""极高"。定量方法运用数值衡量目标偏离的可能性（如概率）和目标偏离程度（如损失的金额）。

内部控制缺陷与目标偏离并非一一对应关系，可能存在内部控制缺陷组合的风险叠加，所以，评价内部控制缺陷应关注影响整体控制目标实现的多个一般控制缺陷的组合是否构成重大缺陷。另外，针对同一细化控制目标所采取的不同控制活动之间的相互作用，例如对于某一项已存在或已发现的内部控制缺陷，存在其他正式或非正式的控制措施可以弥补，此时内部控制不必然存在缺陷。内部控制缺陷评价流程如图12-2所示。

3. 内部控制总体评价

对高速公路建设项目内部控制进行实际审查后，审计人员对建设单位内部控制的实际运行情况和控制效果进行总体评价，具体的评价方法有内部控制矩阵图和内部控制评价表法。内部控制评价思路总体可分为五个基本要素：内部控制水平分级、评价指标、评价标准、评价指标权重、测试评价结果。

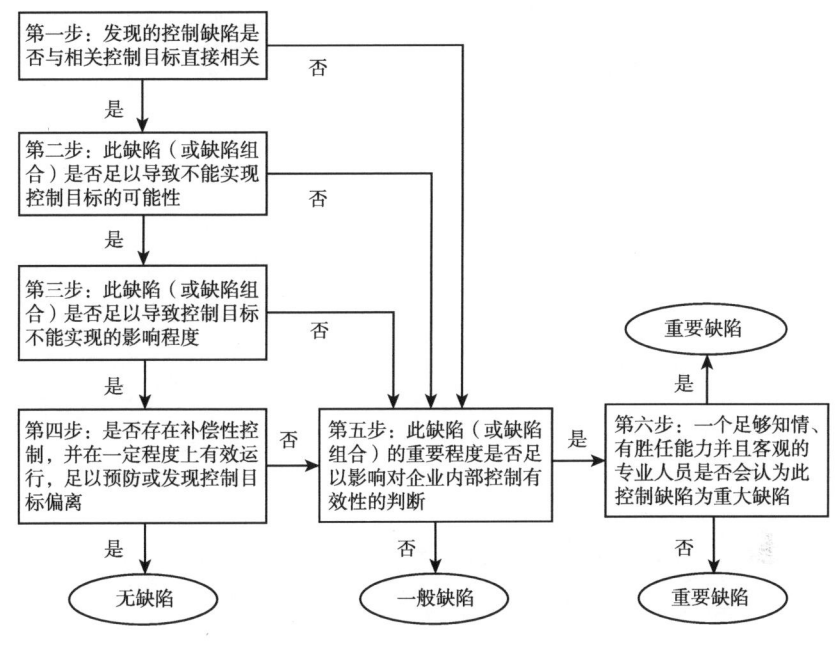

图 12-2 内部控制缺陷评价流程

（1）内部控制水平分级。内部控制水平分级的具体内容见表 12-7。

表 12-7　　　　　　　内部控制水平分级表

级别	描述	分值
A	内部控制系统完整有效	80—100
B	内部控制系统基本完整有效	60—80
C	内部控制系统存在明显缺陷	40—60
D	内部控制系统存在重大缺陷	20—40
E	内部控制系统无效或基本没有控制	0—20

（2）评价指标。按内部控制五要素设置一级评价指标，将各要素的分解指标作为二级指标，各二级指标所关注的内部控制要点为三级评价指标。

（3）评价标准。内控设计的健全性、合理性和内部控制执行的有效性，建设单位可结合高速公路建设特点和管理情况，设置符合自身情况的内部控制评价标准。

（4）评价指标权重。权重体系分为三个层次，权重取值为 0—1，每个层次评价指标权重值之和为 1。考虑因素：企业规模、所处行业特点及行业成熟度、业务复杂性、财务信息处理方法、适用的法律法规等。确定权重的方法：专家意见平均法、德尔菲法、秩和运算法、层次分析法等。

（5）测试评价结果。确定指标总体可信赖程度，分为不可信赖、部分信赖、基本可信赖、比较可信赖、完全可信赖五种类型。测试评价可采用集体打分进行，公式如下：

内部控制总得分 = $\sum$ COSO 要素权重 × 各项具体内容权重 × 各项具体内容得分

根据评价结果，提出改进内部控制缺陷、完善内部控制体系的方法和建议。

（三）审计报告阶段

一般来说，建设项目的内部控制测试可能不要求单独出具审计报告，而是在识别和评估内部控制缺陷后，审计工作组编制内控缺陷认定汇总表，结合日常监督和专项监督发现的内控缺陷及持续改进情况，对内部控制缺陷及成因、表现形式、影响程度进行综合分析和全面复核，提出认定意见。

内部控制缺陷认定汇总表应以适当的形式（主要是书面形式）向组织适当管理层报告。一般情况下，一般缺陷可以向承担直接责任的管理层报告，并视情况确定是否向更高层级报告。重要缺陷和重大缺陷通常向上级审计机构或最高管理层级报告。

认定内部控制缺陷后应由管理层督促相关部门及时提出具体可能的整改方案，具体包括整改目标、内容、步骤、措施、方法、期限。对于内部控制缺陷应采取何种整改措施，首先应考虑缺陷的成因，如果属于内部控制设计环节的缺陷，应在采取纠偏措施的同时，着手修订内部控制设计；如果属于内部控制运行环节的缺陷，应通过加强监督、提高执行力度的方法解决。

内部控制缺陷整改应注意的问题：

（1）内部控制缺陷涉及的相关部门应充分沟通，建立问题分类、难度分级整改机制。

（2）内部控制整改应充分发挥归口管理部门的作用，实施专业负责制，将整改工作落实到部门、人员。

（3）内部控制缺陷整改涵盖众多关联部门、人员，应注重多部门联动，构建稽查整改协作配合机制，如纪检监察、财务、内控、法律、人事等部门通报发现的问题，共同研究整改措施。

（4）内部控制缺陷整改工作面临"高高举起，轻轻放下"的问题，要想内部控制缺陷整改落实到位，需要建立奖优罚劣的审计整改问责机制。

《内部控制审计准则》第二十五条规定："内部审计机构应当向组织适当管理层报告内部控制审计结果。"适当管理层是指内部控制审计报告应提交给能对内部控制负责并能使审计决定和建议得到重视的管理层级。内部控制审计报告的内容，应当包括审计目标、依据、范围、程序与方法、内部控制缺陷认定及整改情况，以及内部控制设计和运行有效性的审计结论、意见、建议等相关内容。

（四）后续审计阶段

内部审计人员应根据报告中反映的问题进行追踪审计，并撰写落实情况，对所属单位的整改措施进行评估。

第3节 高速公路建设项目风险管理审计

一、风险管理审计概述

1. 风险的概念

国际内部审计师协会（IIA）：风险是指对实现目标有影响的事件发生的不确定性，风险通过后果和可能性来衡量。国资委：风险是未来的不确定性对企业实现其经营目标的影响。COSO《风险管理框架》（2017版）：事项发生并影响战略和商业目标实现的可能性。从风险的定义可以总结出风险具有以下特征：1）不确定性，即风险在未来可能发生也可能不发生。2）双面性，即风险可能带来损失，也可能带来收益。3）客观存在，风险是不以人们的意志为转移并超越人们主观意识的客观存在。4）风险评估过程受人们认知水平等诸多主观因素影响。

高速公路建设项目周期长、规模大、涉及范围广，因而面临的风险相对较多且种类繁杂。高速公路建设项目风险主要来自四个方面：设计及施工技术、自然环境、政治经济以及社会、合同方面的风险。

（1）设计及施工技术方面的风险。工程建设的核心是工程设计。如果设计上存在不合理或者结构不完善，必然会给工程建设带来不可避免的经济损失。如施工中发现设计不完善，可能需要进行大量的变更设计以致后续发生工程索赔。如竣工后发现设计不合理，则会导致工程使用寿命、效果或安全性受到重大限制。

（2）自然环境方面的风险。各种自然灾害都有可能给工程建设带来风险，例如来自气象灾害的（台风、雷电、寒潮等），来自自然灾害的（洪水等）以及建设工程本身所在地复杂的地质条件、所在地恶劣的气候条件、工程建设过程中对周围环境施加的影响等，都是工程建设施工阶段潜在的风险因素。对这些风险，应有恰当的管理措施。如果招标人员在制定招标文件时没有充分考虑分析上述各种因素，或者对那些来自自然的不可抗拒影响因素没有加以限定，更容易给工程建设和施工阶段带来风险。

（3）政治经济及社会方面的风险。由于工程建设本身的复杂性以及建设周期长等特点，工程建设和施工阶段会受到政治经济及社会各种因素变动带来的风险。工程延期使得招标人要承担工期延误及工程延期索赔的双重风险。

（4）合同方面的风险。高速公路建设项目风险管理的依据主要是工程合同，合同的缺陷会给项目建设带来难以规避的风险。项目的管理者起草合同文件时应当具备强烈的风险管理意识。合同的每一个条款都要从风险管理和风险分析这两个角度进行研究。

2. 风险管理

风险管理是一个过程，是由项目建设单位管理层以及其他人员共同实施的，应用于项目立项、设计、招投标、施工、结算、验收等各个环节，旨在识别可能影响建设项目的各种潜在事件，并按照建设单位的风险偏好管理风险，为建设项目目标的实现提供合理的保证。在工程建设过程中，风险是普遍存在的。风险管理是高速公路建设项目管理中不可或缺的重要环节。

3. 风险管理审计

国际内部审计实务框架（简称 IPPF）的工作标准 2120："内部审计活动

必须评估风险管理过程的有效性,并对其改善做出贡献。"确定风险管理过程是否有效是内部审计师对下列事项进行评估后的判断:组织目标支持组织的使命并与其保持一致;重大风险得到识别和评估;选定适当的风险应对方案,并符合组织的风险偏好;获取相关的风险信息并在组织内部及时沟通,以便员工、管理层和董事会履行相关职责。

二、风险管理审计的目标和程序

建设项目风险管理包括目标设定、风险识别、风险评估和风险应对。

(一)风险管理审计的目标

高速公路建设项目风险管理审计的主要目标,是协助组织和高速公路建设项目高级管理层评估现有风险管理措施的不足,通过发现并评价重要风险,协助高级管理层在项目建设周期内提升风险管理能力,进而最大限度地识别风险、应对风险,并将管理风险的成本降至最低。

(二)风险管理审计的程序

风险管理理念贯穿风险管理审计全过程,主要包括准备阶段、实施阶段、报告阶段和后续审计阶段。

1. 准备阶段

(1)了解建设项目单位的概况。审计人员通过访谈、询问、现场察看和查阅,了解建设项目的人员构成、资金来源、组织架构、人员结构、建设项目规划设计、风险管理制度流程、财务管理、质量管理、预算管理、审批文件资料等建设项目基本情况。

(2)进行风险评估程序。审计人员可以通过对访谈、集体讨论、调查问卷、过去事件总结和分析、风险汇总表、概率计算、情景分析、事件树分析、分解分析、压力测试等测试的方法对建设项目目标实现有潜在影响风险事项进行评估排序,确定风险管理审计的重点领域和重点内容。风险评估程序可借助风险矩阵图对风险事项的发生概率和影响程度进行打分排序,具体如表12-8所示。

表 12-8　　　　　　　　　　　风险矩阵

发生的可能性	影响程度				
	非常重要 5	很重要 4	中等 3	不重要 2	可忽略 1
绝对发生 5	10	9	8	7	6
经常发生 4	9	8	7	6	5
发生过数次 3	8	7	6	5	4
可能但未曾发生 2	7	6	5	4	3
几乎不发生 1	6	5	4	3	2

（3）编制审计计划。评测可利用的资源。企业的风险点众多，而内部审计资源有限且相对不足。编制审计计划的第一步就是要评测共有的内部审计资源，风险分析及排序，根据风险分析和风险排序分配审计资源，编制风险管理审计计划。审计部门优先对风险较大的项目进行审计，并配备最好的人力资源。在确定审计范围时，要考虑并反映项目公司的战略性计划目标，并每年对审计范围进行一次评估，以反映机构的最新战略和方针。以风险评估为基础的审计计划更多地体现了企业整体层面的风险，其目的是确定全年审计范围和审计活动项目及先后顺序。

（4）制订审计方案。审计人员在评估风险优先次序的基础上，编制审计方案，具体包括审计目标、审计领域、审计要点、审计程序、审计负责人及其责任、审计团队组成、审计时间预算和进度、审计资源需求等。审计方案报经有关部门批准后方可实施。

2. 实施阶段

风险管理审计实施阶段主要对建设单位项目风险识别、评估分析、应对等管理程序、方法的合理性和有效性进行审计。

（1）风险识别。建设单位是否根据其组织目标、项目目标，运用科学的识别方法对建设项目的风险进行了全面的识别；建设单位是否对识别的风险进行分类管理，风险分类管理是否合理；建设单位的风险描述是否准确，是否简明扼要的概括了单位的各种风险；公司各个层级的风险事项识别职责与权限是否清晰。一般情况下，建设项目各阶段应关注的风险点见表 12-9 所示。

表 12 – 9　　　　　　　　　　建设项目各阶段的风险点

项目阶段	风险点
立项	①项目建议书环节的主要风险是：投资意向与国家产业政策和企业发展战略脱节，项目建议书内容不合规、不完整，项目性质、用途模糊，拟建规模、标准不明确，项目投资估算和进度安排不协调 ②可行性研究环节的主要风险是：缺乏可行性研究或可行性研究流于形式，导致决策不当，难以实现预期效益，甚至可能导致项目失败；可行性研究的深度达不到质量标准和实际要求，无法为项目决策提供充分、可靠的依据 ③项目评审与决策环节的主要风险是：项目评审流于形式，误导项目决策；权限配置不合理，或者决策程序不规范，导致决策失误，给企业带来巨大经济损失
设计	①初步设计环节的主要风险是：设计单位不符合项目资质要求；初步设计未进行多方案比选；设计人员对相关资料研究不透彻，初步设计出现较大疏漏；设计深度不足，造成施工组织不周密、工程质量存在隐患、投资失控以及投产后运行成本过高等 ②施工图设计环节的主要风险是：概预算严重脱离实际或不编制施工图预算，导致项目投资失控；工程设计与后续施工未有效衔接或过早衔接，导致技术方案未得到有效落实，影响工程质量，或造成工程变更，发生重大经济损失
招投标	①招标环节的主要风险是：招标人肢解建设项目，致使招标项目不完整，或逃避公开招标；投标资格条件因人而设，未做到公平、合理，可能导致中标人并非最优选择；相关人员违法违纪泄露标底，存在舞弊行为 ②投标环节的主要风险是：招标人与投标人串通投标，存在舞弊行为；投标人的资质条件不符合要求或挂靠、冒用他人名义投标，可能导致工程质量难以达到规定标准等 ③开标、评标和定标环节的主要风险是：开标不公开、不透明，损害投标人利益；评标委员会成员缺乏专业水平，或者建设单位向评标委员会施加影响，致使评标流于形式；评标委员会成员与投标人串通作弊，损害招标人利益
合同管理	合同签订环节的主要风险是：合同范围、内容、违约责任及解决办法等条款约定不明确，付款方式缺乏操作性；标段界限不清晰，甲供、乙供材料界定不明确；合同文本变更了招标文件的实质性内容
施工	①施工质量、进度和安全管理的主要风险是：盲目赶进度，牺牲质量、费用目标，导致质量低劣、费用超支；质量、安全监管不到位，存在质量隐患 ②合同及合同变更管理的主要风险是：合同履行过程信息管理混乱，导致经济损失、法律纠纷；现场控制不当，工程变更频繁，导致费用超支、工期延误 ③工程物资采购及现场管理的主要风险是：工程物资采购过程控制不力，材料和设备质次价高，不符合标准和合同要求，影响工程质量和进度；物资出入库办理不及时，影响竣工决算和资产移交；物资（尤其是甲供材料）现场使用控制不严，造成损失 ④工程进度款结欠结算与资金支付管理的主要风险是：建设资金使用管理混乱，缺乏资金使用计划，项目资金不落实，导致工程进度延迟或中断；实际支付的进度款超出实际进度，给建设单位施工管理造成被动或经济损失
竣工结算	工程竣工管理的主要风险是：竣工验收不规范，质量检验把关不严，可能导致工程存在重大质量隐患；虚报项目投资完成额、虚列建设成本或者隐匿结余资金，竣工决算失真；固定资产达到充足可使用状态后，未及时进行估价、结转

（2）风险评估。高速公路建设项目风险评估方法是否适应项目风险特征，评估方法是否符合成本效益原则；风险评估依据是否充分、科学；风险评估程序是否科学、合理；管理层是否具有风险评估的技术能力。

风险坐标图是把风险发生可能性的高低、风险发生后对目标的影响程度，作为两个维度绘制在同一个平面上，即绘制在直角坐标系中，详见图12－3。对风险发生可能性的高低、风险对目标影响程度的评估有定性、定量等方法。绘制风险坐标图的目的在于对多项风险进行直观的比较，从而确定各风险管理的优先顺序和策略。将该图划分为 A、B、C 三个区域，其中，A 区域：风险评估值小于 5，为低风险区；B 区域：风险评估值达到 5 及以上但小于 10，为中风险区；C 区域：风险评估值达到 10 及以上，为高风险区。单位决定承担 A 区域中的各项风险且不再增加控制措施；严格控制 B 区域中的各项风险且专门补充制定各项控制措施；确保规避和转移 C 区域中的各项风险且优先安排实施各项防范措施。

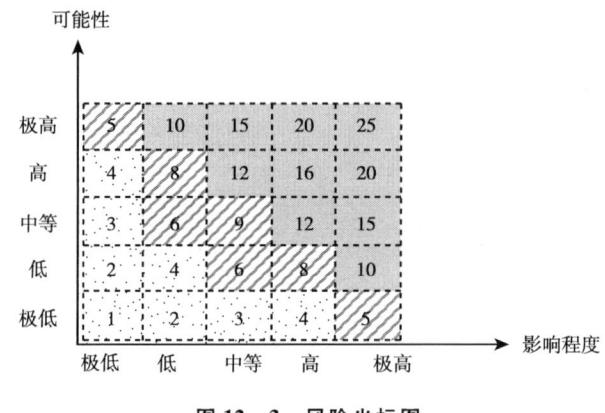

图 12－3　风险坐标图

（3）风险应对。建设项目风险特点和影响不同，建设单位应对措施各有不同，主要包括风险接受、风险规避、风险分担和风险减轻。①风险接受：风险较小或可以忽略的；风险可以被风险管理方法预防；风险成本过高。②风险规避：通过变更原有计划，从而消除风险或者风险发生的条件，达到实现公司目标的管理方法。事前控制措施规避风险发生的概率，事前控制和事后补救规避风险损失程度。③风险分担：在公司运营管理过程中，将各种风险要素以一定的方式分配给包括投资者、公司自身、外部机构等多方面参与者的风险管理办法。④风险减轻：通过一定的措施，将不利风险事件后果和可能性降低到公司可以接受的程度。

审计人员重点审查风险应对策略是否符合建设单位风险偏好。风险应对方案是否符合成本效益原则。管理层是否从组织整体角度考虑风险，建立并有效传递实现绩效目标所需的风险组合观。

建设单位是否制定切实可行的风险应对计划，是否有确定的实施目标、实施步骤等。主要包括项目建设管理机构对项目建设过程中出现未曾预料的新情况是否制定了风险预案，是否安排了足够资源来实施风险管理手段和措施。针对高速公路建设项目某些必须限时实现的目标，项目管理机构是否做好了资源调配冗余安排，对不利因素考虑是否充分。对项目建设出现转折点或提出重大设计变更时，项目风险应对方案是否合理，实施是否及时到位，结果是否在可控范围内。对边科研、边设计、边施工、边修改以及采用新技术的高速公路建设项目，项目是否针对不利因素做出了风险控制安排，是否能保证建设目标总体实现。对某一时段投入资金数额较大的项目，项目资金流安排是否顺畅，有无存在资金缺口导致支付困难的风险。对政府有关政策发生重要调整的高速公路建设项目，要关注项目建设安排是否会受到重大影响，项目进度是否可能严重滞后，是否存在调整设计和施工方案达成建设目标的可能。可能对社会产生影响的敏感问题，如环保政策、资源配置等，要重点关注项目是否作出充分考虑和安排，是否安排专门预算，是否聘请了专业机构和人员实施管理。

3. 风险管理审计报告

与常规业务审计报告不同，因不确定性的存在，风险管理审计报告也存在"风险"。风险观念里审计报告应突出前瞻性和可用性，体现不同使用者对风险管理审计报告的不同需求，降低风险管理审计报告的风险。风险管理审计报告一般包括：

（1）披露风险的表现和风险排序。常规业务审计报告主要表达业务执行过程中在真实性、合规性和效益性方面存在的问题及原因分析等内容，而风险管理审计报告的内容应该披露被审计事项的风险点，并按照风险大小进行排序，明确重要风险和关键风险控制点。

（2）披露被审计单位对利用风险、防范风险的制度、措施及执行情况。风险管理审计报告要从公司治理、内部控制和全面风险管理的整体系统中寻找与具体的风险防范、风险利用有关的规定,并表达这些规定执行的情况。

(3) 披露利用风险、风险防范的效果。重点表达风险利用、风险防范的成本、效率和效果,突出风险管理的绩效。

(4) 披露风险管理审计的方法、风险评价的条件和标准。结合被审计活动特点,使用恰当的方法和标准,是风险管理审计的必然要求。

(5) 谨慎披露舞弊事项。舞弊是企业面临的主要风险之一,内部审计人员在舞弊审计中的责任是:保持职业警惕性和审慎性,在常规审计过程中注意发现舞弊线索,一旦迹象明朗,则要向组织内合适的部门(一般是纪检监察部门)和高管层、董事会报告。

(6) 前瞻性地规划提高风险管理质量的建议。建设项目在不断推进过程中,所处环境在不断变化,所以,风险管理审计报告应该在微观建议的基础上,更加关注战略管理、方案选择等方面的建议,以便指导被审计单位高管层今后能够更加重视企业风险管理工作,从根本上提高风险管理审计的增值功能。

4. 后续审计

风险因素是决定后续审计本质和范围的重要因素,风险越大,后续审计的范围可能越广。后续审计应该将注意力集中于最严重的或者潜在的风险管理问题上,对一般风险事项的后续审计可仅限于询问和简短的讨论。后续审计的重点应是由于绩效目标未能实现而产生的风险和影响,而不是如何改进审计报告中提到的具体建议。因此,绩效目的的实现和风险评估是后续审计的重要内容。

第4节 高速公路建设项目绩效审计

2018年中共中央、国务院正式印发《关于全面实施预算绩效管理的意见》,明确提出"花钱必问效、无效必问责",绩效目标、绩效评级、绩效结果应用等内容引起广泛关注。2021年7月内部审计协会修订发布《第3201号内部审计实务指南——建设项目审计》,为建设项目绩效审计提供实务指导。高速公路建设项目事关国计民生,预算资金支出体量大,项目施工周期长,涉及利益相关方众多，所以，审计机构应结合高速公路建设项目特点，重点审查建设项目在经济、环境、文化等多方面的效益，提高预算支出的使用效果和效率。

一、高速公路建设项目绩效审计的概述

（一）绩效审计的产生

绩效审计最早起源于 20 世纪 30 年代的美国，凯恩斯经济学的风靡扩大了政府的职能，绩效审计因而得以产生。在 20 世纪 70 年代，新公共管理运动的浪潮推动了绩效审计的进步，当时的美国政府提出了"3E"审计，3E 即 Economy（经济性）、Efficiency（效率性）、Effectiveness（效果性）。3E 审计在我国被称为绩效审计。

绩效审计产生的根本原因是公共资源的委托代理与政府的公共资源受托责任。高速公路属于政府公共投资，其规模庞大、产权归全民所有，但是其具体建设需要政府来管理与支配。因此，高速公路建设项目存在委托代理问题，委托人即全体公民，受托人为政府。政府所承担的受托公共资源管理责任要求其在预算支出的过程中不仅要遵守相关法律、规章与制度，还应当注重高速公路建设管理的结果及其业绩的好坏。高速公路建设单位绩效审计一般是指审计机关或被委托的机构派遣专业人员对被审计单位所主导或参与建设的工程项目的绩效情况进行检查，并根据实际情况对绩效作出综合评价，同时对所发现的问题提出相应意见的过程。

（二）高速公路建设项目绩效审计范围

高速公路建设项目的效益是多方面的、综合性的。首先，高速公路建设项目作为一项投资项目，必然要追求经济效益。根据受益对象范围不同，高速公路建设项目的经济效益分为项目投资者角度的财务效益和项目经济辐射带动作用下的国民经济效益。其次，中国地域辽阔，高速公路是政治、经济、文化交流的重要纽带，将带来广泛的社会效益，例如偏远落后地区的高速公路担负扶贫使命，延崇高速公路承担 2022 年北京冬季奥运会赛项场地转换任务等。最后，高速公路建设线路长，占地面积广，对沿线地质、空气、水文等生态环境

造成巨大影响，所以，高速公路建设的环境效益也是需要重点关注的一个方面。

高速公路建设项目绩效审计应当包括项目目标达成情况评价、项目绩效评价、项目影响评价、项目可持续性评价等几个方面。

（1）项目目标达成情况评价。内部审计机构应结合高速公路建设项目立项书及批复文件，核实、评定立项时项目进度、施工安全、质量标准等各项预期目标的实现程度。同时，内部审计机构也要结合高速公路建设的实际情况对原立项批复文件中的决策目标的正确性、合理性和实践性进行分析评价。

（2）项目影响评价。高速公路建设项目影响评价主要有经济影响评价、环境影响评价、社会影响评价。经济评价主要关注项目运营后的财务效益，包括运营技术指标、运营单位财务效益状况及项目财务内部收益率等。环境影响评价主要包括项目建设中产生的噪音、污水、废气等污染物对周边住户和环境的影响；项目建设使得地形改变、植被破坏、土壤渗透性改变等自然损害的影响。社会影响评价主要包括项目建设新增就业机会、居民生活质量改善、产业结构调整等方面。

（3）项目可持续性评价。高速公路项目建设完成后，项目能否按预期目标投入运营使用，能否满足后续运营的需求，是可持续性评价的重要内容。

（4）项目管理评价。以项目目标和绩效评价为基础，结合其他相关资料，对项目管理机构在整个项目生命周期中各阶段管理工作进行评价。

二、高速公路建设项目绩效审计的目标、内容和方式

（一）审计目标

高速公路建设项目绩效审计的维度包括经济性、效率性与效果性。

（1）经济性。经济性指在充分考虑工程质量的前提下尽量减少投资成本，防止出现过多的资金浪费。同时，高速公路建设项目经济性包括项目立项、勘察、设计、施工、监理、供货等环节的资金投入和工程造价控制情况。

（2）效率性。效率性即投入—产出关系，一定资源投入量所能得到的最大产出值。高速公路建设项目的效率性主要包含对建设资金的管理效率以及建设速率。审计过程中工作人员需要对资金的到位、使用、是否存在违规使用等

情况保持警醒，防止存在挪用或套取资金的情况。同时，项目建设所用土地、建筑材料、机器设备、人工等资源与项目效益之间是否符合成本效率原则。工期的效率则相对比较容易评价，直接与预计工期比较即可。

（3）效果性。项目预期结果和实际结果之间的关系，也就是说，项目在多大程度上达到政策目标、经营目标以及其他预期效果。包括项目的预期目标实现情况、经济效益、社会效益、生态效益等情况。

（二）审计内容

（1）项目建设经济性审查和评价。高速公路建设经济性审查和评价主要包括项目立项、招标、设计、采购、施工等各环节的质量是否符合预期质量标准；资金投入是否存在无效、重复投入的情况；项目造价是否科学、合理，是否存在超预算支出的情况，超预算支出的原因和后续处理是否合法、合规；后评价中还需要考虑项目运营成本是否节约。

（2）项目建设效率性审查和评价。高速公路建设的效率性审查和评价主要包括项目立项、招投标、设计、施工等各环节的管理政策、原则、制度、措施是否完善、合理，并落到实处；高速公路建设单位的组织结构是否合理，责权利划分是否清晰，并有助于高速公路建设项目有序、高效完成；财政资金利用和管理是否合法、合规，有无资金侵占、挪用等违法违规情况。后评价中还需要考虑建成的项目是否有利于提高运营效率。

（3）项目建设效果审查和评价。高速公路建设的效果审查和评价主要包括项目的预期目标、经济效益、社会效益以及环境保护设施与工程建设的同步性、有效性。

（三）审计方式

建设项目绩效审计可以单独开展，也可以与对建设项目各阶段工作的合规审计、财务审计、造价审计等结合进行。开展结合型建设项目绩效审计的方式主要包括：

（1）在项目决策审计中，要评价投资项目立项是否符合国家的方针政策和社会发展需求、是否存在后期投产即面临市场萎缩或关停并转等要求的风险。

（2）在工程管理审计中，要评价项目各参建单位是否勤勉尽责，是否具备较高管理能力，是否提升了项目各项资源的运用效果，是否按期或提前完工。

（3）在工程造价审计中，要评价项目投资是否控制在概算内，是否采取得力措施降低了工程造价，避免了投资浪费和损失。

（4）在工程质量审计中，要评价项目建设质量是否合格，工作能力和寿命是否满足设计要求。

（5）在工程承竣工决算审计中，要结合工程验收工作，考核项目性能指标是否达到设计目标，运营效率是否达到预期，外部市场和资源条件是否符合预期。

（6）要对投资项目的社会效益、环境效益作出评价。分析投资项目建成投产后，对当地乃至周边地区的经济建设、社会发展、人民生活改善、劳动就业、节能降耗、资源利用、防灾减灾、环境保护、生态平衡等的影响。

（7）要综合考虑建设过程中的内外部环境因素变化情况，提出改进项目管理工作，提高建设项目综合绩效的意见或建议。

三、高速公路建设项目绩效审计程序

高速公路建设项目绩效审计从审计立项开始，到完成项目审计全过程，一般分为四个阶段：准备阶段、实施阶段、报告阶段和后续整改检查阶段。

（一）准备阶段

高速公路建设项目绩效审计的准备阶段主要包括四个步骤：选择绩效审计目标、进行审前调查、编制审计计划和初步研究并发出审计通知书。

1. 选择绩效审计目标

高速公路建设单位的业务活动具有广阔的辐射面，有限的审计资源使得审计机关必须合理、有效地分配资源，应从两个方面选择审计项目：第一，审计机关进行一般性考察，结合被审计单位以及项目的基本情况、舆论与公众的意见与要求等，确定未来一阶段内需要实施绩效审计的单位及项目。第二，制定每年的审计工作计划表。选择年度审计项目应考虑如下因素：

（1）重要性，在政府管理、资源运用或社会需求等方面较为重要；
（2）风险性，有可能存在问题的领域或部分；
（3）时间性，问题的解决具有紧迫性；
（4）增值性，有较大改善或节约空间；
（5）可行性，根据现有审计资源适当安排审计工作。

2. 审前调查

在确定了实施绩效审计的单位及项目之后，审计人员需要进行审前调查。审前调查时审计人员需要了解被审计项目的管理、实施机构及权限；项目的效益目标；有关部门的责任关系；项目和利益关联方的环境；项目有关的公共资源等。审计机关需要向被审计单位收集的书面资料包括但不限于下列各项：如经批准的建设项目的项目建议书、可行性研究报告，建设单位初步编制的竣工财务决算报表，分部分项工程结算文件等资料。项目建设期间的财务账簿、报表、凭证，相关会议记录、纪要；行业、地区相关经济等指标数据。环境影响报告书、相关签证变更，环保、水利等监督管理部门监测数据等资料。开展项目后评价时还需要取得项目运营期间的财务账簿、报表、凭证，相关管理过程记录、相关会议记录、纪要等资料。

3. 编制审计计划

审计机关需要根据了解到的情况编制审计计划，一般由审计工作方案和审计实施方案组成。审计计划的内容主要包括：审计依据、审计目标、审计范围、审计的重要性、审计风险、审计方法、审计标准、审计时间安排、审计人员要求（包括聘请专家）和审计证据等。当然，有些绩效审计目标由于审计范围较大，内容复杂，需要编制多层次的审计计划，审计计划可能被细化为审计项目计划大纲、项目实施计划、项目现场作业计划等。

审计工作方案主要说明审计工作目标、审计范围、审计对象、审计内容和重点、审计组织与分工、审计工作要求等；审计实施方案主要说明编制依据、被审计项目基本情况、审计目标、重要性水平的确定和审计风险等内容和重点、对审计目标有重要影响的审计事项的审计步骤和审计方法、预定的审计工作起止时间、审计组组长、审计组成员及其分工、方案编制时间及其他有关内容。审计实施方案应在实施审计前经审计组所在部门领导和审计机关分管负责人批准。

4. 初步研究并发出审计通知书

在选定项目并且编制成审计计划后，审计人员就需要对被审计单位进行初步研究以便进一步了解审计所要进行的活动，明确审计过程中应注意的重大事项（审计目标、范围和重点、估计可能产生的影响，指定时间表和资金预算等），出具一份及时、完善的审计方案，并正式发出审计通知书，进驻被审计单位。

（二）实施阶段

绩效审计的审计实施工作，主要是收集数据、计算指标、作出评价。各项审计取证工作可平行开展。需要特别注意的是，绩效评价标准有两大类：一类是规范性标准，如有关的法规、制度、相关程序要求等强制性的标准；另一类是推荐或建议标准，如用来衡量绩效的计量标准和其他良好实务与规范化控制模式等非强制性标准。在审计中采用非强制性标准进行评价时，一要注意评价的客观性；二要加强审计人员与被审计单位管理人员的交流沟通，尽量达成双方都能授受的评价标准；三要向专家和权威机构进行咨询，确定评价标准；四要把握好分寸，做到适度评价，尽量减少审计人员的主观判断。

1. 审查和评价项目目标达成情况

审计人员开展对一系列建设目标是否实现的复核和比较，主要参照对象是项目可行性研究预测值、行业参考值或同类项目实现值。主要的项目建设目标包括：

（1）工程竣工质量验收合格。建设项目工程质量合格是首要目标，主体工程不合格的项目应当视为建设失败，非主体部位局部质量缺陷应当在竣工验收中指出并及时修补，消除缺陷。

（2）工期控制在设计工期内。建设工期控制在设计工期之内是建设项目的主要目标之一，工期延长应有合理原因。

（3）工程投资控制在项目概算之内。项目概算是初步设计提出的投资控制目标值，其中已经包含了必要的基本预备费和价差预备费。如果工程竣工后总投资突破概算值，应当深入分析原因。

（4）工程施工过程安全受控。建设项目应当以不出现施工安全事故为目标，至少应当确保不出现较大或重大安全事故。

2. 审查和评价项目对社会的影响情况

建设项目对利益关系人、周边环境和社会带来的影响，是建设项目绩效审计和评价的重要内容。主要包括下列方面：

（1）项目征地拆迁、移民对原住民的影响。对原住民的影响十分复杂，既包括对其经济方面如对收入的影响，也包括对其生活、心理等人文方面的影响，在审计中应量力而行。其中：

移民家庭收入变化指数 = 移民后家庭年净收入/移民前家庭年净收入 ×100%

（2）项目建设对上下游产业的影响。对上下游产业的影响，主要是由较大的建设项目建设过程中及建成后，对上下游供给、需求关系产生的影响带来的，应结合项目具体情况分析。

（3）对周边住户和环境的影响。项目环境影响和生态效益影响包括项目建设中产生的噪声、污水、粉尘等污染物对周边住户和环境的影响，具体可参照项目环境影响报告进行检查。其中重点关注环境质量指数、水质影响等指标，以定量分析为主。如环境质量指数反映项目实施造成污染物排放与国家相关标准允许的最大排放量相比较的结果。其计算公式为：

$$环境质量指数 = \sum_{i=1}^{n} \frac{Q_i}{Q_{io}}$$

n 为该项目排出的污染环境的有害物质的种类，如废水、废气、废渣、噪声、放射物等。Q_i 为 i 种有害物质的排放量。Q_{io} 为国家规定的 i 种物质的最大允许排放量。

再如，生态环境影响评价指标可包括：

$$植被和野生生物栖息地面积 = \frac{开发后栖息地面积 - 开发前栖息地面积}{开发前栖息地面积} \times 100\%$$

植被和野生生物栖息地面积变化指标 >0，效益良好。

$$动植物数量（种类）变化 = \frac{开发后数量（种类） - 开发前数量（种类）}{开发前数量（种类）} \times 100\%$$

动植物数量和种类变化指标 >0，效益良好。

（4）对古迹和自然景观的影响评价。项目的开发可能会对古建筑或历史遗迹、自然景观造成损害，此类受影响的总价值可以通过价值评估的方式来计算。

（5）对自然灾害的风险分析评价。项目可能会因地形改变、植被影响、土壤渗透性等向增加（或减少）自然灾害的损失，或者增加（或减少）自然灾害发生的可能性。对有可能产生自然灾害的项目，应进行环境影响的风险分析。

主要指标：自然灾害的影响数＝发生一次自然灾害造成的财产损失×增加或减少的发生自然灾害的概率。指标值如小于项目实施前的自然灾害的影响数，则绩效良好。

（6）社会效益和影响。社会效益是指公共工程在建成投产后对国民经济和社会发展所产生的影响，主要包括社会经济、文教卫生、人民生活、就业效果、分配效果等内容。公共工程的社会效益评价，主要从项目的社会经济效益和社会影响效益、移民安置效益评价三个方面来进行。

社会效益审计是指依据国家有关法律法规，运用定性和定量分析相结合的方法，对建设项目建成后的社会效益进行审查并作出评价，重点关注单位投资就业人数及人均收入增长率等指标，以定性评价为主。就业效益指标反映因项目的建设而增加的就业机会，及减少失业人口带来的社会稳定的效益，可按目前一般采用的单位投资就业人数计算。单位投资就业人数＝新增总就业人数（包括本项目与相关项目）/项目总投资（包括直接投资与间接投资），该指标大于等于该行业、地区平均就业效益水平为合格。

居民生活质量改善效益指标：可通过人均收入增长率指标来进行衡量。人均收入增长率＝（项目投产后人均收入－项目投产前人均收入）/项目投产前人均收入×100%。人均收入增长率越高，则绩效效益越好。

经济结构和产业机构效益指标是指给当地经济结构和产业结构带来的较大影响，带动当地经济增长情况，可用投资经济增长率指标来衡量。投资经济增长率＝国内总产值的增加（包括项目本身贡献以及因项目的带动间接增加的产值）/项目总投资×100%。投资经济增长率越高，则绩效效益越好。

社会环境影响评价指标主要包括对居民生活水平和生活习惯的影响、对弱势群体的影响、对社会结构及社会稳定的影响、对人口的影响、对文化教育的影响等，往往无可量化的表现形式，以定性评价为主。

3. 审查和评价项目持续发展能力

项目持续性审计和评价是指对项目建成投入运营后，项目的既定目标是否能够按期实现，并产生较好的效益，项目业主是否愿意，并可以依靠自己的能力继续实现既定目标，项目是否具有可重复性等事项的考核和评价。可持续性评价主要包括以下几个方面：

（1）政策法规因素。国家法律法规变化趋势、参与该项目的政府部门各自作用和目的、对项目目标的理解是什么；根据这些目的所提出的条件和各部门的政策是否符合实际，如果不符合实际，需要做哪些修改，政策的变化是否会影响到该项目的持续性。

（2）管理、组织和参与因素。如项目管理人员的素质和能力、管理机构和制度、组织形式和作用、人员培训等对持续性的影响。

（3）技术因素。技术因素主要包括对项目管理和财务持续性的影响，在技术领域的成果是否可以被接受并推广应用。对照前评价确定的关键技术内容和条件，分析当地时间条件是否满足所选择技术装备的需求，并分析技术选择与运转操作费用的关系，新产品的开发能力和使用新技术的潜力等。

4. 项目管理审计和评价

对项目管理情况的全面审计和评价，要涵盖项目建设管理全过程，包括前期工作、建设实施和竣工验收三个主要阶段也要覆盖各参建单位。在实践中通常有重点地开展。

（1）项目前期工作管理评价。主要对项目前期工作是否合规开展、是否高效、是否及时取得报批报建手续并完成征地拆迁保证项目开工需要等进行评价，也要结合后续建设实施中发现的问题评价前期工作质量。

（2）项目实施工作管理评价。主要对项目施工管理（包括安全质量工期等管理工作）、勘察设计管理、监理管理、技术和咨询管理等逐项作出评价。

（3）项目竣工阶段管理评价。主要对项目组织合同完工结算、编制竣工决算、结转固定资产、组织生产培训和试生产、移交生产部门等工作管理情况进行评价。

（4）项目运行管理评价。主要对是否达产、是否保证运行时间、质量缺陷是否及消除保证运行等事项开展评价。

（三）报告阶段

建设项目绩效审计程序中的报告阶段是指审计任务完成之后，根据实施阶段检查评价情况与问题提出改进建议和措施，编写正式审计报告，作出审计决定的过程。审计报告阶段是形成和扩大审计成果，体现审计目的，总结审计工作的过程。建设项目绩效审计报告通常包括：

（1）内容摘要。它是绩效审计报告的第一部分，便于读者通过阅读摘要，了解审计报告的主要内容，并根据需要决定是否继续仔细阅读下面的内容。

（2）被审计事项的背景。它主要包括被审计事项或单位的基本情况、资金来源和使用情况、目前的状况等，目的是使读者对被审计事项有一个清晰的理解。

（3）审计项目实施情况。它主要是用于向读者说明审计的范围和性质，便于读者使用报告内容，并进行判断，它主要包括该项目的审计依据、审计目标、范围和方式、方法以及审计起止时间、审计准则的遵循情况、审计方和被审计方的责任等。

（4）审计评价意见或结论。它是针对审计目标，以审计发现的情况为基础，总括地发表审计意见或得出审计结论。

（5）审计发现的情况。它是"审计评价意见或结论"的证明，是所取得证据的汇总结果，它包括审计发现的事实、导致上述结果的原因、产生的影响。

（6）发现的违法违规问题和处理处罚意见。这是对审计过程中发现的具体违法违规问题及处理处罚意见的逐项列示，包括审计过程中查出的被审计单位违反国家法律法规规定的财政收支和财务收支行为的事实、处理处罚决定以及有关移送处理的决定等。

（7）审计建议。它是绩效审计项目的核心内容之一，它是审计结论和审计发现的情况及分析的逻辑体现，一般应该针对产生问题的原因提出来，在内容上与报告中的其他内容相呼应。所提出的审计建议应该有针对性、可操作，便于检查和衡量。

（8）被审计单位的反馈意见。它主要包括被审计单位对审计报告的看法、针对被审计单位的意见、审计报告的修改情况、审计组织不同意被审计单位意见的理由、被审计单位拟采取和已经采取的改正措施。

（四）整改检查阶段

政府绩效审计程序中的整改检查阶段是指审计结论下达后，对被审计单位执行审计结论的情况进行审查评估的过程。通过后续审计来检查审计结论的质量，监察审计建议是否为被审计单位所接受，是否切合实际，是否获得应有的绩效。

整改检查阶段又分为两个步骤：第一步，审计人员应确认被审计单位已经对报告中提出的意见采取了行动并评价这些行动的效果；第二步，当被审计单位对报告中某些或全部事项没有采取行动时，审计人员要确认被审计单位已经承担了不采取行动的风险。审计人员应及时出具报告向被审计单位的主管部门或有权监督被审计单位的部门反映，以有效保证报告中审计意见的落实。后续审计的步骤通常是取得被审计单位的书面回复、通过面谈等方式与被审计单位探讨回复中的有关问题，对纠正行动和重点发现有关的事项进行现场审计，报告后续审计发现。

第 5 节　高速公路建设单位主要负责人的经济责任审计

按照《审计署关于内部审计工作的规定》（2018），内部审计机构或者履行内部审计职责的内设机构，对本单位内部管理的领导人员实施经济责任审计时，可以参照执行国家有关经济责任审计的规定。国家审计对经济责任审计的法规文件是《党政及国有企事业单位主要领导经济责任审计规定》。高速公路建设单位所属单位主要负责人的经济责任审计主要由单位内部审计部门来承担。

一、经济责任审计的概念

（一）经济责任

所谓经济责任，是指领导干部在任职期间因其所任职务，依法对本地区、本部门（系统）、本单位的财政收支、财务收支以及有关经济活动应当履行的职责、义务，包括直接责任、主管责任和领导责任。

(二) 经济责任审计

广义的经济责任审计包括一切审计。狭义的经济责任审计，则是特指中国在近些年来出现的旨在明确国家机关和国有企业事业单位领导人经营管理责任而进行的一种审计活动，这也就是通常所说的任期经济责任审计或者离任审计。

高速公路建设单位的经济责任审计工作要遵守《中国内部审计准则》规范关于经济责任审计的规定，以马克思列宁主义、毛泽东思想、邓小平理论、"三个代表"重要思想、科学发展观、习近平新时代中国特色社会主义思想为指导，贯彻创新、协调、绿色、开放、共享的新发展理念，聚焦经济责任，客观评价，揭示问题，促进党和国家经济方针政策和决策部署的落实，促进领导干部履职尽责和担当作为，促进权力规范运行和反腐倡廉，促进单位规范管理和目标实现。

二、经济责任审计的特点

经济责任审计中，经济责任是核心，即确认、解脱责任。常规审计是对组织经济事项的审计（对事的审计）；而经济责任审计的审计对象人格化，既对人又对事，将应承担的经济责任落实到主要负责人，能够使问题（如重大决策）得到有效的控制，能够有效遏制领导滥用权利的行为。经济责任审计特点主要表现为如下几个方面。

（一）评价性

经济责任审计的目的是客观、公正地评价被审计对象在单位经营管理活动中的业绩和对存在的问题应承担的责任。评价的核心是经济责任的确认或解脱。审计机构完成审计过程后，要向委托部门出具被审计对象经济责任履行情况的正式意见，为管理部门提供考核、使用干部的依据。

（二）针对性

经济责任审计一般是按照授权或委托书中所指明的范围进行审计，这个范围包括时间范围和内容范围。经济责任审计仅针对被审计人在任职期间的经济责任履行情况进行审计，是以个人为主的审计监督方式，针对性比较强。审计对象的人格化，既对人又对事。常规审计是对组织经济事项的审计（对事的审计）。经济责任审计是对人和事的审计。将应承担的经济责任落实到主要负责人，能够使一些重大的问题得到有效的控制；能够有效遏制领导滥用权利。

（三）高风险性

首先，单位领导是管理层中的核心人物，几乎参与所有的经济活动，对单位的经营成败负主要责任，因此，以领导人为审计对象的经济责任审计工作范围广、牵涉面大，具有很高的风险性；其次，领导人员一般任期跨度长，社会因素变化很大，对经营业绩的评价，内部审计师很难客观地分清是客观因素还是主观因素，所以审计风险加大；最后，随着业务快速扩张，经营多元化，管理方法不断创新，审计工作的难度相应增加，从而导致经济责任审计任务加重、时间紧的现状，也增加了审计风险。

三、经济责任审计要点

经济责任审计的内容就是要确定经济责任是什么，而不同行业、不同性质部门或单位、不同时期、不同领导人员的经济责任是存在差异的，其经济责任审计的内容也各不相同，对于高速公路建设单位主要负责人的经济责任审计内容主要包含以下几个方面。

（一）贯彻执行党和国家经济方针政策和决策部署情况

在高速公路建设单位管理领导干部的经济责任审计中，首先要从贯彻党和国家的经济方针政策入手，有针对性、各有侧重地检查评价被审计领导干部落实情况，推动本单位各项工作发展。

（二）任期经济指标完成情况

高速公路建设单位的上级部门，根据经营管理的实际情况，每年都向下属单位下达经济责任目标任务，并列入年度考核内容。考核时以各项任务经济指标完成情况为依据。根据高速公路建设与运营管理的特点，其具体的经济责任目标任务可以分为以下三类：一类是生产经营管理目标任务，如公路养护目标、路政排障目标、征费管理目标、精神文明建设目标等；第二类是财务管理目标任务，如营业收入预算偏差率、利润总额预算偏差率、财务公司资金归集率；第三类是工作质量目标任务，如工程优良率、好路率、路政案件的查处率及结案率、车辆通行费解缴率、资产完好率等。以上这些指标都应在经济责任审计中逐项进行检查核实，对没有完成目标任务的主、客观原因及责任人所努力的程度作出客观、公正的评价，从而确定责任人应承担的责任。

（三）资产、负债、所有者权益（净资产）的真实性、合法性和效益性

具体包括：资产、负债、所有者权益（净资产）状况；资产的安全、完整和保值增值情况；对外投资和资产的处置情况；潜盈潜亏或有负债和未决诉讼等情况；对前任遗留经济问题的处理情况。

（四）审查高速公路养护工程管理的规范性

公路养护工程管理是技术工作和经济工作的有机结合，审查高速公路养护工程管理主要是检查养护工程的设计、概预算、工程招投标、施工组织、工程监理、财务管理、经济核算、资料收集整理归档等情况，从而揭示养护工程组织管理的规范性、工程造价的真实性、经营效果的合理性、工程质量的可靠性，以检验公路养护资金使用效果，客观评价被审计单位和责任人任期内高速公路养护工程管理的规范程度。

（五）遵守国家财经纪律的情况

具体包括：任期内领导人员所在单位有无隐匿收入、挤占成本（费用）、截留利润、偷税骗税、私设"小金库"等违纪违规问题；领导人员个人有无侵占国有资产，违反与经济活动有关的廉政规定和其他违法违纪问题，以权谋私，贪污、挪用、私分公款，转移国家财产，行贿受贿和挥霍浪费等行为；是否存在弄虚作假、骗取荣誉和蓄意编制假会计信息等重大问题。

（六）与经济活动有关的内部控制的建立及执行情况

内部控制是高速公路集团公司加强内部管理，提高工作效率，规范工作程

序,实现单位经济责任目标的有效措施和手段。建立、健全内部控制体系,并使之有效运行是公司经营者的责任。一般情况下,单位内部控制不健全或虽有制度但未能有效执行,领导人应负有责任。根据审计结果对单位内部控制作出评价,一是评价内部控制设计的有效性,二是评价其执行效果是否达到设计目标,即执行的有效性。通过审查单位内控制度是否建立健全,是否科学合理,是否行之有效,从中发现内部控制的空白点、薄弱点和失控点,审查、分析被审计单位经济活动中可能存在的弊端,从而确定财务会计信息资料的可靠程度,为合理评价被审计单位的管理水平及责任人员的管理能力打下基础。

(七) 重大经营活动和重大经济决策情况

重大经营活动和重大经营决策是指单位负责人任职期间做出的有关对内对外投资、经济担保、出借资金和签订大额合同等重大经济决策,是否符合国家有关法律法规规定、是否符合单位的管理制度和控制程序、是否存在重大风险或者造成重大损失。主要内容包括:重大投资的资金来源、决策程序、管理方式和投资收益的核算情况如何,以及是否造成重大损失;对外担保、对外投资、大额采购与租赁等经济行为的决策程序、风险控制及其对单位的影响情况;涉及的证券、期货、外汇买卖等高风险投资决策的审批手续、决策程序风险控制经营收益或损失情况等;重组改制、上市融资、发行债券、兼并破产、股权转让、资产重组等行为的审批程序、操作方式和对单位财务状况的影响情况等。

(八) 资产的管理及保值增值情况

作为单位负责人,按规定有使用和处置资产的权利,同时也有使资产在任期内保值、增值的义务和责任。审计要关注的是单位负责人任职期间各项资产质量是否得到改善,是否存在严重损失、重大潜亏或资产流失等问题,国有资本是否安全、完整,以及对未来发展能力的影响。主要内容包括:单位负责人任职期间有关资产负债结构合理性及变化情况,以及对未来发展的影响;单位负责人任职期间资产运营效率及变化情况,以及对未来发展的影响;单位负责人任职期间企业有效资产及不良资产的变化情况,以及对未来发展的影响;单位负责人任职期间国有资产保值增值结果,以及在所处行业中水平变化的对比分析。为确保高速公路建设单位资产的完整、保值和增值，防止国有资产流失，应当把单位资产的审计作为经济责任审计中一项不可缺少的内容。通过审计资产的实有数，如实评价领导人员任期内国有资产的使用、管理情况及管理水平。

（九）可持续发展性情况

单位领导人员的任期有时是固定的，难免在经济决策过程中产生一些短期行为，导致为追求任期内"业绩"而使单位失去了发展后劲、损害了可持续发展性。因此，高速公路建设单位经济责任审计中对可持续发展性的评价是必不可少的。在经济责任审计评价中，可从以下几个方面入手：

（1）应根据对长远规划、短期规划及任期预算执行情况的评审结果，评价战略目标是否科学合理，短期目标是否与长远规划存在矛盾，着重评价是否具有根据市场经济环境的变化而作出及时调整的能力。

（2）评审是否存在以牺牲长远利益为代价追求短期利润的行为，如通过降低工程质量削减工程成本、通过减小服务范围削减服务费用、通过降低员工培训费用增加短期利润等。

（3）通过投资规模、投资回收期、投资收益等情况的审计，评价是否存在盲目投资情况，并进一步延伸评价融资规模的适宜性，以防止为"业绩"而背上沉重利息包袱的现象发生。

四、经济责任审计实务中应注意的几个问题

（一）重视审计前期的准备工作

接到审计委托书后，应该及时立项，下达审计通知书。下达通知书后，与相关部门进行积极的沟通，充分了解被审计单位的基本情况，比如获取并分析被审计单位的财务报表、组织机构情况、公路施工情况报告等。

在正式实施审计之前，要听取被审计对象述职，并由被审计单位对被审计领导人员在任职期间的工作状况作出书面评价。这样，有利于内部审计师掌握所在单位经营管理和财务收支等方面的全面情况，增加对单位经营活动的了解，避免工作的盲目性。

实行承诺制。为了增强实体负责人经济责任意识,健全和完善经济责任审计制度,应该实行经济实体负责人任前经济责任告知制度。

在新提拔或转任的领导干部任职后,人力资源部门和内部审计机构应当在规定时间内,以书面形式告知其应当履行的经济责任事项和有关要求,由实体负责人签收《实体负责人经济责任告知书》。实体负责人应当全面理解经济责任告知内容,准确把握应当履行的经济责任,做到守法、守纪、守规、尽责,并自觉接受审计,主动配合审计。

接受审计前,被审责任人要签署《被审责任人承诺书》,被审责任人所在单位签署《管理当局声明书》,对所提供的资料的真实性和完整性作出承诺并承担责任。

(二)重视与人力资源、纪检监察机构的联系机制

人力资源部门往往是经济责任审计的委托方,是内部审计机构在经济责任审计工作中联系最密切的部门,它们对被审计单位和被审计对象的信息掌握比较多。因此,制订经济责任审计计划,确定可行的审计实施方案,应该加强与人力资源部门的联系。内部审计机构应与人力资源部门建立起良好的沟通渠道,以利于提高经济责任审计效果和审计作用的发挥。

单位可以制定经济责任审计联席会议沟通机制,通过定期召开经济责任审计联席会议,由内部审计、组织人事、纪检监察等部门及相关主管领导参加,共同商讨经济责任审计工作中的困难,协商制订年度审计计划,沟通汇报审计中发现的问题,有利于加强经济责任审计成果的利用,增强经济责任审计工作的针对性和支持力,提高审计工作成效。

设置有监察监事审计机构的,将三种职能"集于一身"。内部审计可以充分利用监察的纪检监督职能,加强内部审计的力度和深度,同时,纪检监察利用内部审计成果,对审计中发现的问题,及时进行调查处理,可以起到相互补充、相互促进的作用,进一步推动经济责任审计工作的有效开展。

(三)审计方法的扩展和灵活运用

由于经济责任审计涉及的内容多、范围广、年限长,是针对领导人员的经济责任履行状况的评价,传统的财务收支审计方法,如核对账目、分析、复核

会计报表等，很难直接判定被审计领导人员的直接责任或领导责任，无法完全满足经济责任审计的要求。因此，需要灵活运用各种审计调查方法，可以采取询问、个别谈话、民主测评、问卷调查、函证、查阅资料、复算及盘点等形式对被审计对象履行职责情况开展审计调查，取得有关证明材料。特别要重视审计调查座谈，及时掌握有利的信息。审计调查座谈要注意与各个层次的干部谈话，必要时对重大问题进行外出调查，主动掌握各方面情况，因为经济责任评价的事项有的在账表中无法反映，对各个层次干部的座谈有利于了解不同层次、不同角度的意见，从而掌握全方面的审计线索。

（四）完善经济责任评价指标体系

从审计实践看，一套科学合理的审计评价指标体系是十分必要的，它对于客观公正地评价领导干部的工作业绩和经济责任，防范审计风险，实现审计目标，进一步深化经济责任审计工作都具有重要的理论和现实意义。如何结合高速公路建设单位的实际，根据经济责任审计工作的开展情况，建立一套科学合理的审计评价指标体系及应遵循的原则，已成为经济责任审计工作中面临的一大课题。评价指标的选择可视被审责任人担当的职务来确定一些核心指标，如对董事长要采用经济增加值评价，而总经理的评价可采用类似"平衡计分卡"的标准。

（五）领导责任和直接责任的界定

对被审计领导干部履行经济责任过程中存在的问题，内部审计机构应当按照权责一致原则，根据领导干部职责分工及相关问题的历史背景、决策过程、性质、后果和领导干部实际发挥的作用等情况，界定其应当承担的直接责任或者领导责任。领导干部对履行经济责任过程中的下列行为应当承担直接责任：

（1）直接违反有关党内法规、法律法规、政策规定的；

（2）授意、指使、强令、纵容、包庇下属人员违反有关党内法规、法律法规、政策规定的；

（3）贯彻党和国家经济方针政策、决策部署不坚决不全面不到位，造成公共资金、国有资产、国有资源损失浪费，生态环境破坏，公共利益损害等后果的；

（4）未完成有关法律法规规章、政策措施、目标责任书等规定的领导干部作为第一责任人（负总责）的事项，造成公共资金、国有资产、国有资源损失浪费，生态环境破坏，公共利益损害等后果的；

（5）未经民主决策程序或者民主决策时在多数人不同意的情况下，直接决定、批准、组织实施重大经济事项，造成公共资金、国有资产、国有资源损失浪费，生态环境破坏，公共利益损害等后果的；

（6）不履行或者不正确履行职责，对造成的后果起决定性作用的其他行为。

领导干部对履行经济责任过程中的下列行为应当承担领导责任：

（1）民主决策时，在多数人同意的情况下，决定、批准、组织实施重大经济事项，由于决策不当或者决策失误造成公共资金、国有资产、国有资源损失浪费，生态环境破坏，公共利益损害等后果的；

（2）违反单位内部管理规定造成公共资金、国有资产、国有资源损失浪费，生态环境破坏，公共利益损害等后果的；

（3）参与相关决策和工作时，没有发表明确的反对意见，相关决策和工作违反有关党内法规、法律法规、政策规定，或者造成公共资金、国有资产、国有资源损失浪费，生态环境破坏，公共利益损害等后果的；

（4）疏于监管，未及时发现和处理所管辖范围内本级或者下一级地区（部门、单位）违反有关党内法规、法律法规、政策规定的问题，造成公共资金、国有资产、国有资源损失浪费，生态环境破坏，公共利益损害等后果的；

（5）除直接责任外，不履行或者不正确履行职责，对造成的后果应当承担责任的其他行为。

（六）审帮结合，提出有建设性的建议

经济责任审计不但是对被审责任人的审计，更是对被审计单位经营业务和各个管理流程的审计，内部审计师有机会深入了解企业管理的细节，能够作出较准确全面的评判。现代企业内部审计逐步从查错防弊向改进管理的增值型审计转变，经济责任审计作为一种综合性强、内容全面的审计类型，更应体现出"监督与服务并重"的宗旨，因而要注意"审帮结合"，针对审计中分析的问题和不足，从第三方独立的角度提出相应的改进建议，从而促进被审计单位进一步加强管理，提升经营绩效。

第13章　高速公路建设单位财务管理和审计监督信息化

20世纪中期以来，基于信息技术的信息产业逐步成为社会经济发展和进步的主导力量之一，并演变成为社会发展中的一个主导产业，特别是电子商务、移动商务等现代商业形式的迅猛发展与推广应用，人们的生活进入了一个跨越时空界限的信息时代。基于网络的信息技术强烈冲击着人们的时空概念，特别是经济全球化的发展，使企业竞争环境发生了质的改变，高速公路建设单位也面临着前所未有的巨大挑战。因此，利用信息技术手段合理、有效地进行资源配置，提升单位财务管理和审计监督水平，是高速公路建设单位快速发展的必然要求。

第1节　高速公路建设单位财务管理信息化

将信息技术应用于企业管理工作开始于西方发达国家，从解决供、产、销问题起步，主要在制造型企业中普及应用，后来其应用范围逐步扩展到财务、销售等业务模块，并得到了成熟的运用。近年来，伴随着计算机技术、信息技术与通信技术的发展，企业管理信息化的概念逐步成熟，其功能覆盖范围与应用领域都得到了极大的扩展，功能方面覆盖了企业管理的方方面面，应用领域方面几乎扩展到了各行各业，高速公路建设单位当然也不例外。在这一发展过程中，信息化的发展重心也在逐渐发生着转移，财务管理信息化的核心地位逐渐凸显，对企业的生存与发展意义重大。

一、高速公路建设单位财务管理信息化的必要性

财务管理信息化除了具有信息化本身高效、快速、方便的特点，还具有财务自身的业务特点，如数据高度集中、业务处理和信息化处理紧密相关等。因

此，财务管理信息化的运用能更加全面、适时、准确地记录建设单位在经济活动中的各项原始数据，为建设单位财务决策提供及时、有效的数据支撑。

（一）财务管理信息化可提高建设单位的管理效率和管理水平

首先，信息化的财务管理是集成的知识管理，减少了会计实体的数量，缩短了财务报告的流程。采用软件系统可有效减轻财务人员的劳动强度、提高工作效率，从而节约资金成本、降低内部交易成本。

其次，财务信息化可实现信息共享，建设单位负责人及各部门领导可及时了解并掌握资金使用情况，从而实现事前、事中和事后的全过程动态财务管理。

最后，财务信息化管理能保证数据的准确性，能进一步强化目标成本控制，实行账务分开、责权相对独立、计量单位和报表格式统一、考核决策一致的财务管理原则，为建设单位规范财务制度、调配资源和经营考核提供依据。

（二）财务管理信息化能使建设单位更加适应国际经济组织形式

首先，21世纪是信息化产业的发展时期，信息化带动了传统工业化的发展。信息产业实现了市场、结算、股东的远距离控制，极大地促进了资本、技术、资源和市场向国际化方向发展，因此传统方式的财务报表和财务统计的报表信息模式已无法满足飞速发展的国际经济组织形式的需要。

其次，宏观资源配置效率和微观资源使用效率的提高，新产业、新技术、新产品、低成本、大市场的经济发展，促进了经济的全球化。经济全球化打破了既有的财务管理模式，传统的财务管理模式无法满足跨地区建设项目信息的及时反馈，亟须建立财务管理信息化系统。

（三）财务管理信息化有利于全面预算管理目标的实现

预算管理是高速公路建设单位进行财务管控的基础与主要手段，预算管理贯穿于单位财务管理工作的始终。由于信息捕捉技术落后和传递滞后，以及不对称等问题的存在，实务中预算管理工作很难贯彻实施，其管理方式多数留在粗放、低效阶段，不能达到全面预算管理的预设期望。

但是，基于计算机、通信、网络以及移动网络等技术条件下的信息化手段，打破了建设单位及其分、子公司间的时空距离阻碍，为实现信息的实时传递与共享、实现预算执行的事前计划、事中控制、事后分析提供了良好的技术支持，对预算与执行的精确管理以及互动提供了重要的支撑。同时，基于动态的信息反馈与调整机制，可以保障预算编制的合理化，增强预算的执行力，使全面预算管理落实到实处，保障各项财务管控的顺利实施。

（四）财务信息管理化为及时、准确的财务决策提供信息支持

财务信息是企业作出各项决策的重要数据支撑。然而由于高速公路建设投资金额大，建设周期长，财务信息滞后与失真问题突出，影响建设单位财务决策。通过实施财务管理信息化则能够有效地预防此类问题的发生，实现财务管理信息及时、准确反馈。并通过商业智能的引入，深入发掘决策有用信息，将其转化为知识，为各层管理者提供更有价值的决策信息。

二、高速公路建设单位财务管理信息化建设的定位

（一）构建财务数据集成平台，实现全过程动态管理

基于高速公路建设单位资金投入多、建设周期长等特点，使其必须通过建立规范、统一的财务管理模式，以强化单位财务管控力度，集中财务管理势在必行。高速公路建设单位业务资源的整合、统一的核算体系、统一的基础资料、一体化的财务与业务管理以及全单位财务信息平台化的管理与运用是高速公路建设单位进行财务管理的现实需求。

现今，XML技术、商业智能等现代数据处理与运用技术的迅猛发展，以及"大数据时代"的到来，为企业进行财务管理工作提供了很大的便捷。然而，任何应用的实施运用都需要肥沃的数据土壤做支持，财务数据集成平台的搭建是财务管理信息化建设的基石。财务数据集成平台是高速公路建设单位运转的实时日志，保存了建设单位及各分子公司和各建设项目的业务信息，为建设单位对分、子公司和各建设项目的管控提供了信息支持。

（二）实现资金集中管控与业财信息共享

资金管理是财务管理工作的重中之重。但是，相当数量的高速公路建设单位碍于管理模式和手段的限制，存在资金管理松散的问题。在松散的管理体制

下暴露出一系列的问题,如多头开户、资金体外循环、随意性投资、资金周转缓慢、资金使用效率低下等。在传统的技术手段下,对以上问题的解决虽然提出了系列解决对策,并发挥了重要作用。但是信息化的投入使用将使以上问题的解决在质量和效果上更加优化。因此,加强资金管理是建设单位在实施财务管理信息化过程中的重要目标。

资金集中管理与共享等模式,并建立建设单位统一的资金计划、资金业务处理、票据管理、授信管理、计息管理、信贷业务、报表分析等功能模块是加强资金管理的关键。通过财务管理信息化的投入使用,期望达到管理规范化、费用节约化、效率高速化,并极大地规避风险,优化资金管理的流程,发挥建设单位的整体资金优势。同时,也有利于加强建设单位对下属公司的资金管控力度,及时了解下属公司的资金流向,有利于建设单位资源的优化配置。

三、高速公路建设单位财务管理信息化建设的要求

(一)财务集中管理平台建设和模式选择

1. 建设双向、动态的数据管理平台

作为财务管理信息化的基石,集中财务管理平台的搭建将直接决定财务管理信息化的实施质量。一方面集中财务管理平台是财务管理信息化实施的主要数据来源,是财务管理信息化顺利实施的重要保障;另一方面集中财务管理平台是营造集成化环境的基础,是财务管理信息化得以集成化发展的前提。与此同时,大数据时代的来临也急需一个完备的集中财务管理平台作为支撑,这是企业发展壮大的需要,也是企业应对竞争的必然选择。通过集中财务管理平台搭建高速公路建设单位的数据、信息网络,借助于这一强大的数据资源发挥大数据的强有力支撑,以支持建设单位的各项决策活动。

集中财务管理平台搭建的主要作用在于:通过统一平台的信息捕捉及集中的数据存储,为建设单位财务管理信息化各个功能模块提供完备的数据支持;管理工作的双向性决定了财务管理平台信息反映机制的双向性与动态性的要求。第一,财务信息的双向性是指财务信息的反映与查询过程具有可逆性。通过各建设项目旳财务信息汇总、合并,反映建设单位的整体财务状况。通过实

现反映内容的追溯查询以及局部信息的详细查询实现反向业务的原貌还原。与此同时，管理工作也是一个互动的过程，只有消除管理与被管理者间的信息不对称，才能达到最终的管理目的。第二，财务信息的动态性主要体现在两个方面。首先是指信息捕捉的一触即发式，即财务人员充分了解业务，并且在业务的前线捕捉信息，做到多维度的一触即发式信息反映；其次是指对于资金、预算等管理上的布置进行实施的跟踪反馈，即在平台上合理布置管控点，实现管理的互动。

因此，集中财务管理平台的搭建首先要做到建设单位内部各平台的集成。以业务为触发点，实现实时的信息捕获与反映，是整个集团的信息系统在统一平台的协调下实现"一触即发"。此外，信息的反映机制实现收放自如，应不同的管理需求实现针对查询结果的深入剖析，并动态反馈信息。同时，统一平台实现与其他财务管理功能的接口，将为财务管理信息化的有效应用提供强有力的保障是财务管理助力企业长足发展的支柱。

2. 采用集中管控的全建设单位在线管理模式

财务管理信息化管控目标的实现主要借助于集权化的财务管理方式，然而集权化的发展与企业组织扁平化的现代企业管理方式相偏离。柔性的、适时性、动态化的透明企业财务管理模式才是现代企业管理所倡导的。因此，搭建集中财务管理平台不应该只局限于财务，同时也需要更多方面的协同配合。单纯的财务集中从一定意义上降低了成本，提高了建设单位的整体信息反馈速度。但并没有站在各建设项目的角度上考虑问题，并不利于建设单位的长远发展与价值最大化目标的实现。

全建设单位在线管理模式是指借助于局域网和互联网，建立一个在全企业范围内运作的统一、集成、灵活、高效集全企业管理于一体的企业管理系统。通过网罗单位全部运作信息，多维反映集中存储，在各个建设项目分支设置监控节点，节点具备信息搜集与业务管控的双重职能。如此，彻底打破信息壁垒，通过信息的无阻实现系统的柔性。

培养职工的业财融合能力，要求每一位财务人员熟悉建设单位业务。通过财务人员实时追踪业务，达到单位的财务管控，为业务模式和发展方向提供重要的参考价值，同时也有助于保障信息搜集的质量和价值；另外，通过财务、业务的全面在线管控，建设单位实现管理透明化，使得全面的信息沟通与分享畅通无阻，建设单位面对透明的分、子公司和建设项目更加全面地放权，使得整个单位的管控在集权和分权上相互融合。

（二）建立基于建设单位管理流程的资金管理体系

资金管理主要有两个目的：一是保障企业各项经济活动的资金供应，提高资金的利用效率，节约成本；二是监督资金的合理使用，提出使用建议和具体措施，促进企业经营管理水平的提高。因此，资金管理流程的设计既要全面覆盖企业资金流以支持企业业务发展，又要注意在各关键节点设防，跟踪资金运作状况，以避免由于管控失职而出现纰漏。

针对现今资金管理系统普遍存在的与管理流程契合度不高的问题，建设单位应该建立基于管理流程的全面资金管理体系以实现建设单位对资金的全面管理。资金管理体系的设计向上要支撑单位决策，向下要深入业务流程，并借助于风险管理、预算管理、资源计划、银企直联的信息支持，保障其顺利实施。第一，以建设单位的资金结算中心为主干，加强对单位资金存量、流量、流向上的掌控。第二，通过银企直联，掌握建设单位资金状况，及时为缺少资金的建设项目提供资金支持。第三，敏锐的风险防范。通过各业务节点的信息搜集，进行集中的信用分析与监控，并从建设单位的资金结构入手防范潜在危机。第四，降低财务费用。从建设单位整体利益出发加强票据、借贷管理，并强化授权管理杜绝舞弊。第五，基于资金预算进行资金计划的调整与管控，协助预算管理的顺利实施。第六，作为业务与财务的联动中介，资金管理系统面向决策的信息支撑，为建设单位管理决策提供实时信息支持。

通过建立基于管理流程的全面资金管理体系，一方面掌控了建设单位的整体资金存量和流量信息化，便于单位整体资金的运用和调度，优化建设单位资金的优化配置；另一方面，基于管理流程在各个关键点设置信息搜集、分析及管控办法，彻底消除建设单位的资金运营风险隐患，构筑安全的资源配置环境。

（三）建立商业智能系统为全面预算管理提供基础

"下钻式"预算差异分析是指对于企业预算差异的分析不能浮于数字表面，在综合经济环境与行业水平的基础上，深入具体的业务层面，将预算差异落到业务评价标准本身。并与绩效评价相结合,将问题切实落实到具体人以及业务,通过分析报告为企业战略和各项决策提供依据,并配合绩效考评系统的运行。如此,"下钻式"差异分析首先要求全面预算管理的管控范围要与各项业务融会贯通,否则仍将停留在差异出现项目的本身。

近几年来,商业智能系统(BI)的发展为"下钻式"的预算差异分析提供了很好的解决思路。首先,借助于商业智能系统深入到相关业务管理信息系统抽取数据,经过数据仓库的分析、处理将数据转化成信息;其次,基于财务管理的传统理论与实践知识,设置指标库和模型库,并借助其对信息进行深度分析;最后,通过全面预算管理系统的实施,并利用业务、财务指标、部门目标及其责任体系和战略管理等预算控制与分析的决策支持,满足各部门和各层次相关人员的工作需求。

与此同时,商业智能系统还通过对相关权限的细致设置,及时、准确地满足不同部门及各个层次相关人员的信息需求,并丰富和发展传统的信息报告形式。采用图表等多样化的展现形式,进行更为直观的分析,实现数据深层次的挖掘和全方位的展示,彻底解决信息爆炸这一现象。在整个过程中,通过动态的信息反馈和智能化的分析,使得各项执行与管控活动的进行透明化,为业务活动提供更为可靠的判断标准。各个层次的管理者都能够实时地掌握年度目标实施情况,以及计划的预期完成情况,并结合各项指标以及行业环境进行综合、深入的分析,对企业状况进行全方位的把握。

(四)引导管控与决策支持走向智能化

财务决策支持系统建设关键是数据基础的集成化与数据处理、分析的智能化。数据基础的集成化是指通过集成化的信息管理平台,多角度地捕捉业务信息,集中存储分散应用。这一过程需要整个建设单位的一致配合,通过集中财务平台的建设,实现信息的全面、准确、及时与多维度计量。另外,财务与业务的一体化也是数据基础集成的重要条件之一。因此,需要建设单位实现全单位的在线管理模式。数据处理、分析的智能化是指将商业智能(BI)合理引入到财务决策支持系统中。首先,将从各系统业务获取的原始数据导入数据仓库,将财务管理理论及其方法模型化,借助于计算机高效精准的数据处理能力,对源数据进行分析处理,全方位对管理事项进行分析诊断,并提供相应的诊断报告，为管理者决策提供准确的信息支持。

财务决策支持系统注重于对决策事项的环境判断、预测，并结合相关的计划与控制标准进行分析，提供决策建议。与此同时，商业智能具有交互式和可视化的特点，有利于方便决策相关者间的信息沟通以及决策者的使用。商业智能的引入可以提供更为全面的分析、实时的决策执行监控以及预警，对于建立健全财务决策支持系统具有重要的意义。

四、基于云计算的高速公路建设单位财务管理信息化建设

随着计算机技术、互联网技术、大数据存储技术的发展，云计算技术逐渐成熟。云计算是一种新的服务模式，它将包括硬件基础设施、开发平台、应用软件、网络带宽等IT资源通过互联网提供给用户使用。云计算技术具有投资成本低、可靠性强、弹性扩展、按需服务等特性，可以降低企业财务信息化建设应用门槛，提高信息化投资回报率，灵活适应企业业务不同阶段的需要。所以，基于云计算的财务管理信息化建立模式（以下简称"云财务"）能够快速地解决企业在资金、人才、成本等方面遇到的问题，并能满足财务信息化建设对于灵活性、个性化、多样性等方面的需求，这将是财务信息化建设的主要发展趋势。

（一）"云财务"建设方案分析

云计算按部署模式分为私有云、公有云、混合云。基于"云计算"的财务管理信息化建设模式可分为"私有云财务""公有云财务"和"混合云财务"。

1. "私有云财务"建设方案

"私有云财务"是指部署在企业内部，仅供企业内部人员或分支机构使用，而不对外提供服务的云财务建设方案。该企业具有基础设施的所有权，并可以控制部署应用程序的方式。

一般情况下，"私有云财务"是企业在已有基础设施的基础上自主建设或者由云计算技术提供商协助构建，并且部署在企业数据中心的防火墙内部或者主机托管场所。由于"私有云财务"位于企业内部，并由企业本身进行构建、使用和维护，因而能够最有效地控制数据安全性、系统可用性和服务质量。更

重要的是，企业可以对现有的基础设施进行升级和改造，充分利用现有资源，避免不必要的浪费。此外，云计算技术的引入可以提高服务器的利用率，提高数据中心的工作效率，应用灵活的部署也可以提高管理效能。其缺点是建设成本和运营成本高，不仅是财力和技术方面的投入，对技术人员要求很高，后期运行和服务都需要专业的技术人员。

"私有云财务"对财务管理的支持优势也显而易见，尤其是对集团型建设单位。如果建设单位在多个区域设有分公司或者建设项目，则建设单位与分公司（或者建设项目）之间、分公司与分公司之间（或者建设项目与建设单位之间）都可以通过"私有云财务"平台进行数据交流。建设单位提供和配置相应的虚拟资源和云服务，而分公司（或者建设项目）使用相应的云财务应用软件，使区域内的营业点连成线，区域与区域再相连则形成"点线面"的私有云社区。当每一个营业分点通过使用"私有云财务"平台上的财务管理应用来进行所有的会计操作，能够随时进行财务核算和生成财务报表。各个区域公司的财务数据可供各层级的公司财务人员按照权限范围随时随地获取查看。企业管理人员也可以随时了解企业的财务信息，做到实时异地也能做到财务管理控制监督反馈。

2. "公有云财务"建设方案

"公有云财务"建设模式是建设单位直接租用公有云服务提供商提供的财务应用或者在租用的云计算平台、基础设施基础上建设财务管理系统。公有云是由第三方提供商完全承载和管理，为用户提供价格合理、快速访问的云服务。用户无须购买硬件、软件或支持基础架构，只需为其使用的资源付费即可。

公有云最能发挥云计算的低成本、高扩展性、利用效率高的特性。公有云的规模经济效用，使得企业租赁公有云成本很低；另外对于企业用户来说，云平台的资源可以无限扩展，完全可以满足业务需求，不用担心资源紧缺的状况发生。由于是租用云服务商提供的基础设施、开发平台和应用程序，企业可以免去采购部署硬件设施、开发编程环境以及应用程序的投入和麻烦，也不用购买软件授权和后期维护管理。"随取随用"的特性使企业使用云计算较高的投入产出比以及较低的应用门槛。由于"公有云财务"部署在企业外部的云服务平台上，使用过程中所产生的数据也同样存储于云服务商的基础设施，这将降低建设单位数据安全性。

3. "混合云财务"建设方案

"混合云财务"是"公有云财务"和"私有云财务"的结合,让使用者能够充分发挥云计算的功能,同时结合了两者的优势。私有云和公有云相结合有两种措施,一种是让关键敏感的财务数据和应用程序运行在私有云上,其他数据和应用程序运行在公有云上,实现分离,保证主要财务数据和应用程序的安全隐秘性;另一种是让使用频繁的数据和应用程序跨越公有云和私有云,从而保证数据访问和应用程序使用的连续性,有效抵抗突发状况。

私有云可靠性较高,但可扩展性却有限。公有云具有较高可扩展性,但性能往往滞后。而混合云的出现则结合了两者的优点,消除了两者的缺点。企业可以基于应用需求和成本考虑,灵活选择以构建具有高可用性和动态扩展性的数据中心,形成混合云的应用模式。

不同建设单位和不同类型的应用系统在不同时期的工作负载需求不同。一些单位财务工作在一年之中存在几次或者较短时间的工作负载峰值。如果按照峰值需求来建设"私有云财务",则在峰值以外的时间段会处于闲置状态,从而造成基础设施浪费。反之"私有云财务"又达不到相应的要求。私有云在应对不确定性的工作负载需求、工作负载的峰值需求、不断增加的工作负载需求方面存在局限性。承租的公有云可以有效消除上述缺陷。因为公共云的规模效应使得短期使用成本低以及处理能力强。建设单位可通过租用公有云来应对不断增加的工作负载需求,从而不用购买基础设施,有利于降低成本。在应对峰值需求和不确定性的需求时,建设单位可以预先把相关的数据和应用系统部署到公有云上,当本地私有云承担负载超过一定的阈值时,将自动触发公有云上的应用系统运行以提供服务,当高负载需求消失后,再将整个负载转回本地私有云。

混合云能够充分发挥云计算的优势,是继公有云和私有云之后的新热点。但是混合云目前还不太成熟,主要存在以下问题:数据安全性问题,如何保持应用系统跨云运行的负载均衡,以及公有云和私有云之间的技术对接问题。

4. 三种建设方案对比分析

私有云方案安全性高,但扩展性不强,成本高。公有云方案成本低,扩展性好,但数据安全难保证。混合云方案成本适中,扩展性好,并且数据安全性不错,但目前技术复杂,实现难度大。三种建设方案优缺点对比如表13-1所示。

表 13-1 三种"云财务"建设方案优缺点对比

比较	传统财务软件模式	云财务		
		私有云财务	混合云财务	公有云财务
硬件投资	费用非常高，需要购买服务器、网络设备、存储设备	费用高（低于软件模式）	费用高（低于私有云）	费用相对较低，只需要购买终端PC机
软件投资	费用非常高，且一次性投入	费用高（低于软件模式）	费用高（低于私有云）	费用较低，按使用量付费
付费方式	一次性付费	一次性付费	一次性付费+按使用时间或使用量计费	按使用时间或使用量计费
实施周期	较长，半年以上	较长，至少半年	较长，至少半年	一般1—2个月
维护便利性	用户负责	用户负责	用户负责+云服务商负责	云服务商负责
新需求	需要二次开发，费用高	增加相应服务，方便简单费用低		
拓展性	拓展性低	按需服务，拓展性好		
人员技术要求	专业技术维护	专业技术维护		基础性操作
经营效率	不明显，只能满足一部分计算机操作需求	明显，云计算可以解决软、硬件日常管理维护工作		
管理效率	不明显	明显，有助于推动企业业务创新		

（二）"云财务"建设方案选择策略

根据部署模式划分，共有"公有云财务""私有云财务""混合云财务"三种建设方案。从用户的角度出发，为了能快速按需享用便利、低成本的云服务，在面临"公有云""私有云""混合云"时该如何理性选择，是摆在建设单位面前的重要问题。

1. 考虑的因素

（1）安全问题。安全问题是很多建设单位首要关心的问题，特别是对处在激烈竞争环境中的单位，防止核心数据泄露给竞争对手是最基本的要求。选择"私有云财务"解决方案，应用程序和财务数据都存储在建设单位自己的数据中心上。由于建设单位对云财务的基础设施、软件程序和数据信息都拥有完整的控制权，可以设置权限并进行监控全部云端数据的访问和获取，无论是来自内部还是远程的。对于未经授权的访问可以通过物理访问控制来防止，来自外部的网络威胁可通过高端定制的防火墙技术来阻挡。单纯从安全的角度出发，"私有云财务"所具有的控制能够实现企业对敏感数据的保护需求。

在安全问题上，相较于私有云，公有云没有任何优势可言。公有云模式下，企业将原来存放在自己服务器内部的数据资料转移到云平台上，而这些数据和应用可能在任何时间任何地点进行使用和查看，并且云服务商对这些数据拥有绝对的控制权，如何保证这些数据和应用的安全性，当前的"公有云"还没有一套完整解决的方案。

混合云的出现在一定程度上也能保证企业数据的安全性，它的安全保护功能介于私有云和公有云之间，因为在部署企业数据和应用程序时，企业会将敏感数据和应用存放于内部私有云上，而将非敏感数据和应用存放于外部公有云上，有利于保护数据和应用安全。

（2）成本问题。低成本的优势是云计算受到关注并迅速成为IT界热点的主要原因之一。财务信息化建设成本，不仅包括前期的基础设施采购、软件授权和技术投资成本，还有后期持续支出成本，如运营费用、维护费用等。对于信息化建设初期企业，私有云的建设成本极其高昂。而信息化建设较为完善的企业由于已有相当数量的数据中心和网络设施，可以在原来的基础上，利用云计算技术实现云托管，从而节省资源并且提高设备利用效率。公有云部署模式下，公有云服务提供商负责所有的基础设施的管理和维护，企业用户不需要付出采购基础设施和软件授权的成本，同时省去后期运营的长期支出。由于公有云的规模效应，使得其更具性价比。混合云在一定程度上也能降低投入成本，因为在部署云服务的时候，可以根据自身日常业务需要部署内部私有云，临时需要增加的额外资源通过租赁公有云，避免过度采购造成的资源浪费。

（3）可扩展性问题。云计算的拓展性有利于企业业务的快速扩张。尽管三种建设方案都具有高度的可扩展性，但只有公有云服务可以在没有任何风险的条件下保证一个无限扩展的平台，从而保证企业业务的成长和扩展。私有云模式下，扩展云的规模会涉及新软硬件的采购架设、网络连接以及执行时间的较长投入。然而公有云的扩展只是"即买即用"的过程，通常能够在几分钟内完成，时间方面的负面影响几乎可以忽略不计。混合云兼具公有云和私有云在扩展方面的特性,只能保证公有云部分的无限扩展。

(4)技术难度问题。"私有云财务"建设需要企业自行建设或者由云服务技术商协助解决,从企业自身财务流程和业务需求角度出发,需要对企业基础状况有充分的调研,只有做到合理的匹配才能充分发挥"私有云财务"的最大效用。云平台的建设涉及虚拟技术、大规模数据管理技术、分布式数据存储技术和编程模型等前沿计算机技术,需要专业IT人才实现,技术复杂度比较高。

"公有云财务"需要通过租赁云服务商提供的服务以实现财务信息化建设,在一定程度上减少了自身的参与,特别是租赁SaaS服务,企业几乎不参与设计和规划,甚至不需要专门IT人员的参与,只要按需选择功能模块即可。即便是租赁IaaS、PaaS也会减少底层硬件的管理和平台的维护,以减轻企业用户的管理成本,较松享用云服务。

"混合云财务"需要"公有云财务"和"私有云财务"相结合,必须既部署内部"私有云",还租赁"公有云",并且实现两个"云"的对接集中。其中存在一个难以解决的问题,当前云计算发展没有统一的规范和标准,各大云服务厂商为了抢夺市场制高点,各自拥有技术特点,并且互不兼容,目前能同时解决"公有云"和"私有云"技术的厂商并不多,技术成熟度不高,可行性还需要时间检验。

2. 适用类型分析

"公有云财务"具有低投资成本、维护工作量为零、无本地能源消耗、可以直接在互联网上接入和访问、无限扩展的优点,以及不能完全掌控数据中心、数据安全性面临威胁的缺点。总体而言,"公有云财务"强调成本问题,适用于不单设立机房或数据中心的无IT运维能力的高速公路建设单位。

"私有云财务"可以节省或整合IT硬件投入,比传统模式更节能高效,可以针对需求进行产品定制,并且拥有绝对的控制权限,保证数据安全。但"私有云财务"前期新硬件软件采购投入大,风险高,后期维护需要专业的IT管理人员。"私有云财务"侧重强调安全问题,主要适用于有IT投入或建设的大型高速公路建设单位。

"混合云财务"解决了"私有云财务"和"公有云财务"较为突出的成本、安全、扩展性等问题,具有市场前景,但自身也有技术复杂的缺点。"混合云财务"适合于对数据安全较为敏感,但又有面向公众的业务,还需要解决临时性资源需求的高速公路建设单位。

3. 服务模式选择

云计算从用户的角度主要分为 SaaS、PaaS、IaaS 三种服务模式。SaaS 模式强调软件即服务,为用户提供在线应用;PaaS 模式强调平台即服务,为用户提供在线开发平台;IaaS 模式强调基础设施即服务,为用户提供虚拟机或者其他资源。单位在不同发展阶段具有不同的信息化资源需求,三种云计算服务模式分别可以有针对性地满足这些需求。单位应根据不同的需求,在起步、发展、成熟和稳定的不同阶段,选择合适的解决方案。

(1)SaaS 模式。基于 SaaS 的财务信息化应用模式指的是由云服务提供商利用云计算的 SaaS 模式以构建财务信息化的标准财务应用,包括财务管理系统、财务核算系统、财务决策系统、统一访问口户等与财务信息系统相关的业务系统。这是基于互联网新的应用模式,为用户提供在线财务应用服务。SaaS 属于云计算架构的顶层,该层主要是具有企业业务特点的云计算应用。SaaS 应用由不同的企业软件提供商开发,通过统一门户提供给众多企业客户使用,这些应用包括企业财务信息化中常见的 CRM、ERP 和 SCM 等。

SaaS 目前在我国已有广泛的应用,并且主要以财务模块居多,SaaS 服务应用于财务管理信息化是典型的在线财务服务,目前国内以金蝶友商网的在线财务服务和用友伟库网的网上记账平台为代表。使用在线财务服务,企业用户不仅可以进行日常的财务业务操作,还可以获取与财务业务相关的专业增值服务。在租赁在线财务服务之前,企业可以先进行在线体验和适用性评估,并且根据自身需求来定制模块,以匹配自己的业务流程和功能需要。值得说明的是,SaaS 提供商的服务器不仅是在线财务服务的基础平台,也是企业用户的财务数据的载体。SaaS 模式把财务系统软件作为应用程序放在云平台中供企业按需租用资源。不但降低了企业维护和人员成本,也降低了运营维护的风险。SaaS 模式在云平台中部署有固定资产管理系统、存货管理系统、会计核算系统、报表生成应用系统等与财务信息化系统相关的功能模块。企业用户不需要购买软件许可和安装所需的软硬件,只需订购相关业务模块,将与软件服务商的关系从传统的财务软件一次性买卖关系转变为长期的客户服务关系。在 SaaS 模式下,企业管理者可以随时随地地掌握财务数据以便进行内外部沟通协调，尽早发现财务管理漏洞和资金利用缺陷，大幅度提升财务管理效果和资金利用效率，抢占市场先机。

移动商务办公在传统信息化模式下一直难实现，而 SaaS 服务模式可以使企业随时同步财务数据，更加便利地实现跨区域的信息共享，对于异地办公的企业管理人员和财会人员来说，脱离了时空的限制，可以随时随地处理公司业务。

处于起步、发展阶段的高速公路建设单位，经营规模小，组织结构和业务流程相对简单，对 IT 资源依赖少，资金实力相对薄弱，成本控制要求高，缺乏专业人才。因此，该类型企业可采用 SaaS 模式，从云平台中获得相应功能的财务应用服务。云计算提供的 SaaS 服务，不但能够省去软硬件等基础设施投资的资金成本和时间精力成本，还可避免后期维护的麻烦，这对于起步、发展阶段的高速公路建设单位意义重大。

（2）PaaS 模式。基于 PaaS 的财务信息化应用模式是将云计算的应用开发环境服务平台提供给客户，使客户能够利用此平台自主开发定制符合自身需求的相关云财务应用。PaaS 平台服务云主要包括数据库服务器、中间件、公共组件以及开发工具和语言等。PaaS 平台服务云通过关注企业数据挖掘和通用的信息化组件，提供高效稳定的数据访问通道给 SaaS 层应用。此平台通过开放业务接口可以承载各种业务应用。PaaS 提供商需要有很强的技术架构能力，同时还需要深入了解企业的业务数据处理。

传统的企业财务管理信息化定制开发方式一直难以突破成本高、耗时长、人才少的瓶颈。企业财务信息化如果单纯依赖于 SaaS 模式又不能满足对不同类型业务的个性化定制需求。基于 PaaS 的财务信息化应用模式在很大程度上满足了企业的个性化需求，可以很好地结合企业内部的业务流程和管理流程。

对于用户而言，PaaS 是一种创新模式，可以将信息化内包和外包相结合。信息化外包是指开发平台和运行环境由外部服务 PaaS 服务商提供，内包是指企业在 PaaS 平台基础上自行开发应用软件。PaaS 模式下财务系统开发过程存在企业用户参与，企业自身取代服务商开发财务信息系统的任务，具体过程就是企业用户利用服务商提供的开发工具、服务器和平台，组成由熟悉企业财务流程的财务人员和技术专家参与的团队，共同开发定制财务系统。财务人员负责系统流程需求设计，技术专家定制开发应用系统。与传统的企业自行开发财务系统相比，PaaS模式可以大幅缩短开发周期，符合企业个性需求，企业的IT投资回报率得到间接提高。利用PaaS平台进行定制化开发将是我国企业财务信息化发展的一种长期的发展趋势。

当高速公路建设单位发展到成熟阶段时，业务流程相对完善，生产过程相对稳定，则需要采用更高层次的云服务模式以提高生产效率。PaaS可为其提供资源独占、自主定制和管理的云服务。高速公路建设单位可以使用PaaS开发平台开发财务管理软件，把财务流程快速整合到管理软件中，以提高工作效率和执行力。传统模式下，单位要拥有自己的财务管理系统，不但要采购全套的硬件基础设施和开发软件，还要聘用专业的IT人才开发并测试符合企业业务流程的管理软件，且进行后期的维护管理。在PaaS模式下，由最熟悉本单位的业务人员自主开发，个性化定制财务系统功能，更能满足单位自身的需要。

（3）IaaS模式。基于IaaS的财务信息化应用模式是将基础设施通过网络直接提供给用户，用以财务信息化数据和应用托管运行的环境。这些基础设施主要包括存储器、服务器、网络等硬件资源以及操作系统、数据库等软件资源。IaaS位于云计算架构的最底层。基础设施资源通过虚拟化技术抽象成可量化、能随意调配的IT资源，并由云服务提供商统一管理维护。用户根据实际使用量支付相应的费用。

传统的财务信息化建设的投资成本高，在购买软件授权之前需要搭建服务器、存储器、数据中心、网络等基础设施。而IaaS服务模式通过租用IT设备资源以满足企业信息化需求，减少硬件资源购置投资。在此模式下，企业通常采取两种方式获取IT资源：一是按需租赁。对于生产周期性比较明显的企业，在运营期间的信息化需求是动态变化的。采用IaaS模式在高峰期时租用信息化资源，以弥补自身资源的不足，待高峰期过后再返还给云平台，在满足运营高峰期业务需求的同时也能降低基础设施投资。二是基础设施外包服务。如果企业规模扩张和业务拓展，自身的基础设施不能满足企业发展需求，企业则需要更多的基础设施资源来长期使用。除了采购新的IT资源之外，也可采用IaaS模式租用IT资源进行信息化建设。在基础设施外包服务形式下，企业不对租用的基础设施进行管理和控制，但是可以进行选择所需的系统和存储空间。企业在租用的云计算平台上部署财务应用，可以降低采购成本和维护成本。这种外包模式是服务交付模式的新形态，将IT基础设施作为服务，对于管理数据中心的建设和远程管理是一种可行的运营模式。

当高速公路建设单位发展处于稳定阶段后，财务处理需求相对稳定，并且有一定的周期性。传统模式下为了满足运营峰值时的需求，单位会按照峰值采购需要的 IT 资源，但除了峰值之外的其他时段，这些 IT 资源处于闲置状态，无法得到充分合理运用。IaaS 模式能够解决此问题，由于高速公路建设单位是从云平台按需使用付费，随取随用，用完即退，达到资源最大的利用效率。IaaS 模式可以帮助企业实现成本最低化、价值最大化。

高速公路建设单位由于行业特点，具有自身的特殊性，而信息技术的发展为建设单位的财务管理提供了极大的便利，具有传统财务管理模式无法替代的优势。随着信息化进程的发展，财务管理系统和软件日新月异。对于建设单位而言，由于工程规模大、资金量大、人数多、施工时间长等特点，建设单位的财务管理更加需要信息化建设，以及时、有效地反映财务信息，对施工企业实现建设过程的有效管理。促进建设单位财务管理信息化可以更好地实现数据共享、高效管理，从而发挥财务管理在高速公路建设过程中的巨大作用。

第 2 节　高速公路建设单位审计监督信息化

《"十三五"国家审计信息化发展指导意见》明确指出，应加快推进以大数据为核心的审计信息化建设工作。审计机关应顺应国务院、省、市对构建大数据审计模式的新趋势，在政府投资项目审计中完善、深化信息技术的运用，与时俱进地开展大数据收集、分析、应用，更好地提升审计的效率和质量，让投资审计工作全面迈向大数据时代。

审计信息化是指在审计监督和管理工作中充分利用现代信息技术，构建审计信息平台，开发利用审计信息资源，促进审计信息交流和共享，切实履行审计职能，提高审计工作质量和效率，充分发挥审计作用，保障审计工作科学发展的过程。审计信息化包括审计监督信息化和审计管理信息化两个方面：审计监督信息化泛指综合应用审计信息系统开展审计监督工作，实现从事后审计到事前、事中审计的过渡，实现实时预警、远程审计与现场审计的结合，以进一步缩短现场审计时间，降低审计成本、提高审计工作效率和质量。

本节主要介绍高速公路建设项目审计监督信息化的必要性，审计监督信息平台的实施路径及主要内容，推进了相关电子数据信息资源的整合与共享，从而切实有效地提升政府投资项目审计监督信息化水平。

一、大数据下内部审计信息化的特点

1. 审计内容的全面性

互联网、大数据和云计算降低了企业获得和使用信息的成本，使得审计部门可以及时和全面掌握各类业务和财务数据。通过互联网，内部审计可以轻松获取与被审计事项相关的数据信息，包括外部数据和内部数据。

（1）外部数据主要包括：政府部门依法公开的经济数据和政务数据、企业依法公开的各项数据等，为审计人员开展监督和评价工作提供了数据支撑。

（2）在内部数据的获得方面，企业通过运用大数据技术，将企业的财务数据、业务数据以及企业运营中产生的各种与生产经营相关的数据分类、汇总、储存，形成审计数据库。因此，企业在内部审计的过程中将不会局限于财务审计和单一项目的审计，审计对象也由随机抽样的样本转变为全量样本，审计范围更具全面性。内审部门与被审计单位之间、企业内部各个部门之间的"信息孤岛"局面将被打破，有利于内审部门通过多专业数据比对、多视角分析、关联性分析，突破现有审计项目经常面临的行业和部门限制，提升对隐蔽型案件线索的发现能力和取证能力，提升内部审计的战斗力。

2. 审计过程的持续性

学术界对"持续审计"的研究由来已久，但是较长时期以来，由于受到我国信息技术应用条件的限制，这种审计方式没有普及运用到在审计实践之中。现在，在"大数据"时代下，信息技术的发展为持续审计创造了技术条件，使得持续审计成为现实。持续审计的特点是审计的"持续性"，审计部门可以持续获取企业的财务数据和业务数据，开展风险预警、持续监控、专项审计等工作，实现对整个公司各项业务各个风险环节的持续审计监督，有效降低企业的财务风险和运营风险。

3. 审计实施的远程性

彼得·德鲁克曾经说过："互联网的最大影响在于消除了距离。"大数据时代下的内部审计最先进的审计模式是以"云计算"为依托的联网审计。联网审计的特点主要体现在三个方面：即远程性、持续性和全面性。在办公室中就可以获取审计所需的数据，实施远程审计。一方面，审计部门通过网络实时搜集和获取被审计单位的财务数据和业务数据，缩短了审计单位与被审计单位间的时间距离；另一方面，审计部门通过网络远程搜集和获取被审计单位的财务数据和业务数据，缩短了审计单位与被审计单位间的空间距离。

4. 审计管理的智能性

审计管理的智能性贯穿内部审计的全过程，包括前期审计计划的制定和审计资源的配置，事中审计任务的执行，后期审计成果的统计、提炼、再利用和对被审计单位整改情况的跟踪检查。

审计管理的智能性在审计计划阶段主要体现在，审计计划的生成主要来源于审计预警系统持续监控产生的风险库、问题库和疑点库，提升了审计项目的精准度；在审计组织阶段，审计系统会根据审计项目和审计部人员情况分配审计工作，科学分配人、财、物，最大限度地利用好审计资源；在审计实施阶段，审计人员可以利用专用数据分析模型和通用数据分析软件对问题数据进行分析，并自动生成审计底稿，促进审计实施的规范化和标准化，同时也可以大大减少工作量。

在审计流程管理中，审计系统会持续监督审计进度，掌握审计项目的执行情况，统筹协调各项审计资源，提升审计效率；此外，审计工作会执行规范化和标准化的业务流程和文书内容、格式，实现审计工作的全面质量控制，提升审计报告质量，有利于审计质量的监督和检查。

智能审计管理系统还可以自动对审计成果进行科学合理的分类、归纳和汇总，使得优秀的审计案例和先进的审计经验可以得到共享、推广和重复利用。此外，审计项目结束后，系统会跟踪检查审计整改的落实情况，确保审计工作成果真正落到实处。

二、高速公路建设单位审计监督信息化的必要性

随着政府基础设施、公益性事业投资建设力度不断增加，电子政务不断发展，政府投资项目相关电子数据量越来越大，审计信息化管理的应用成果和效

益日益得以凸显。

1. 审计监督信息化能有效提高审计效率

高速公路建设项目工期长，施工环节复杂，资金体量大，相关利益方众多，业务管理信息化产生海量的电子数据，传统的人工审计面临巨大挑战。智能审计监督系统定时采集财务管理数据接入审计信息系统，审计人员可以随时通过信息系统查询相关数据，将以前需要在现场实施阶段才能进行的部分查询分析工作提前完成，极大地提高了审计效率。

传统审计主要是基于建设项目某个环节或某路段完工后进行审计。这种事后审计一方面面临来自某些利益主体的阻力和压力，另一方面事后审计审查出问题时，相关损失已经造成，并且整改、修正成本较高。审计监督信息化可以结合建设项目实际情况，设置一般控制和应用控制，将事后审查前移至事前防范，使内审职能从传统的查错纠弊向咨询服务和风险防控前瞻性建议功能转变，为高速公路建设项目保质保量顺利完成提供重要保证。

2. 审计信息系统的运用有效提高审计质量

首先，审计监督信息化可以全面采集财务和管理数据，并且采集的数据量大、准确率高，审计人员可以低成本地快速实现全面审计，加大审计的广度和深度，可以在很大程度上避免抽样审计带来的抽样风险。

其次，审计监督信息化可以使审计人员对被审计单位的经营管理情况和财务状况提前进行了解梳理，进而准确锁定审计疑点、重点和难点，在现场实施阶段进行重点核查，可以有效提高审计质量。

3. 审计监督信息化推动了审计管理的标准化、规范化

审计监督信息化使得审计工作从计划下达到问题整改的完整流程全部纳入计算机管理，实现审计管理的标准化、规范化；信息系统还规范了审计在线作业流程，建立审计文书模板，提供法律法规库、审计案例、审计报告模板等，规范了审计工作流程和审核流程，加强审计工作的内部控制，提高审计工作质量和工作效果。

三、审计监督信息化的设计原则

按照顶层设计方法论，内部审计监督信息化是一项系统工程，需要遵循以下三个原则：

（1）内部审计信息化应采用自顶向下的设计方法。一是确定内部审计信息化定位和目标。要分析内部审计战略、体系、机制等宏观层面要素，研究确定内部审计信息化在哪些方面能给予支持，目标和定位在哪里。不要一开始只专注于审计业务流程、细节、审计分析的软件等，而是从大处着眼，进行高屋建瓴的目标定位。二是分析高速公路建设单位整体信息化的环境，明确高速公路建设单位信息化的思路、原则和要求，确定内部审计信息化在整体信息化中的位置和关系。内部审计信息化不能脱离高速公路建设单位的信息化环境，不能简单地照搬外部审计信息化的经验和成果，要紧密结合高速公路建设单位本身的实际情况。三是把内部审计信息化的目标自上而下分解，在整体设计的基础上落实到具体的内部审计信息系统和功能模块中。

（2）内部审计信息化应注重统筹规划和整体设计。一是分析和确定信息化如何支持建设单位内部审计的管理模式和架构，这是实现信息化支持建设单位内部审计战略和机制的基本要求。要把高速公路建设单位总部审计机构的需求与所属单位审计机构的需求结合起来，通过信息化形成一体化的管理系统。二是考虑内部审计信息系统内部的关联性，明确审计管理、审计作业、审计查证分析和审计监督预警之间在工作要求、工作流程、审计数据交互等方面的关系，通过信息化，把四者紧密结合起来，避免造成内部审计信息系统内部的"信息孤岛"。三是强调内部审计信息系统与建设单位其他业务系统的关联性，以实现内部审计与其他经营管理业务互联、互通和互服务。实现与其他业务的"三互"是内部审计信息系统支持内部审计和建设单位项目建设活动的基础。以实现"三互"为方向，是提高内部审计信息化实用水平的重要保证，也是高速公路集团单位整体信息化的必然要求。

（3）内部审计信息化的设计应具有可操作性。一是从应用角度，内部审计信息系统的设计应符合内部审计从管理模式到审计业务操作的工作实际，具有可操作性。在整体设计中，要详细调研分析高速公路建设单位审计管理、审计作业、审计查证分析、审计监督预警等工作对功能、流程、信息和数据的需求，使内部审计信息系统在审计工作中可用、好用。二是从开发实施角度，内部审计信息系统的设计在技术上具有可操作性。从目前实践看，审计管理和审计作业系统采用的技术和产品比较成熟，不管功能和流程如何复杂，从技术上都可以实现。但对于审计查证分析系统和审计监督预警系统而言，就比较复杂。高速公路集团单位各业务系统采用的技术标准都完全不一样，审计查证和监督预警的需求、功能、数据能否通过系统接口等技术实现，需要详细论证。应该根据成员企业的不同性质、不同业务板块的实际情况分析确定，才具有可操作性。

四、审计监督信息化的实施路径

大数据技术将对审计信息化产生深远的影响，推进以大数据为核心的审计信息化建设是应对未来挑战的重要手段。审计履行监督职能是通过审计业务、审计管理和审计决策实现的，审计信息化建设同样也是围绕审计业务、审计管理和审计决策开展规划和实施的，审计信息化本质上是审计业务和信息技术实现融合的结果，是两者的协同发展。

1. 定义和获取数据资源

数字化审计模式就是以数据为基础，以数据分析为核心，通过对数据的采集、整理、加工，进行程序化、模板化、模型化分析，运用"把握总体、突出重点、分散核查、精确延伸、系统分析"的方法来实现审计目标的一种全新审计模式。审计信息化在审计应用上体现在采集和处理事物整体的全部数据，通过数据挖掘，即利用数据仓库和数据挖掘工具进行审计分析，主要有聚类、异常、演化等方法。挖掘分析能高效地分析海量数据，从中发掘隐藏的疑点和规律。审计业务与大数据理念结合，需要实现审计数据全方位采集与保存，对审计过程中各种数据的收集、整理和存储，建立统一信息资源目录体系下的各类标准化数据资源，为开展数字化审计，实现审计监督全覆盖奠定了基础。

2. 建立系统平台

审计信息化依托于系统平台而运行，建设单位应建设三大基础平台，促进审计监督信息化采集、分析和预警体系建设。

（1）建立大数据信息平台，实现内部业务数据、财务数据及外部数据等多源数据的采集整合，形成数据统一标准。审计信息系统不仅与集团财务系统链接，还应与集团OA系统、合同系统、预算系统、工程管理、财务共享平台等业务系统对接，在审计信息系统内部建立一个可以对所有集团下属子公司财务及业务数据进行数据采集、转换整合的平台，以便生成审计工作必需的数据库，同时也适当采集外部数据信息，形成多源数据库。对下属成员单位无序、分散的数据信息进行有效的整合和互联互通，突出"数据量大""来源多样""预测性"等大数据特点，全面整合各业务系统数据。通过大数据平台进行数据抽取、数据筛选、清理及加载，对财务及业务系统数据进行整合，完成对数据的查询、整理和挖掘等操作。大数据平台的建立，使数据采集速度更快，数据完整性、准确性也更高，同时通过自定义数据格式的功能，满足了不同审计类型的需求，最大限度地发挥数据信息的功效，为审计信息系统的预警分析提供大数据环境支撑。

（2）建立大数据分析平台，实现数据穿透、分析、对比。审计监督信息分析平台是基于采集被审计单位财务、业务等各种多源数据，面向全方位监督的审计辅助工具，通过在线方式，实现对财务和业务数据的穿透查询，可以进行结构、趋势、对比、分布及数据关联等分析。数据范围可涵盖被审计单位全部业务板块，并能够按照主题数据进行分析，如财务、合同、预算、采购销售等主题。通过建立起大数据分析平台，使数据信息进一步得到梳理和整合，为构建考核预警和业务对标风险预警模块打下坚实基础。

（3）建立风险预警平台，有效管理各类风险，进行预警提示。风险预警平台可以对重大问题或者特殊事项进行及时的预警，可以帮助审计人员了解企业运行中的重要活动和关键指标，有助于开展更具有针对性的审计，也有助于提示企业内部管理存在的各类风险。在风险预警平台上，可以根据预警的临界值、预警的内容和时间等进行预警设置，还可以设置预警信息的接收人和接收方式等；针对各项业务的重点关注事件，均可以进行对应的预警阀定义或预警临界参数设置，例如考核指标临界点的预警设置、应收账款逾期的预警设置等。在定义了预警条件后，一旦发生风险事项或到达预警临界值，系统将根据原设定好的方式自动生成和发送各类预警信息，方式包括消息、邮件和短信等。

3. 构建信息共享的网络

大数据时代重要的特征就是信息资源的共享，审计机关要建立起上下互联、信息共享的网络系统。审计专网基于政府电子政务网络建设，审计机关以本级审计机关为中心节点，通过电子政务网络平台纵向连通其所管辖的各上下级审计机关节点，横向连接各政府部门、被审计单位、审计现场。网络安全设备配置方面，在专网交换区配置路由器、防火墙、入侵检测等设备，并实施详细的访问控制策略，实现审计专网、各政府部门、被审计单位的网络间互访和数据安全交换。

4. 培养和选拔系统运维和专业人才

信息安全的风险主要来自内部和外部的攻击，要通过采用自主安全可控的国产化产品实现信息安全防御。运行维护则需要相关技术支撑人员、运行维护的相关制度、相关的预算资金，对应用系统和网络系统实现运维服务。信息系统建设和运行维护是信息化持续发展的两个轮子。在建设初期，以建设为主；成长期则要求建设和运维并重。现阶段，审计信息化还处于成长发展中，要重视安全及运维对系统的保障作用，尤其要重视身份认证访问授权、系统安全防御、信息交换安全、数据备份应急恢复等。大数据时代下，审计全覆盖要求使审计人员要应对复杂的数据，需要掌握更多数据挖掘及分析的技术；审计机关要进行组织模式调整，协同数据分析团队来应对人力与资源不足的问题；要加强培养综合性复合人才，组建审计数据分析团队。